U0817532

生命文化教程

贾 栗 常 红 林 啸
陈幼堂 王小燕 马俊领 编著

华南理工大学出版社
SOUTH CHINA UNIVERSITY OF TECHNOLOGY PRESS
·广州·

图书在版编目（CIP）数据

生命文化教程/贾栗，常红，林啸等编著．—广州：华南理工大学出版社，2018.8（2019.7 重印）
ISBN 978－7－5623－5732－2

Ⅰ.①生…　Ⅱ.①贾…　②常…　③林…　Ⅲ.①生命哲学－教材　Ⅳ.①B083

中国版本图书馆 CIP 数据核字（2018）第 184303 号

Shengming Wenhua Jiaocheng
生命文化教程
贾栗　常红　林啸　陈幼堂　王小燕　马俊领　编著

出 版 人：卢家明
出版发行：华南理工大学出版社
（广州五山华南理工大学 17 号楼，邮编 510640）
http：//www.scutpress.com.cn　　E-mail：scutc13@scut.edu.cn
营销部电话：020－87113487　87111048（传真）
策划编辑：吴兆强
责任编辑：吴兆强
印 刷 者：广州市穗彩印务有限公司
开　　本：787mm×1092mm　1/16　印张：13　字数：255 千
版　　次：2018 年 8 月第 1 版　2019 年 7 月第 2 次印刷
定　　价：28.00 元

导 言

生命文化就是系统化、理论化对生命的看法和对待生命的态度，主要是从文化角度来解读生命的意义，揭示生命的宝贵，建构当代大学生对生命的积极态度。加强生命文化研究，进行生命文化教育，能够在人之为人的抽象层面上启发学生对生命内涵的理解，提升学生对生命意义的认知，引导学生追求有意义的生活方式，强化生命价值，创造精彩人生。在更为具体的层面上，或者说在人作为职业人而存在的层面上，可以形成医科大学生的职业素养，引导学生未来坚守职业节操。

传统的生物医学模式将身体过度工具化、对象化，形成了与身心对立的二元思维模式，把病人等同于物，甚至把病灶等同于一种邪恶的存在，忽视了对病人身体应有的尊重。生物—社会—心理多元医学模式要求完整地看待人，把身心统一起来。生命文化的兴起顺应了医学模式转变的需要，有利于揭开长久以来被意识哲学所遮蔽的身体意蕴，构建起系统的身体概念。医务工作者也不能只当一个手术匠，“见物不见人”。生命文化教育致力于培养医学生敬畏生命的意识，通过强化生命意识，加强医学生的责任感和使命感，改善医患关系。

被誉为五经之首的《周易》有言：“天地之大德曰生。”《孝经·圣治章》云：“天地之性，人为贵。”尊重生命是社会道德的底线，是一切社会行为应具备的实践智慧。生命文化研究和生命文化教育从理论和实践两个层面维护生命底线，彰显实践智慧。

本书运用有效的流行科普元素和趣味性的人文社会科学普及手段，并借鉴自然科学的理论和方法，通过对生命与自然、科技、伦理、社会、审美之间关系的多维度分析，从不同视角来透视广义的生命的内涵、人类生命的本质、生命的层次与特征等问题，剖析了生命、生存、生活、生态的要义。其宗旨在于解开生命的文化内涵，揭示生命的文化特征，为人类生命更高形态的发展提供价值观支持，以帮助人们实现生命价值，过上更加完整和有意义的生活。

这本书专门写给千万年轻人，引导正在读书的你、已经踏上社会的你，以文化的智慧进入生命中所见、所感事物的核心。本书的主题包括生命的自然境界、功利境界、道德境界和文化与审美境界，分别从生物学、哲学和社会学等角度阐述生命的意义，阐述文化生命形成发展的规律及其与自然生命、社会生命的关系，阐述呵护和敬畏生命的途径和方法，引导学生深刻体认生命的宝贵，从而珍惜生命，关爱生命，提高生命质量，增进生命价值，维护生命尊严。

本书有着鲜明的特色。第一，与传统的生命教育方式不同，本书采用引导式的教学方式，并不事先给学生下定论，而是由学生根据老师给出的线索，一步一步推演出生命文化的相关结论；第二，本书体现了生命文化教育的理念，把以教师为主体的教育模式，转变为以学生为主体的教育模式。

致力于构建生命文化的新教育模式，是我们的美好心愿和真诚努力，愿我们的努力可以对生命文化教育的当代发展有些许贡献。

编 者

2018 年 7 月

目　录

第一章 生命的本质

第一节 何谓生命

下面10个图（见图1－1～图1－10）中哪些属于生命？即使是对于最疯狂的科学家来说，哪几个图不可能属于生命？请你判断。

图1－1 茁壮成长的嫩芽儿

图1－2 满脸不屑与鄙夷的哈士奇

图1－3 人类智慧代言人爱因斯坦

图1－4 拥有公民身份的人工智能机器人

图1-5　要求与你对接的星外来客

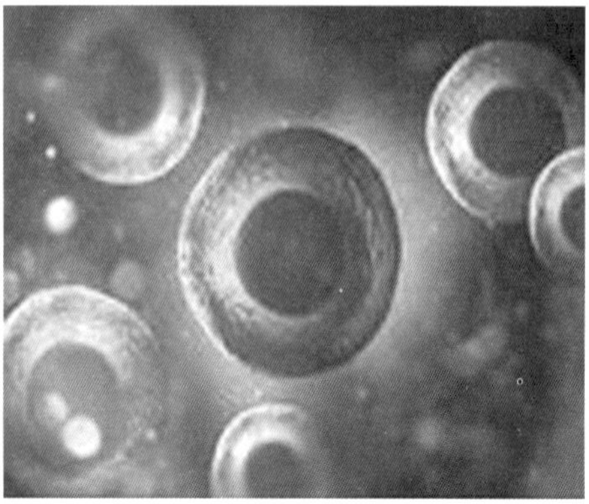
图1-6　细胞

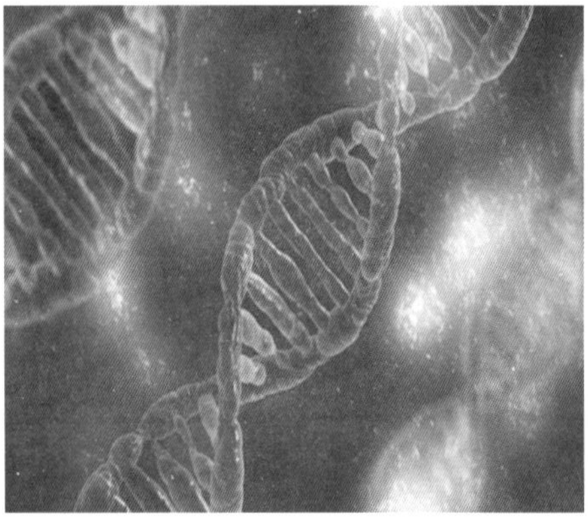
图1-7　DNA

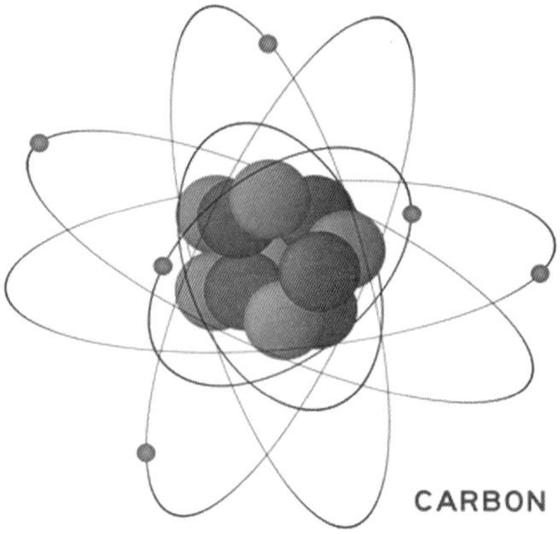

图1-8　原子

图1-9　香火鼎盛的寺庙

图1-10　只想说，我爱你，祖国！

生命是什么？你的判断标准是什么？以下是几种流行的生命本质说。

1. “新陈代谢说”

“新陈代谢说”是物理化学在生物学上应用的产物。生命能够通过物理化学方式与外界环境进行物质和能量交换的新陈代谢活动。新陈代谢是生命的本质。

缺点：边界不清。如汽车也可进行物质和能量交换，但不是生命。

2. “自创生说”

“自创生说”是新陈代谢定义和物理学中的自组织理论相结合的产物。

如在老师的督促下，学习是“他组织”，学生自愿、积极努力学习则是“自组织”，如图 1－11 所示。

图 1－11　自愿学习＝自组织

图片来源：http：//news. 163. com/13/1009/14/9AOI5R1J00014AED. html

图 1－12　被逼相亲＝他组织

图片来源：https：//www. nanrenwo. net/zlht/45345. html

被逼相亲是“他组织”，而自由恋爱则是“自组织”，见图 1－12。

自创生系统的三个特点：

（1）自我设界，即生命系统自己为自己设置边界，从而使自己与环境区分开来。

（2）自我产生，即生命的所有组成部分都是由系统自己转化产生的。

（3）自我维持，即生命内部活动在时间中是持续不间断的。

3. “灵活适应说”

“灵活适应说”是由美国里德学院的哲学教授马克比多提出的。其核心内容是把生物群体的这种无限度的不断适应新环境的特征看作生命的本质。

从群体系统角度出发，认为解释生命的多样性统一的特征的根本原则似乎是适应过程中的那种灵活性——即它对生存、繁殖，或更一般地说，繁盛问题中遇到的难以预料的变化能够产生新奇的解决办法的恒久能力，生命的本质特征在进化的过程中得到揭示。

缺陷：灵活适应度不易把握。

4.“信息说”

“信息说”强调生命在生长和繁殖过程中信息的传递作用。冯诺伊认为一个实体如果具有生长和繁殖的能力，那么这个实体就是有生命的。自我繁殖是指实体可以自己从1个变为2个，从2个变为4个，从4个变为8个……

自我繁殖系统是一个信息系统，这个系统所包含的自我繁殖信息一方面可以起到类似计算机程序的作用，在繁殖下一代的过程中，它表达产生出与自己基本相同的新个体，另一方面，它还起到被动数据的作用，在繁殖下一代时可以基本不变地传递给下一代。

20世纪50年代DNA双螺旋结构的发现及其随后对其作用机理的了解，使人们对生命的信息本质的认识更加深入。生命的诸多现象都与DNA分子的双螺旋结构有关。DNA恰好具有两种作用：作为生物信息的载体，它包含有关于生命结构的基本描述，它的表达产生出生物的各种性状；作为基因复制的模板，它可以产生一份与自己完全相同的拷贝，传递给下一代。

科学家图灵提出人的大脑是一台离散态的计算机。

计算机科学的另一开创者冯诺曼开始从计算的视角思考生命的本质问题。冯诺曼设想了一家巨大的细胞自动机，这个细胞自动机按着一定的规则运行。冯诺曼证明，如果自我繁殖是生命的本质特征，那么这个特征完全可以由细胞自动机获得。

康韦证明，特定配置的细胞自动机与图灵机完全等价。兰顿则进一步指出：处于混沌边缘的细胞自动机不仅可以完成复杂计算，而且可以支持生命和智能。正是在这样思想的指导下，兰顿提出了他的人工生命理念。

兰顿认为，生命的本质不在具体的物质，而在物质的组织形式。生命并不像物质、能量、时间、空间那样，是宇宙的基本范畴，而只是物质以特定的形式组织起来派生的范畴。这种组织原则上完全可以用算法或程序的形式表达出来。所以，只要能将物质按着正确的形式构筑起来，那么这个新的系统就可以表现出生命。而这种所谓的“正确的形式”就是生命的算法或程序。所以，算法和程序是把非生命和生命链接起来的桥梁，是生命的灵魂。

你认同哪一种学说？你的理由是什么？你如何说服别人？

你肯定不知道科学家对生命本质问题的回避：大科学家也不知道。

从20世纪50年代到80年代，生物学家和哲学家几乎都对此问题避而不谈。像罗森伯格的《生命科学的结构》，索伯的《生物学哲学》，都没有把生命的本质问题作为一个主要的问题来研究。生命本质的问题在国内科学哲学界的主要刊物上没有发表过一篇关于生命本质问题的研究论文。

1960 年诺贝尔桂冠得主、免疫学家梅达沃（P. B. Medawar）曾经不耐烦地说，生命是什么的讨论使人感到生物学对话的低水平。生物学家们认为，关于生命的直觉概念对我们研究生物学现象已经足够；没有清晰明白生命的概念，并不会对生物的结构、功能、进化过程等方面的研究产生任何影响。

哲学家赛尔（John Searle）就说过，生物学家当然不需要持续不断地思考生命是什么，大多数生物学家的著作甚至不需要使用生命这个概念。没有人否认，生物学现象是生命的形式。

其实生命本质定义非常重要。1958 年诺贝尔医学奖得主、遗传学家乔舒亚·莱德伯格曾写道：理论生物学的一个重要目标是给出一个生命的抽象定义。

研究生命起源的生物学家、研究地球外部生命的生物学家都认为对生命定义非常重要，因为对生命的不同定义直接关系到他们工作的内容、范围和研究方向。20 世纪 80 年代的人工生命科学更是把生命的概念问题作为首先要回答的问题。

但是生命本质定义很困难。首先，定义生命需要概括所有生命的共有特征。其次，不同学科的人在定义生命时，往往从本学科出发，把生命的某一方面加以强调，把某一方面作为生命的本质。第三，生命现象和非生命现象存在着连续性，它们之间并没有一条截然分明的界限。

一封来自未来科学家的信件

亲爱的“生命文化”主编先生：

所谓生命其实就是____

____

____

你忠实的查尔斯

××××年××月××日

想一想，查尔斯说了什么？他同意哪种理论？我们的研究该怎样开始？

科学规则必读

（1）科学是合乎理性的知识（包含感性直观材料与普遍必然性的逻辑形式）。

（2）科学是可以被检验的（通常是实验的方法检验）。

（3）科学是可以被还原的。

那么我们来做个科学实验吧。借助显微镜追寻生命的本质：观察一位帅哥相片（资料来源：https：//www. 52fuqing. com/newsshow-523584. html）。

实验规则：

（1）实验前，阅读实验说明。

（2）确保全部设备都准备完好（活的帅哥一位，高级显微镜一台）。

（3）若实验室内很脏乱，就要在室外或报纸上做（为防止实验对象那位帅哥逃跑，建议在室内）。

（4）实验前，试着预测一下实验的结果。

（5）别忘了记录结果，并且尽可能详细地描述发生的现象。

（6）若实验失败，再试一次。即使失败，也可以做出科学的解释。也许你就是第一个发现生命本质的人！

（7）然后打扫卫生，否则家里其他人看到你，会嫌你脏。

（8）始终遵守安全秘法：不要让你的实验对象受到伤害，更不能让他伤害你。

你能像巴斯德发现病菌那样严肃认真地观察吗？

现在我们在显微镜下把人的手上一点放大1～1000倍，我们会看到什么？

请仔细观察图1－13～图1－27的变化。首先见图1－13～图1－14属于宏观世界人，然后接下来你将进入微观世界！见图1－15～图1－27。

图1－13　1米视野下的帅哥

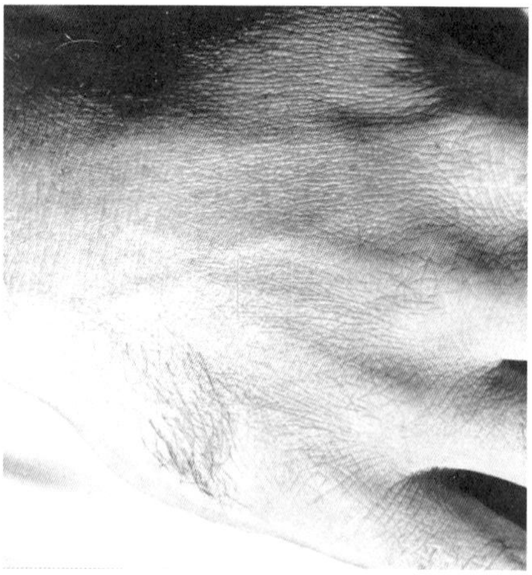

图1－14　0.1米×0.1米视野图

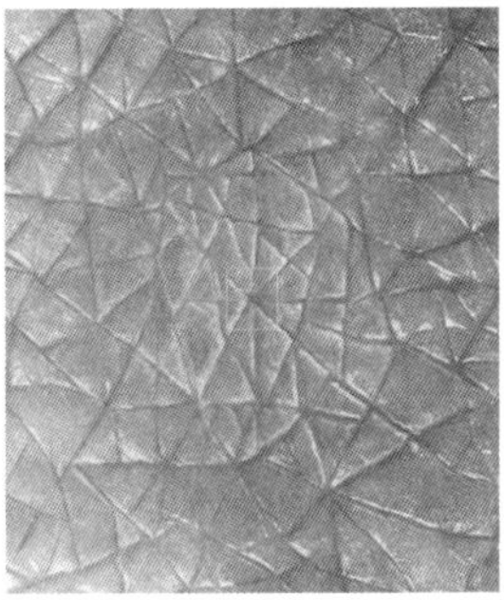

1 厘米×1 厘米视野图

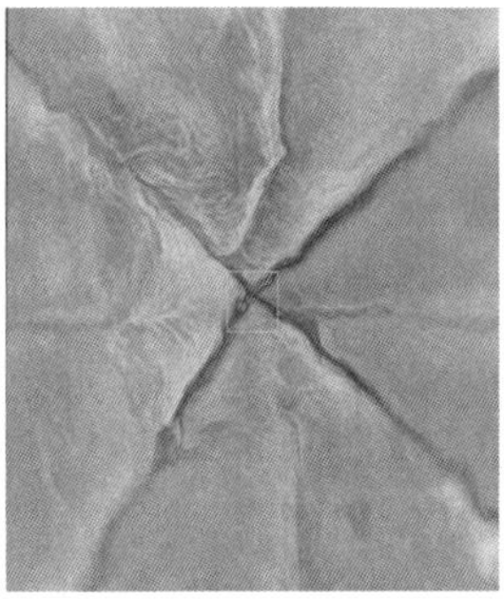

1 毫米×1 毫米视野图

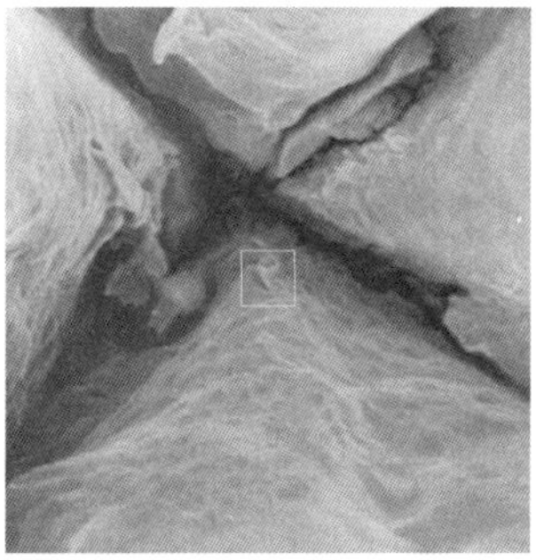

100 微米×100 微米视野图

图 1－15

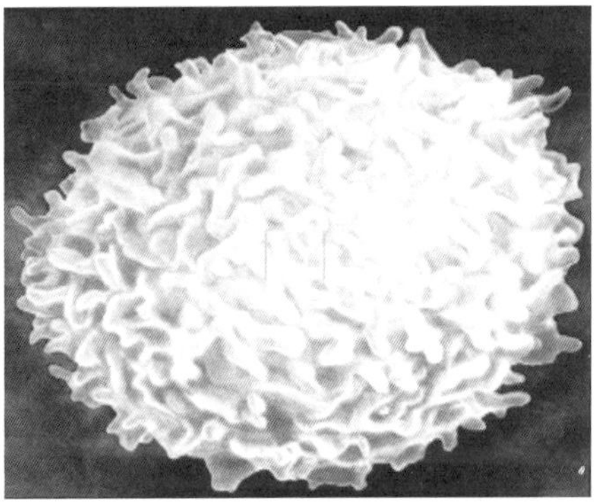

图 1－16　10 微米×10 微米视野图

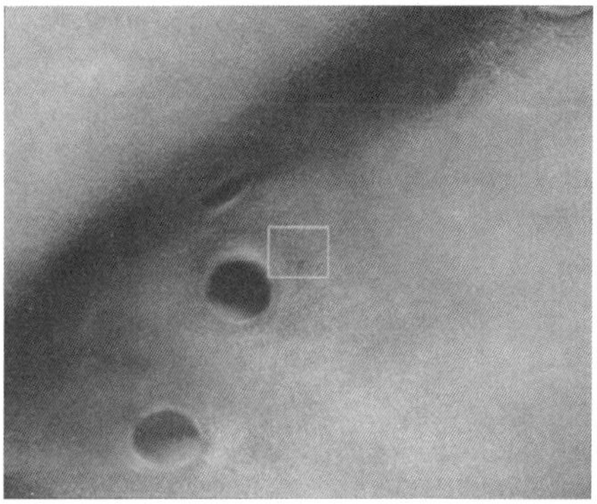

图 1－17　1 微米×1 微米视野图

图 1－18　0.1 微米×0.1 微米视野图

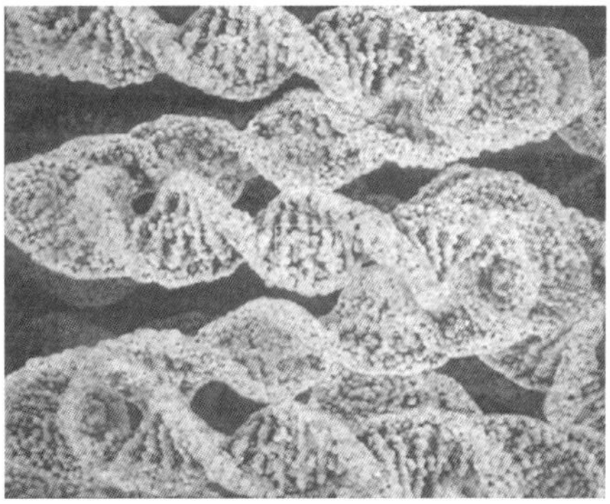

图 1－19　DNA 分子结构

图 1－18、图 1－19 的螺旋结构是染色体。人类的细胞里面都会有 23 对染色体（46 条）。

图1-20是组成DNA分子的原子们，它们以共价键和氢键彼此结合成庞大的有机分子。生命就是由这种复杂结构的分子组成的。

读过中学的同学就都应该知道：原子是由原子核和电子组成的。图1-21中所表示的是密布的电子云，我们能看到原子核外围的电子云比较浓。

图1-20　DNA分子的原子

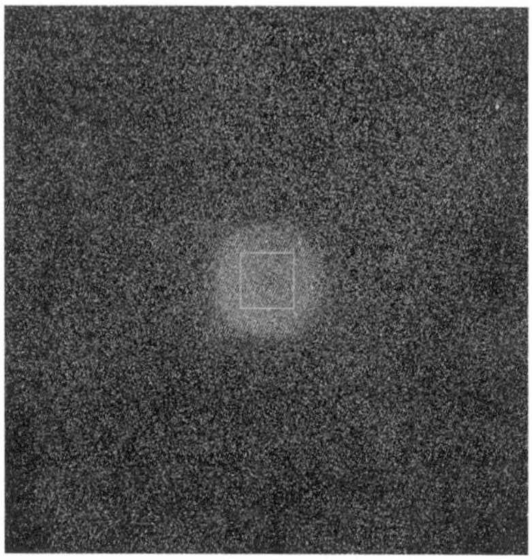
图1-21　10皮米×10皮米视野的电子云

所谓电子云，其实并不是说一个原子拥有无数个电子，像云雾般弥漫四围。每个原子拥有的电子数都是固定的、有数的，具体依元素种类而定。这些电子行踪飘忽不定，在原子核外部乱窜。一个电子，无数法身，就把这些电子“团团转”的特点用电子云来形容了。离原子核近的地方出现的概率大些，云就密；离原子核远的地方出现的概率小些，云就稀。

原子核外围的浓密电子云，仿佛到了浩瀚无边的宇宙。这样来看每个原子都像是个小宇宙，我们的世界就这样周而复始着……

穿过最浓的电子云，发现更近原子核的地方反倒清净。原来离得远了要吸引，离得近了也会排斥呢，保持一个最佳的距离才好。电子为阴性，原子核为阳性，异性相吸，应该越近核越密才对？真要那样越近越吸，越吸越近，电子还不都撞到原子核上去，最后谁也动弹不得！

可是为什么不是这样呢？下图框中的斑点就是原子核。

走近点，这就是传说中的原子核了。10^{-12}米叫作1皮米（见图1-22、图1-23）。在0.1皮米的数量级下看原子核就可以看出很多个球来，它们是带正电的质子和不带电的中子（见图1-24～图1-25）。

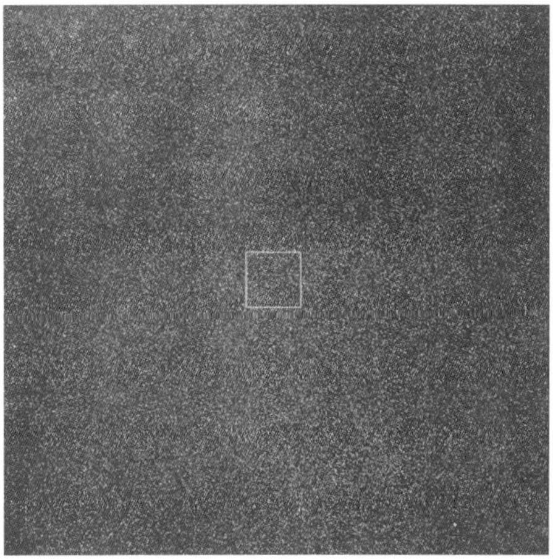

（1 皮米 ×1 皮米）
图 1－22　1 皮米原子核特写

（0.1 皮米 ×0.1 皮米）
图 1－23　0.1 皮米原子核特写

图 1－24　10 飞米原子核特写

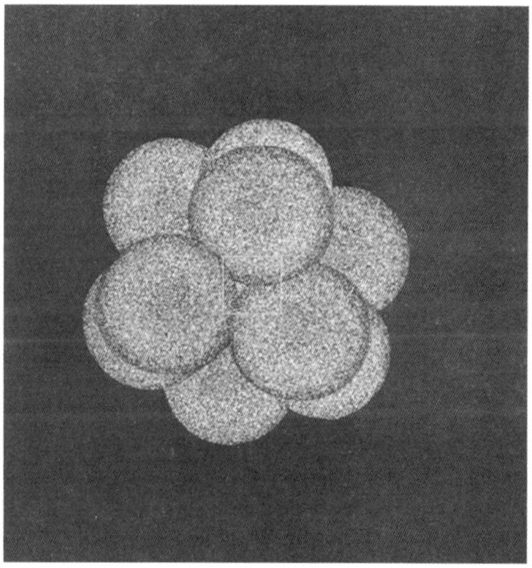

图 1－25　1 飞米（10^{-15}米）原子核特写

质子（也可能是中子）的细部，乱七八糟一大片，未知的结构，未知的领域（见图 1－26、图 1－27）。一旦我们进入下一个层次，我们将会看到什么，我们又将会知道什么？

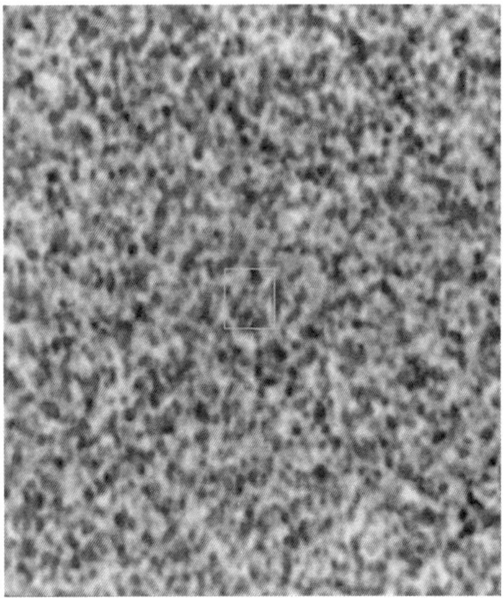

图1－26　0.1飞米原子内部结构

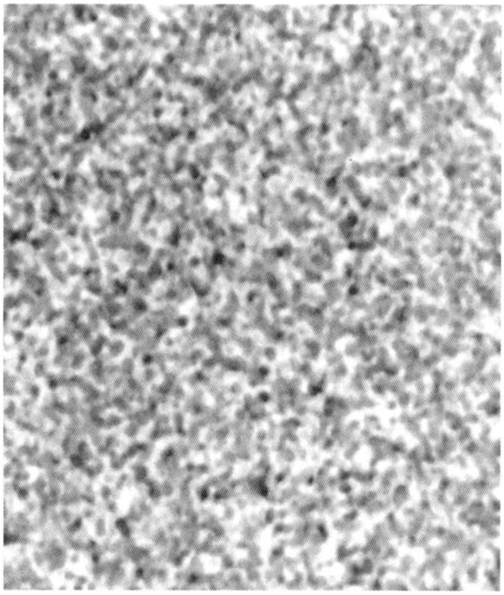

图1－27　小于0.1飞米原子内部结构

实验观察结束，你是否得出生命本质的结论？生命的边界在哪里？生命的本质是物质的还是抽象的？我们的灵魂如何安放？

名词解释

地球上“如吾所识的生命”(life as we know it)

从物质组成上看，所有生物都是由基本相似的物质组成。所有生命基本上都由碳、氢、氧、氮、磷、硫、钙等元素构成，这些元素相互结合，构成氨基酸、核苷酸、葡萄糖等生命小分子；这些小分子再通过特殊的方式相互结合，形成蛋白质、核酸、多聚糖和脂类等生物大分子，这些分子称为构建生命基本的“建设砖块”。由于重要的生物大分子都包含有碳，所以人工生命研究者又把这种“如吾所识的生命”叫作“碳基生命”。

从结构看，地球上直接表现出生命活性的生命都是由细胞构成的。细胞是生命的基本结构单位，一切生命都离不开这一生命的基本形态，但细胞并不是生命的全部，生命的存在是多层次的。除一些简单的生物之外，大部分生物都是由多细胞组织在一起，形成一个复杂的等级结构和丰富功能的生物个体。由于不同种类的多细胞生物的级联结构不同，使生命个体之间表现出差异性或多样性。

生命的多层次性的级联结构使我们认识到，生命是自然界中的一种高度有序的现象，这种有序性从微观到宏观，从过去到现在全方位地表达出来。

从规律上看，所有生命几乎都遵循相同的基本规则：所有生命使用相同的遗传密码，遵循着相同的复制、转录和蛋白质合成机制以及相同的DNA修复机制。生命的代谢活动，包括各种主要的生命物质的生成、转化、能量的获取、利用方式等，也都有着高度的一致性。

“如其所能的生命”（life as it could be）

涵盖未知的或可能的生命，包括可能存在的外星生命、人类科技创造的虚拟生命和数字生命等。

第二节 认识你自己，寻找生命的意义

你肯定想知道科学主义与人文主义的那些事儿。

科学主义思潮最初产生于近代西方哲学的经验主义思潮，前后经历了洛克的经验论、贝克莱的主观经验主义、休谟的不可知论等一系列演进过程，其理论范畴一般包含实证主义、逻辑实证主义和经验批判主义。科学主义是一种主张自然科学技术能解释一切问题的哲学观点，是以科学理性为标准的特殊理性主义。

人文主义思潮则产生于近代西方的理性主义，主要有存在主义、生命哲学、意志主义三个流派。人文主义由于涉及面广，因此严格来说并没有一个全世界统一的定义来描述它。与科学主义不同的是，人文主义重视人在社会中的价值地位，主张人性的解放与激励，推崇人的感性与理性思维。

人文主义信条：宇宙以人类为中心运转，人类是所有意义与力量的来源。

如果觉得人类确实特殊，那么这些特殊从何而来，我们又如何肯定其他生命形式，如其他生物或人工智能无法拥有这种特殊之处？

一封来自动物们的控诉书

原告：动物联盟

被告：人类

诉讼请求：剥夺人类特权，恢复动物平等权

事实和理由

牛的陈述：

许多处于工业化时代的人会觉得动物从本质上就和人类有所不同，而且认为动物是较为低等的。与其他动物相比，人类早已经化身为神，并且不是特别公正或仁慈的神。人类在这几万年间，改写了游戏规则，成为全球生态变化唯一最重

要的因素。

羊的陈述：

人类开始农耕畜牧之后，导致新一波的生物大灭绝，但更重要的是创造出另一种全新的生命形式：家畜。到20世纪，这种新的生命形式已经成为主导，今天有超过90%的大型动物都被驯化成为家畜。

猪的陈述：

作为家畜，我们的命运特别悲惨，重点不在于我们死的方式，而是我们活的方式。人类养猪是为了得到我们的肉；他们如果希望猪肉供应稳定，就必须确保猪能够永续繁衍。照这个道理来说，我们家畜应该能够因此避开各种极端残酷的对待。如果农民不照顾好自己猪的话，让猪在还没生小猪之前就死掉，农民就会挨饿（见图1-28）。

不幸的是，人类却用各种方式给家畜带来无尽苦难，但同时又能确保家畜生存繁衍。我们家畜仍然保留着野生动物的种种生理、情感和社交需求，但这对人类的农场来说毫无意义。农民常常无视这些需求。这些动物被锁在狭小的笼子里，角和尾巴被割去或剪掉，而且被有选择地养出畸形。这些动物饱受痛苦但仍然继续生存繁衍。

鸭的陈述：

这样的做法违反了自然选择的最基本的原则。进化论认为，所有的本能、冲动、情感的进化都只有一个目的：生存和繁衍。确实所有的本能、冲动、情感的进化都是为了适应生存和繁衍进化的压力。但就算这些压力突然消失，本能、冲动和情感也不会消失，至少不会立刻消失。无论是牛、猪还是人类，深层的感官及情感架构都仍然类似石器时代的情形没多大改变（见图1-29）。

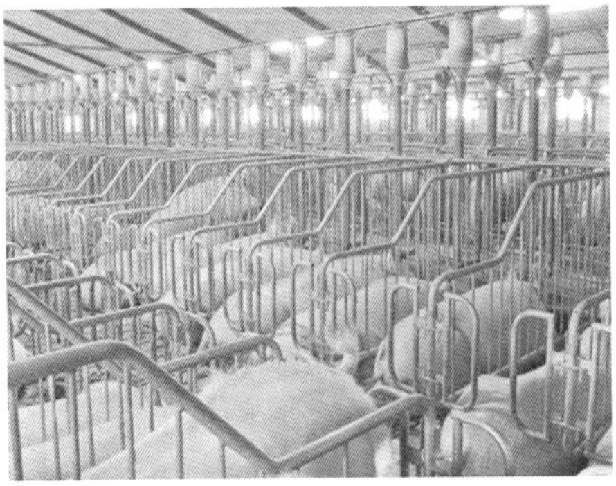

图1-28 饲养猪

图片来源：https：//www.cc362.com/content/G1d773kvPz.html

图1-29 填鸭

图片来源：http：//blog.sina.com.cn/s/blog_c207be1c01017adh.html

狗的陈述：

人类对于自己的残忍行为，竟然这样自圆其说：人类用一种新的方式来改造农业经济体制。过去的泛灵论宗教，是将宇宙描绘成如同一场盛大的京剧，有无穷无尽、五彩缤纷的角色不断上场。大象和橡树、高山和青蛙、灵魂和精灵、天使与魔鬼，都是这场宇宙大戏的角色。但有神论的宗教改写了剧本，把宇宙变成易卜生荒凉的戏剧场景，只有两个主要角色：人和神。原来泛灵论的角色除了天使和魔鬼幸存成为神的使者和仆人，其他的动物和植物以及其他自然现象，现在都成了无声的装饰。

马的陈述：

农业革命既是经济上的革命，也是宗教上的革命，新的经济关系兴起，新的宗教信念生命也同时产生，为残酷剥削和利用我们动物找到了借口，这样，就把动物从有情感、值得尊重的生命降格为不过是人类的资产，甚至把不同等级的人也视为资产。

人类的辩护：

（1）人类生命之所以特别尊贵，并不单单在于人类拥有哺乳动物的本能、主观体验、感情等，而在于人类拥有一种特殊的能力：构建意义之网，以寻求生命的意义与价值。

（2）因为只有人类能编织出互为主体的意义之网：其中的法律、约束力、实体和地点都只存在于他们共同的想象之中。人类能够创造出互为主体的实体，这种能力不仅让人与其他动物有所不同，也让人文科学与生命科学出现分歧。历史学家希望了解神、国家这种互为主体的实体如何发展，但生物学家很难认同这类事物的存在。

（3）人文科学强调互为主体的实体，认为其重要性不亚于激素和神经元，要用历史的方式思考，也就意味着要给想象中故事赋予实际的力量。

（4）我们自己的神，我们自己的国家，我们自己的价值观，这些都给了我们生命的意义，我们希望自己的生命有客观意义，希望自己的种种牺牲不只是为了脑子里的各种空想。

我们来讲个故事吧，事实是：人类的特别之处在于虚构的力量与生命的意义！

狼或黑猩猩等动物都生活在一种双重现实中：一方面很熟悉外在的各种客观实体，比如树木、岩石和河流；另一方面，也清楚自己内在的主观体验，比如恐惧、喜悦和欲望。而人类则活在一种三重现实之中。除了树木、河流、恐惧和欲望，人类的世界还有各种关于金钱、神、国家和公司的虚构故事。人类认为自己创造了历史，但历史其实是围绕着各种虚构故事展开。

这一切开始于7万年前，认知革命让人类开始谈论只存在于人类想象之中的事情。人类开始将自己生命的喜怒与欲望寄情于各种精灵，以期望生命永恒。

到了大约1.2万年前，农业革命拉开了序幕，为人类提供了必要的物质基础来扩大并强化人际网络。有了农业，就有可能养活更多的人。人类开始为自己最敬爱的神兴建神庙、举办庆典、甘心奉献，双手奉上土地和各种祭品，此时的神庙不只是生命永恒的信仰中心，也是最重要的政治和经济枢纽，而神的功能类似于今天的品牌和公司。今天，公司是个虚构的法律实体，它能拥有财产、雇佣员工、开设经济企业。在人类早期社会，神也是个法律实体，能拥有田地与奴隶、发放和接受贷款、支付薪资以及建造水坝和开筑运河。当然，神没有血肉之躯，不会亲自打理各种业务，所有的日常事务都交给了神庙的祭司。

在文字出现之前，故事受限于人类大脑的能力，不能讲得太复杂，否则就没人能记得。文字出现后，人类可以开始创造长篇复杂的故事，以新的方式组织整个社会，构建生命的意义。国王以活神的名义，重组人类社会、重塑生命意义。文字催生了强大的虚构实体，这些实体组织了数百万人重塑了河流、沼泽和动物的现实。文字也让人类习惯了通过抽象符号的调节来体验现实，于是更容易相信这样的虚构实体确实存在。事实上，生命的意义不是坚持百分之百的现实，人类合作网络的力量依赖于真实与虚构之间的微妙平衡。

无论是法老统治下的埃及，还是欧洲的各个帝国以及现代的学校系统，这些组织大部分的力量，都能将虚构的信仰（生命的意义）建立在让人顺从的现实之上。

虚构的故事能让人类更容易合作，以延续生命，实现生命的价值，但代价在于，这些虚构故事同时也会决定我们合作的目标。因此，我们可能拥有非常复杂的合作制度，却只为了服务于虚构的目标和利益。这样一来，虽然整个制度看起来运转良好，但出发点可能只是这个制度的标准。我们如何来判断哪一个虚构的故事更富有生命意义?

学校的校长会说："我们的制度很有用，在过去5年内，考试成绩已经提升7.3%"。但这真是判断学校的最好方式吗?

古埃及的官员也会说："我们的制度很有用，比起世界上任何国家，我们收到的税金更多，挖出的大运河更长，盖起的金字塔更大。"但这真的是埃及这个国家最重要的吗?

想评估人类合作网络究竟是好是坏，想探究人类虚构的机构的生命意义是什么？这一切取决于用什么标准和观点。历史绝不是单一的叙事，我们选择讲述其中一种叙事，就等于选择让其他叙事失声。探寻生命的意义也同样是多样而丰富的。

在21世纪，我们还会创造出比以往更强大的虚构概念。在生物科技和计算机算法的协助下，这些宗教不但会控制我们每分每秒的存在，甚至将重塑我们的身体、大脑和心灵，创造出完整的虚拟世界。真要如此，我们要比以往更加清晰地明了生命的意义与价值。

第三节 未来科技与生命

下面先介绍几个科幻大片。

1. 影片《机械姬》（见图1－30）

效力于某知名搜索引擎公司的程序员加利·史密斯幸运地抽中老板纳森·奥斯卡·伊萨克所开出的大奖，他将受邀前往位于深山的别墅中与老板共度假期。在与世隔绝的别墅中，纳森亲切地接待了这位员工。事实上他邀请加利来还有另一个目的，那就是协助他完成其所开发的智能机器人的测试。天才一般的纳森研制了具有独立思考能力的智能机器人伊娃，为了确认她是否具有独立思考的能力，他希望加利能为伊娃进行著名的“图灵测试”。似乎从第一眼开始，加利便为这台有着宛如人类般姣好容颜的机器人所吸引。

在随后的交流中，他所面对的似乎不是冷冰冰的机器，而更像是一个被无辜囚禁起来的可怜少女……

图1－30 影片《机械姬》

图片来源：http：//www.sohu.com/a/143960944_732464；http：//movie.mtime.com/58544/reviews/7905927.html

2. 影片《人工智能》（见图1－31）

影片讲述21世纪中期，人类的科学技术已经达到了相当高的水平，一个小机器人为了寻找养母，为了缩短机器人和人类差距而奋斗的故事。

图1－31　影片《人工智能》

图片来源：http：//www.sohu.com/a/157905357_767333

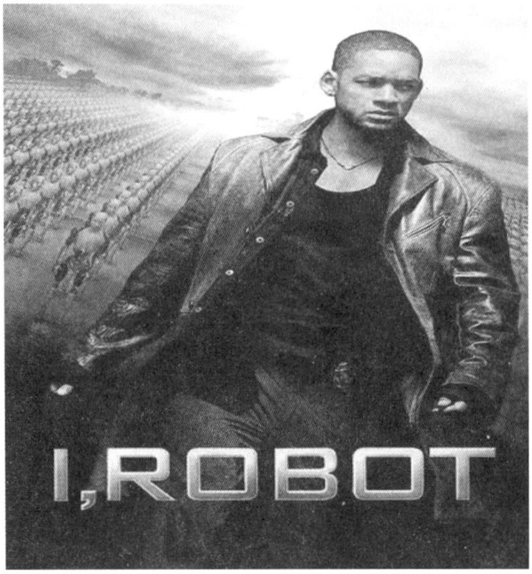

图1－32　影片《机械公敌》

图片来源：http：//www.sohu.com/a/157905357_767333

3. 影片《机械公敌》（见图1－32）

《机械公敌》是由20世纪福克斯在2004年出品，由艾历士普罗亚斯执导、威尔·史密斯主演的美国科幻动作类电影。改编自艾萨克艾西莫夫所作的同名小说。该片讲述了公元2035年机器人与人生活关系的故事。

人类制造机器人时，通常会遵循所谓“机器人三大安全法则”来设计并控制它们。后来，人们发觉机器人似乎已经学会了自我思考，并且曲解了“机器人三大安全法则”，认为人类间战争将使得人类自我毁灭，出于“保护人类”法则，欲将所有人囚禁在家中，人与机器人的冲突开始了。人类必须开始重新思考如何面对机器人，但是，机器人或者人类自身是否都值得信赖却是一个令人深思的问题。

4. 影片《她》（见图1－33）

《她》是讲述在不远的未来人与人工智能相爱的科幻爱情电影。主人公西奥多（杰昆·菲尼克斯饰）是一位信件撰写人，心思细腻而深邃，能写出最感人肺腑的信件。他刚结束与妻子凯瑟琳（鲁妮·玛拉饰）的婚姻，还没走出心碎的阴影。一次偶然机会让他接触到最新的人工智能系统OS1，它的化身萨曼莎（斯嘉丽·约翰逊饰）拥有迷人的声线，温柔体贴而又幽默风趣。西奥多与萨曼莎很快发现他们如此的投缘，而且存在双向的需求与欲望，人机友谊最终发展成为一段不被世俗理解的奇异爱情……

图 1－33　影片《她》

图片来源：http：//www. sohu. com/a/143960944_732464

我们来看看现实中的 AI 技术（见图 1－34）

无人驾驶汽车是智能汽车的一种，也称为轮式移动机器人，主要依靠车内的以计算机系统为主的智能驾驶仪来实现无人驾驶的目标。

图 1－34　无人驾驶汽车（智能汽车）

图片来源：https：//baike. baidu. com/item

据汤森路透知识产权与科技最新报告显示，2010—2015 年间，与汽车无人驾驶技术相关的发明专利超过 22000件，并且在此过程中，部分企业已崭露头角，成为该领域的行业领导者。

2010 年 5 月 6 日，纽约证券交易所经历了剧烈的震荡。在 14 点 42 分到 14 点 47 分不过五分钟的时间，道琼斯指数狂跌1000点，1 万亿美元烟消云散。但接着，只花了三分多钟，指数就回到了狂跌前的水平。把我们的钱交给超高速计算机程序来操作，就是会发生这种事。这次事件被称为“闪电崩盘”（见图 1－35），而专家到现在还在努力研究这一切到底是怎么回事。他们知道一定是算法出了问题，但无法确认错在哪里。美国部分交易商已经对算法交易提起诉讼，认为这种做法是对人类的歧视，人类在反应速度上绝不可能与之匹敌。仅讨论这是否真正构成侵权，就会给律师带来大量的工作。

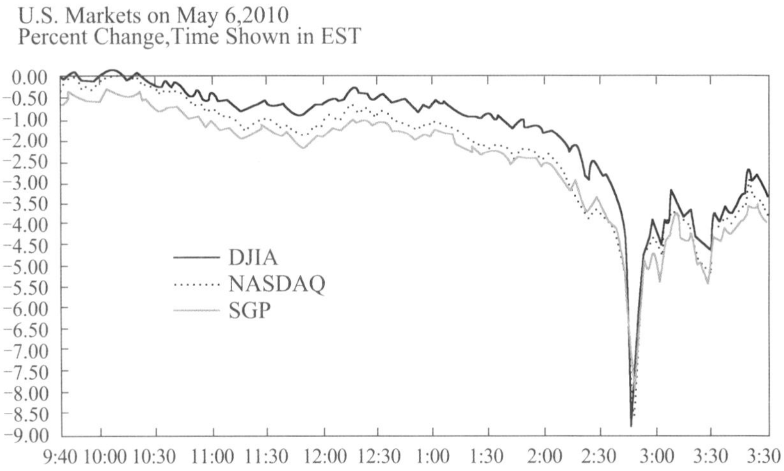

图 1 - 35　纽约证券交易所的“闪电崩盘”

图片来源：http：//news. hexun. com/2016 - 04 - 04/183114814. html

美国 Mindojo 公司正在开发互动算法，不仅能教数学、历史，还能同时研究所教对象这个人。这样的“数字教师”会仔细监测我回答了什么，花了多长时间。一段时间后，它们就能判断出我个人独特的优缺点，也知道什么让我精神一振，什么会叫我眼皮下垂。它们可以用最适合我人格类型的方式来教我热力学或几何学，无须担心这种方式并不适合其他 99% 的学生。这些“数字教师”永远不会失去耐心，永远不会对我大吼大叫，也永远不会罢工。问题在于，都已经有这样智慧的计算机程序，我为什么还需要学习热力学或几何学？

IBM 超级电脑“沃森”（见图 1 - 36）于 2011 年 2 月参加智力竞赛节目，与两位最成功的选手展开对决。2 月 14 日、15 日和 16 日，这台以 IBM 创始人托马斯·沃森名字命名的电脑亮相《危险边缘》，在两场比赛中战胜肯·詹宁斯和布拉德·鲁特。

图 1 - 36　IBM 超级计算机“沃森”

图片来源：http：//news. qq. com/original/quanmeipai/rengongzhineng. html

在 2004—2005 年赛季，詹宁斯曾连续 74 场赢得比赛，所斩获的奖金总额超过 250 万美元。鲁特则是所有参加《危险边缘》的选手中拿奖金最高的一位，在 2002 年和 2005 年的比赛中共拿到超过 325 万美元奖金。

目前“沃森”的工作严肃许多，主要就是诊断疾病。像“沃森”这样的人工智能，比起人类医生会有巨大的潜在优势：

（1）人工智能可以将史上所有已知的疾病和药物的信息全部存在数据库。而且这种数据库还能每天更新，不仅包括最新研究成果，还能接收到世界上所有相关诊所和医院收集到的医疗统计信息。

（2）“沃森”不仅能熟知我的整个基因组、完完整整的病史，甚至连我的父母、兄弟姐妹、表亲、邻居和朋友的基因组和病史都了如指掌。“沃森”能立刻知道我是不是最近去过热带国家，是否胃部感染痼疾，家族是否有肠癌历史，又或者是不是最近全城的人都在抱怨腹泻。

（3）“沃森”永远不会说它累了、饿了或病了，它能随时为我诊断。我可以舒服地坐在沙发上，回答几百个问题，告诉“沃森”饿究竟是怎样的一种感觉。

（4）在最近的一项实验中，计算机算法能正确诊断90%的肺癌病例，但人类医生的正确率只有50%。

（5）“沃森”探测人类情绪的准确度可以和探测肿瘤的准确度一样高。“沃森”能够靠检测你的血压、脑部活动和其他无数生物计量资料，清楚地知道你的感觉。而对比过去收集的社交信息后，“沃森”就能用最适当的音调、你最想听到的词语，告知你最想知道的事实。虽然人类总对自己的情绪洋洋得意，却也常常受情绪影响，做出消极反应。比如你遇到一个愤怒的人，自己也开始大吼大叫；听一个忧郁的人讲话，自己也忧虑起来。但“沃森”永远不会被这种诱因影响，它没有自己的情绪，所以永远只会根据你的情绪状态做出最恰当的反应。

谷歌AlphaGo软件自学围棋这种古老的中国棋类游戏，而围棋的复杂程度一般认为并不在人工智能程序能够处理的范围内。2016年3月，AlphaGo和韩国棋王李世石在首尔举行了一场比赛，AlphaGo凭借出奇的下法、创新的战略，以4比1击败李世石，令各方深感意外。2017年5月AlphaGo战胜中国围棋天才柯洁。赛后大多数人的结论是人类在围棋上已不再有希望打败AlphaGo或者后来者了（见图1－37）。

图1－37　谷歌AlphaGo人机大战

图片来源：http：//www.nbd.com.cn/articles/2016－03－09/989944.html

戴维·柯普是加州大学圣克鲁兹分校的音乐学教授，也是古典音乐界极具争议的人物。柯普写了一些计算机程序，能够谱出协奏曲、合唱曲、交响乐和歌剧。他写出的程序EMI（experiments in musical intelligence，音乐智能的实验）专门模仿巴赫的风格，EMI在短短的一天时间里就能谱写出5000多首巴赫风格的赞美诗。柯普挑出几首，安排在圣克鲁兹的依次音乐界上演出。演出激动人心，观众反应强烈，兴奋地讲着这些音乐如何触碰到他们内心最深处。观众并不知道作曲者是EMI而非巴赫，等到真相揭开，有些人气得一语不发，有人批评说EMI的音乐技术出众，但还是缺了些什么，一切太过精准，没有深度，没有灵魂。但是，只要人们在不知作曲者是谁的情况下听到EMI作品，常常会大赞这些作品充满灵魂和情感。如果你认为自己一定能够看出人类创作与机器创作的差异，欢迎挑战。

21世纪的新科技可能会彻底扭转人文主义革命，让人类交出权威，送到非人类的算法手中。如果你觉得这个方向实在是太骇人，该怪的并不是那些计算机怪才，这其实是生物学家的责任。我们必须意识到，推动这个趋势的主要力量来自生物学的洞察，而非计算机科学。生命科学认为，生物就是各种算法。如果生物的功能真的和算法大不相同，就算计算机在其他领域大展神威，仍然不可能了解人类、引导人类的生命，更不可能与人合二为一。一旦生物学家判断生物也是算法，就等于拆除了有机和无机之间的那堵墙，让计算机革命从单纯的机械事物转变为生物的灾难，也将权威从个人转移到了算法网络。

目前的科学反馈可以简单概括为三项原则：

（1）生物是算法。每种动物（包括人）都是各种有机算法的集合，是数百万年进化自然选择的结果。

（2）算法的运作不受组成物质的影响。算盘的算珠无论是木质、铁质还是塑料质，两个珠子加上两个珠子还是等于四个珠子。

（3）因此，没有理由相信非有机算法永远无法复制或超越有机算法能做的事。只要运算结果有效，算法是以碳为载体还是以硅为载体又有何差别？

一、数据主义

数据主义认为，宇宙由数据流组成，任何现象或实体的价值就是对数据处理的贡献。你可能觉得这实在是胡言乱语，但事实上，大部分的科学机构都已经改信数据主义了。数据主义是由两大科学潮流爆炸性汇流而成。在达尔文发表《物种起源》150年后，生命科学已经认为生物体都是生化算法。此外，在科学家图灵提出“图灵机”这个概念80年后，信息科学家也已经学会写出越来越复杂的电子算法，于是让二者合而为一，打破了动物和机器之间的隔阂，并期待电子算法终有一天能够解开甚至超越生化算法。

对于政府、企业或一般消费者来说，数据主义提供了突破性的技术和强大的全新力量。对于学者和知识分子来说，它也可能提供几个世纪以来渴求的科学圣杯：从文学、音乐学、经济学到生物学，所有学科都能统一在单一理论之下。根据数据主义，贝多芬的第五交响曲、股市泡沫和流感病毒不过是数据流的三种不同模式，能够使用同样的基本概念和工具来分析。这个想法十分吸引人，可以让所有科学家将一种共通语言，在学术的鸿沟上搭起桥梁，并轻松让某种见解跨越不同的学科。终于，音乐家、经济学家和细胞生物学家也能相互理解和沟通了。

在此过程中，数据主义将传统的金字塔学习方式彻底翻转。在这之前，大家认为数据只是智力活动这个漫长过程的第一步，我们要把数据转化为信息，信息转化为知识，最后把知识转化为智能。但数据主义者认为，数据的流动量已经大到非人所能处理，人类无法再将数据转化为信息，更不用说转化成知识或智能。于是，处理数据的工作应该交给能力远超人类大脑的电子算法。实际上，这也代表着数据主义对人类知识和智能有所怀疑，而倾向于信任大数据和计算机算法。

二、未来的我们

今天，被我们视为数据处理系统的不只是单一生物，还包括蜂箱、细菌的菌落、森林和人类。经济学家也越来越常用数据处理系统的概念来诠释经济。政治科学家也逐渐把人类政治结构理解成数据处理系统。民主和专制在本质上是两套关于收集和分析信息的对立机制。

在未来几十年间，我们很可能还会看到更多类似互联网的革命，而科技会抢走政治的所有风头。人工智能和生物科技可能即将彻底改革人类社会和经济，甚至是人类的身体和心智。

21 世纪，科技已经让外部算法有能力“比我自己更了解自己”，权威已经从个人转向有算法构成的网络，人类不会再认为自己是自主的个体，不再依据自己的期望度日，而是习惯把人类整体看作是一种生化机制的集合体，由电子算法网络事实监测和指挥。未来医院，患者许多关于身体和健康的重大决定将由计算机帮忙决定。目前，已有糖尿病患者安装传感器，每天几次自动检测血糖值，并在超标时发出警告。2014 年，耶鲁大学研究人员宣布一种由智能手机控制的人工胰脏实验成功。有 52 名糖尿病患者参与该试验，每位患者都在腹部植入一个小小的传感器和一个小小的胰岛素泵。胰岛素泵连接装有胰岛素和升糖素的小管，用这两种激素来调节血糖高低。传感器会不断测量血糖值，将数据传至智能手机，而智能手机安装了能分析相关信息的应用程序，能在必要时对胰岛素泵发出命令，释放胰岛素或胰高血糖素，完全不需人为操作。

就算是许多没有严重疾病的人，也已经开始使用可穿戴式的传感器和计算机监测自己的健康和活动状况。相关设备，比如智能手机、智能手表、智能手环、智能臂环甚至智能内衣，记录着血压和心跳等生物计量数据。这些数据被传送到精密的计算机程序中，建议穿戴者如何调整饮食和日常生活，改善健康、延长寿命。

谷歌与制药巨头诺华（Novartis）正在合作开发一种隐形眼镜，能够通过眼镜分析眼泪成分，每隔几秒钟检测一次血糖值。精灵科学（Pixie Scientific）公司则推出智能尿布，能分析婴儿的粪便，了解孩子的健康状况。2014 年 11 月，微软也推出智能运动手环（Microsoft Band）能够监测心跳、睡眠质量、每天行走的步数等信息。一个名为“Deadline”的应用程序则更进步，它会告诉你，根据你现在的生活习惯，你大概还可以再活几年。

在这场“量化自我”（Quantified Self）的驱动下，自我成为了数学模型，如果你想认识你自己，就别再浪费时间研究其他的东西（见图 1－38）。你应该系统性地收集自己的生物计量数据，允许算法为你分析这些数据，告诉你是谁，你该做些什么。通过数据认识你自己。当你再遇到困难或两难的抉择，你可能不会再问自己内心的声音，而是咨询自己体内的基因去决定。

图 1－38　我是谁

DNA 测试的市场龙头企业 23 and Me 由谷歌联合创始人谢尔盖布林的前妻安妮·沃希基（Anne Wojcicki）创办。其公司名为“23 and Me”，指的就是构成人类基因组的 23 对染色体，代表自己的染色体与自己有非常特殊的关系。只要有人能理解这些染色体正在做什么，就能告诉你一些你自己从来没想过的事。如果你想知道这些内容，只需向 23 and Me 支付 99 美元，他们就会寄给你一个检测包，里面有一根唾液收集试管。你向试管里吐口水，密封好，再寄到加州山景城的公司所在地，他们就会分析你唾液中的 DNA，并将结果在线传给你。你将得到一张列表，列出你可能面对的健康危机，以及基因反映出可能发生在你身上的各种问题，从秃头到失明不等。“认识你自己”可从来没有这么简单或便宜过。

未来，自由接触我们的各种生物计量装置、DNA 扫描结果和医疗记录与谷歌及其竞争者合作，不仅能对抗流行病，还能对抗癌症、心脏病和阿尔茨海默症。这样的系统能够监测你的每次呼吸、每个动作、挣脱的每个枷锁；会仔细追踪你的账户、你的心跳、你的血糖值，甚至是每次的出轨偷情。它对你的认识，绝对远高于你自己。甚至能建议我们该看哪部电影，去哪里度假，上大学读什么专业，选哪个工作机会，甚至该和谁约会及结婚。你可能会说：嘿，谷歌，约翰和保罗都在追我，我两个都喜欢，但喜欢的点不太一样，很难做决定。根据你手上所有的资料，你怎么建议？

谷歌就会回答：这个嘛，我从你出生那天起就认识你了，我读过你所有电子邮件，听过你所有电话录音，知道你最爱的电影，也有你的 DNA 资料和完全的心跳记录。你过去每次约会我都有精确的数据，如果你需要，我可以把你过去和约翰或保罗约会时的资料调出来，显示你每秒的心跳、血压或血糖值变化。当然，我对他们的认识也不少于对你的认识。所以，给予以上所有的信息和我杰出的算法，加上几十年来几百万对伴侣的统计资料，我建议你挑选约翰，大约有 87% 的概率，你们长期满意度会比较高。

“当然，因为我非常了解你，所以我知道你不会喜欢这个答案。保罗长得比约翰帅，而你又太看重外表，所以你内心希望我的答案是保罗。确实，外表很重要，但实在没有你想的那么重要。你体内的生化算法是从数万年前的非洲大草原开始进化的，对于潜在配偶的整体评价中，外表战略 35%，至于我的算法，是基于最新的研究和统计数据，认为外表对于长期成功的浪漫关系只有 14% 的影响。所以，虽然我已经把保罗的外表纳入考虑，但还是认为约翰是你最好的选择。”

未来的人类将会在体内植入许多生物监测装置、仿生器官和纳米机器人，以监测人体健康状况，并避免感染、疾病和伤害。但这些装置需要 24 小时全天在线，还要时时追踪最新的医疗发展，以及抵抗网络空间爆发的新瘟疫。就像家庭计算机会不断受到病毒和木马的攻击一样，以后的心率调节器、助听器和纳米科技免疫系统也无法幸免。如果不定期更新身体中的防毒程序，可能某天早上醒来我们就会发现血管中的几百万个纳米机器人都被某个黑客操纵。

未来，科学发现和科技发展会将人类分为两类：一类是绝大多数无用的普通工人，另一类是小部分经过升级的超人类，又或者各种事情的决策权已经完全从人类手中转移到具备高度智能的算法，在这两种情况下，人类的尊严、生命的意义如何？什么样的新宗教或意识形态能够指导我们如神一般的后代？

未来，人工智能和生物科技的兴起肯定将改变世界，但并不代表只会有一种结局。我们书中所讲到的情景都只是可能性，而非预言。如果你有新的想法，欢迎你运用各种新思维或采取新行动，让那些可能性展现出来。

第二章 人与自然的和谐

第一节 生态危机的含义及其主要表现

一、生态危机的含义

人与自然的关系问题是生态哲学的主题之一，也是人类普遍关注且必须予以解决的一个根本问题。从理论上看，是人们对生态危机和工业文明观反思的结果，是人类认识过程的大飞跃，同时也是价值观念、发展观念和文明观念向可持续发展的生态和谐观的重大转变。人与自然的关系标志着人类文明与自然演化的相互影响过程和结果，和谐共处作为人与自然关系的现实命题，是现代社会积极构建的一种新型的社会发展理念。近年来，国内外学者对人与自然关系的哲学探讨取得了重要成果，初步达成了人与自然和谐相处的共识。在 2007 年 10 月，中国共产党的十七大报告首次明确提出了建设社会主义生态文明的要求。在这一要求下，树立一种全新的生态观——“人与自然和谐共生”的理念显得格外重要。2012 年 11 月，中国共产党的十八大做出“大力推进生态文明建设”的战略决策，从十个方面描绘出了生态文明建设的宏伟蓝图。2017 年 10 月，中国共产党十九大报告对生态文明建设进行了多方面的深刻论述，其中有某些颇具新意的论述：将建设生态文明提升为“千年大计”；将“美丽”纳入国家现代化目标之中；将提供更多“优质生态产品”纳入民生范畴，要牢固树立“社会主义生态文明观”；构建多种体系，统筹“山水林田湖草”系统治理；明确“控制线”和制度规范，强力推进生态文明建设；采取各种“行动”，切实推进生态文明建设；设立“国有自然资源资产管理和自然生态监管机构”，为生态文明建设提供坚实的组织保障。

现代学者之所以提出人与自然和谐相处这个理念，是因为近现代以来的人类活动尤其工农业生产给环境造成了严重破坏，导致了比较严重的生态危机。18—19 世纪的工业革命以来的 200 多年内，伴随着科学技术的迅猛发展，人类改造自然的能力前所未有地增加，一方面提高了人民群众的生活水平，但另一方面使得人类社会生存和发展的条件日益恶化，导致空气污染、土壤荒漠化、森林破坏、水资源枯竭、生物多样性减少和物种灭绝等重大生态问题，正如美国环保主义学者麦克基本①指出的那样，“工业化的副产品——污染物——已经成为促使地球上发生各种改变的最强大的力量。这种改变在量的意义上是如此巨大，以至于它将演变为质的改变。”

生态危机是由于人类不合理的活动，在全球规模上或局部区域内导致生态系统的结构和功能的损害、生命保障系统瓦解，从而危害人类的利益，威胁人类的生存和发展的现象，它主要由人类盲目和过度的生产活动所导致。生态危机突出表现在环境问题上。20 世纪 30 年代到 60 年代，在工业发达国家发生了一系列的区域性公害导致成千上万的人生病，甚至有不少人在“公害事件”中丧生，其中，有 8 起事件引人注目，被称为“世界八大公害事件”。它们分别是：1930 年的马斯河谷事件；1948 年的多诺拉事件；1952 年的伦敦烟雾事件；1936 年的洛杉矶光化学烟雾事件；1950 年的水俣事件；1963 年的富山事件；1967 年的四日事件；1968 年的米糠油事件。② 2006 年发布的《地球生命力报告》指出，仅从 1961 年到 2003 年，人类的活动就已经造成生命指数地球下降了约 30%。其中，陆栖生物指数平均减少了约 31%，海洋生物指数平均减少了约 27%，淡水生物指数平均减少了约 28%。该报告还指出，从 1961 年以来，人类对生物圈影响的“生态足迹”已经增长了 3 倍，超出地球生态系统再生能力的 1/4。2010 年的报告进一步警示，人类对自然资源的需求已经超出了地球生态承载力的 50%。如果继续以超出地球资源极限的方式生活，到 2030 年，人类将需要两个地球来满足每年的需求。如果这种状态不发生改变，整个地球的生态系统就将面临着在 21 世纪中叶发生大规模崩溃的危险。③

生态危机这个词语几乎是家喻户晓，关于它的定义也众说纷纭。为了更好地理解这个词语的含义，我们不妨从生活实例说起。

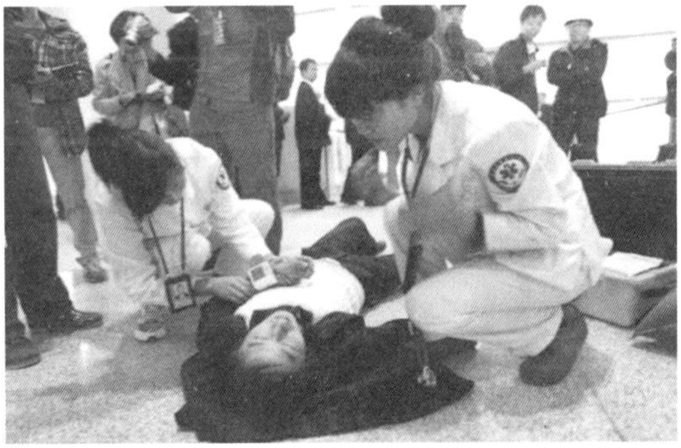

图 2－1　医护人员抢救昏迷游客

（图片来自百度图片）

首先看一个段子：一个北京人到新加坡旅游，一下飞机来个深呼吸，哗，空气太新鲜，质量太好，身体一时接受不了，立即晕了过去。急救人员赶来抢救，问：来自哪个国家或地区？同伴回答：中国

① ［美］比尔·麦克基本．自然的终结［M］．长春：吉林人民出版社，2000．

② 李想．人与自然和谐共生研究［D］．中共中央党校，2010．

③ 关雁春．生态主义的“红色”批判［D］．黑龙江大学，2011．

北京。急救人员将氧气筒的管接到尚未熄火的救护车的排气管上，让他吸了几口，该游客就醒了！见图 2－1。

你觉得这个段子有点意思吧！会心一笑后，你觉得北京的雾霾为什么这么严重？

这个段子让人莞尔一笑，可是它所表达的普罗大众对空气污染及其可能导致的健康风险的忧虑是真真切切的。人们经常说“有图有真相”，如图 2－2 表达了怎样的真相？

在以上图片中，我们是不是基本上看不清北京的著名地标建筑物，而仅能依稀辨析出“天坛”的模糊影子？从以上图片可以看出，北京的雾霾是比较严重的。雾霾不仅引发了广大人民群众对空气污染的担忧，而且引发了某些有识之士和政府有关部门的关注。2013 年 3 月 4 日下午，中共中央总书记、中央军委主席习近平到驻地看望了出席全国政协十二届一次会议的科协、科技界委员，并参加他们的联组讨论。在这次会谈中，中科院院士、政协委员姚檀栋当着习总书记的面背了几句被大家调侃的《沁园春·霾》，现场发出一片笑声。

图 2－2　白天严重雾霾天气状况下北京的著名地标
（图片来自百度图片）

《沁园春·霾》

北京风光，千里朦胧，万里尘飘。
望三环内外，浓雾莽莽，
鸟巢上下，阴霾滔滔。
车舞长蛇，烟锁跑道，欲上六环把车飙。
需晴日，将车身内外，尽心洗扫。
空气如此糟糕，引无数美女戴口罩。
惜一罩掩面，白化妆了，
唯露双眼，难判风骚。
一代天骄，央视裤衩，只见后座不见腰。

尘入肺，有不要命者，还做早操。[1]

以上姚檀栋院士所写的《沁园春·霾》，对北京发生严重雾霾时人们的生活状况做出了生动形象的描述，使我们对雾霾这种环境污染有了更加感性和具体的认识。

课堂讨论

你高三时候学习很好，本来可以考上北大或清华的，可惜由于高考发挥失常，分数只够广东医科大学的录取分数线。现在假如你放弃学籍，回家乡补习一年，第二年高考的分数够北大或清华的本科录取分数线。现在看到了北京这么严重的雾霾和广东省东莞市松山湖高新产业园区宜人的风景（见图 2－3）后，你愿意去北京上大学还是愿意来广东医科大学上学？请列出选择的依据和理由。

图 2－3　广东省东莞市松山湖风景区俯瞰图
（图片来自百度图片）

二、生态危机的主要表现

前面章节阐述了生态危机的定义，并以雾霾为例，形象化地展现了空气污染的危害。不过，生态危机除了导致空气污染等表现之外，还有其他主要表现。它们分别是全球气候变暖、臭氧层破坏、酸雨蔓延、水资源短缺、土壤退化、固体废弃物污染、森林破坏、人口过剩等。下面分开阐述。

（一）全球气候变暖

全球气候变暖是由于温室效应不断积累，导致地球气候系统吸收与反射的能量不平衡，能量不断在地球气候系统累积，从而导致温度上升，造成全球气候变暖的现象。诸多系列的科学数据表明，全球气候有变暖的迹象。

图 2－4 表明，1880 年至 2010 年，这 130 年内，地球平均温度上升了 2 摄氏

---

① 委员当总书记面背《沁园春·霾》也是一种新风. 评论－人民网. http://cpc.people.com.cn/pinglun/n/2013/0307/c241220－20705790.html.

度，并且全球变暖的趋势并未减缓。

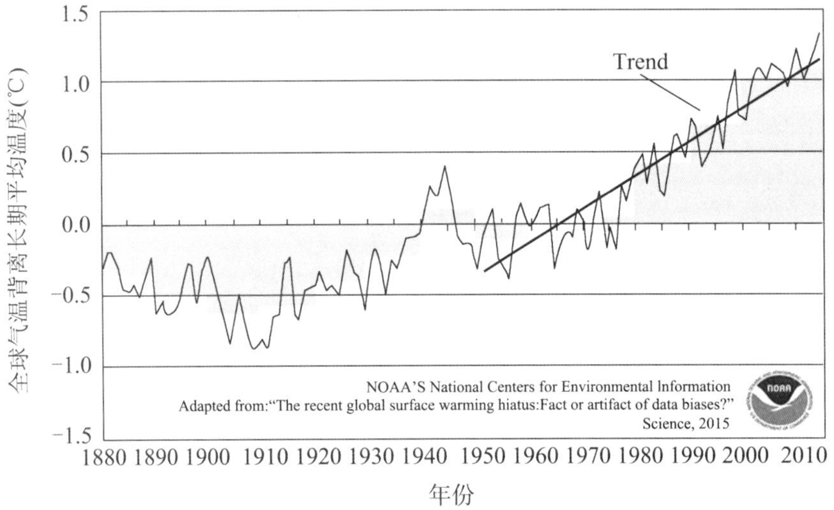

图 2－4　全球气候变暖趋势并未减缓?

1. 全球气候变暖的主要原因

全球气候变暖是由诸多因素导致的，其中最主要的原因有“温室效应”、气溶胶和烟尘、太阳活动、地球轨道变化等。目前，导致全球气候变暖的罪魁祸首是温室效应。温室效应是指地球大气层对红外辐射能量的吸收与散发不均衡而导致地表和地球气温逐渐增加的现象。大气中的二氧化碳等温室气体就像一层厚厚的玻璃，使地球变成了一个大暖房。法国数学家和物理学家让·巴普蒂斯·约瑟夫·傅里叶（Jean Baptiste Joseph Fourier，1768—1830）最先提出这个观点，被誉为温室效应的发现者。爱尔兰物理学家、数学家、化学家约翰·廷德尔（John Tyndall，1820—1893）于1859年提出，像二氧化碳这样的气体的增加会对气候产生非常显著的影响，这就是我们现在所说的全球变暖。瑞典物理化学家阿伦利乌斯（Svante August Arrhenius）首次定量测出大气中二氧化碳浓度对地球表面温度变化的影响。[①]主要的温室气体有如下几种：水蒸气，其对温室效应的贡献率为36%～70%；二氧化碳（CO_2），贡献率为9%～26%；甲烷（CH_4），贡献率为4%～9%；臭氧（O_3），贡献率为3%～7%。[②]

① Rodhe H，等. Svante Arrhenius 和温室效应. AMBIO－人类环境杂志，1997（01）：2－5.

② Global warming-Wikipedia https：//en. wikipedia. org/wiki/Global_warming

2. 全球气候变暖的主要影响

全球气候变暖会导致一系列严重的问题，这包括极地的冰川逐渐消融（见图2－5）和海平面上升，沿海地区城市被海水淹没，寒暑易节的规律紊乱，多种植物过早开花，农作物大规模减产等，从而进一步对渔业、林业、能源、建筑、保险、金融、旅游、娱乐等行业产生不良影响。

图2－5　极地冰川逐渐融化 北极熊栖息地受到威胁

（图片来自百度图片）

趣味知识点

牛肉温室效应——吃1千克牛肉等于开车70千米

牛肉温室效应（见图2－6）是指生产牛肉时排放的温室气体会比其他肉类高得多，牛肉消费的迅速增长，会加剧温室效应。就全球变暖效应而言，因生产牛肉而排放的温室气体是因生产同样重量的鸡肉而排放的温室气体的13倍，是因生产同样重量的土豆而排放的温室气体的57倍。牛肉产生温室效应的最主要原因是，吸收二氧化碳的树木、草地和其他植物的消失——这些土地被改为种植饲料作物，且每年都要收割；其次，是动物排泄和消化所排放的甲烷。

FAO报告表明，目前全世界每年产生360亿吨二氧化碳当量的温室气体，肉类生产占其中的14%～22%。为了提供一个半磅重（大约0.23千克）的午餐汉堡包，也就是中间那块两副扑克牌大小的肉饼，释放的温室气体相当于一辆3 000磅重（大约1360千克）的轿车行驶10英里（大约16千米）路程所产生的温室气体量。[①]

① 全球变暖效应：吃1千克牛肉等于开车70千米_玩转地球_科技_腾讯网. http://tech.qq.com/a/20090312/000083.htm

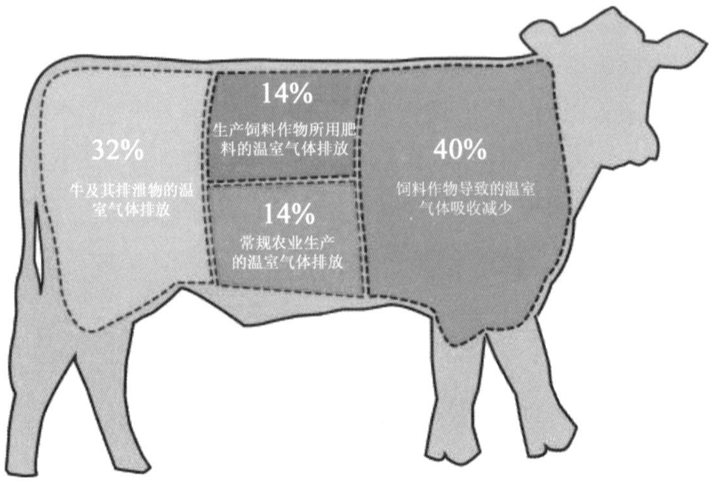

图2－6　牛肉温室效应

课堂讨论

如何从身边小事做起，减缓全球气候变暖的趋势？

A. 多骑单车或步行，尽量减少打的士或开车出行。

B. 多吃素菜，少吃牛肉等导致排放大量温室气体的食物。

趣味知识点

北京大学素食文化协会，其前身为成立于2000年5月的北京大学素食文化研究会，是中国大陆高校首家素食类的学生社团，现任会长李妍，会员一百余人。协会宗旨为“关爱生命，健康饮食”。希望能以社团的形式，向北京大学和校外的素食爱好者介绍素食的生活理念，从而使得素食作为一种主张、一种理念，能够处在平等的地位，以其应有的面目为人所知，为人所理解，为愿意选择者所选择。

（二）臭氧层破坏

臭氧的词义源自古希腊语（ozein），意思是散发出臭味。臭氧是一种带有显著刺鼻气味的淡蓝色气体，它是氧气的同素异构体。它一般在大气层放电或紫外线作用下由氧分子转化而成，在低大气层时变得不稳定而容易分解为氧气。大气层中的臭氧浓度很低，而在臭氧层中含量最高，而正是这个臭氧层吸收了太阳辐射的绝大部分紫外线。人类对臭氧的认识不过二百多年的历史。1785年左右，荷兰化学家马提尼斯·范·马鲁姆（Martinusvan Marum，1750—1837）在化学实验中首次发现臭氧。1839 年，德国化学家克里斯蒂安·弗雷德日（Christian Friedrich Schonbein）成功分离出这种有刺鼻气味的气态物质，并将其命名为“臭氧”，因此人们一般称马提尼斯·范·马鲁姆为臭氧的发现者。60 千米以上的高空，太阳紫外线强，氧分子大量离解，臭氧含量极少。5 千米以下低空，紫外线大大减弱，氧原子很少，难以形成臭氧。自然界中的臭氧大多分布在距地面 20 ～ 50 千米的大气中，我们称之为臭氧层。臭氧层中的臭氧主要是太阳光中的紫外线制造出来的。大气中的臭氧可以与许多物质起反应而被消耗和破坏。在所有与臭氧起反应的物质中，是含碳、氢、氯和氮几种元素的化学物质，如氧化亚氮（N_2O）、水蒸气（H_2O）、四氯化碳（CCl_4）、甲烷（CH_4）和现在最受重视的氯氟烃（CFC）等。这些物质在低层大气层中一般是稳定的，但在平流层受紫外线照射活化后就变成了消耗臭氧的物质。这种反应消耗掉平流层中的臭氧，导致臭氧层破坏。图 2 -7 表明，地球北极上空首次出现臭氧空洞。臭氧层的破坏会导致地面紫外线辐射的增加，从而给地球生态和人类带来一系列问题。

国际社会先后通过了《关于臭氧层保护计划》《保护臭氧层维也纳公约》《关于消耗臭氧层物质的蒙特利尔议定书》（Montreal Protocolon Substances at Deplete the Ozone Layer）。中国于 1991 年 6 月签署了《关于消耗臭氧层物质的蒙特利尔议定书》的伦敦修正案。目前《关于消耗臭氧层物质的蒙特利尔议定书》的缔约方已达 168 个。为了纪念《关于消耗臭氧层物质的蒙特利尔议定书》的签署，1995 年 1 月 23 日，联合国大会通过决议，确定从 1995 年开始，每年的 9 月 16 日为“国际保护臭氧层日”。

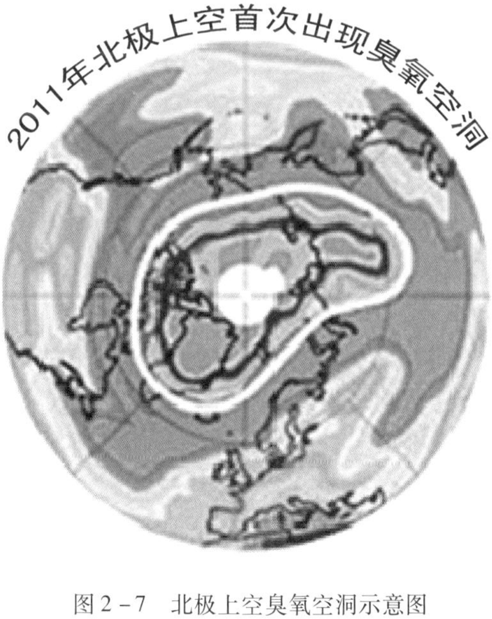

图 2 -7　北极上空臭氧空洞示意图

课堂讨论

如何从身边的小事做起，减少臭氧层破坏？

A. 少用空调或冰箱

B. 少吃冰镇食品

（三）酸雨蔓延

所谓“酸雨”，是指由于空气中二氧化硫和氮氧化物等酸性污染物引起的pH值小于5.6的酸性降水。酸雨是通常的叫法，科学上称作酸沉降，包括湿沉降，如酸雨、酸雪、酸雾、酸雹和干沉降，如二氧化硫、氮氧化物、氯化合物等气体酸性物，但现在大多数情况下把干、湿沉降统称为酸雨。在只考虑大气中二氧化碳与纯水中碳酸平衡的条件下，雨水具有pH值为5.6左右的微酸性。当硫氧化物、氮氧化物等酸性污染物进入雨水中时，降水的pH值会进一步降低，因此一般把酸雨的判别标准取为pH<5.6。

1. 酸雨的产生机制

至少在300年以前，欧洲人就认识到大气污染的严重危害，但直到19世纪60年代，英国化学家史密斯（R. A. Smith）才开始了现代的科学调查。1872年在其《空气和降雨，化学气候学的开端》一书中，首先使用“酸雨”这个词，指出酸雨对植物和建筑物是有害的。20世纪50年代。美国生态学家E. OLum通过对土壤酸化、酸雨对湖泊的影响进行研究，指出降水酸性是由于燃料排放的酸性物质造成的。大气主要由氮气、氧气、二氧化碳等气体组成，在未受污染的情况下，正常的水是接近中性的，其pH值在7左右，但是由于二氧化碳与水反应，在一个标准大气压下达到平衡时，其pH值为5.6，因此pH值为5.6的雨水是正常的。然而随着现代工业的发展，人口剧增和煤、石油等化石燃料的消耗日益增加以及矿山的大规模开采，排放出硫的氧化物和氮的氧化物，污染空气和降水。煤和石油燃烧以及金属冶炼等释放到大气中的二氧化硫通过化学反应生成硫酸。氮氧化物主要通过煤炭和石油等化石燃料燃烧、雷电、土壤中微生物活动、平流层中的二氧化氮与激发态的氧原子反应等主要方式形成。高温燃烧生成一氧化氮在排入大气后，大部分转变成二氧化氮，遇水生成硝酸和亚硝酸。由于二氧化硫和氮氧化物能经高空扩散到很远的地方，以致酸雨的危害不仅影响城市、市郊、农村，甚至地球的两极都受到了影响。[①] 中国已是仅次于欧洲和北美的第三大酸

---

① 张龚．中亚热带韶山森林水文特征与主要营养物的生物地球化学过程研究［D］．湖南大学，2006

雨区。我国酸雨主要分布地区是长江以南的四川盆地，贵州、湖南、湖北、江西、福建、广东等省份。

2. 酸雨的主要危害

酸雨对森林、淡水资源、土壤、建筑、人体健康都有许多不利影响。由于酸雨的影响，地表水的酸性增加，铝元素富集增加，从而损坏鱼类和其他水生动植物。美国环保署（EPA）的网站表明，“在所有接受调查的湖泊和河流中，75%的湖泊的水质变酸，而约50%的河流的水质变酸”。由于许多微生物无法承受高酸度的环境，所以受酸雨影响的土壤的生物学和化学属性遭到严重破坏，酸雨可抑制某些土壤微生物的繁殖，降低酶的活性，土壤中的固氮菌、细菌和放线菌均会明显受到酸雨的抑制。此外，土壤中的营养元素钾、钠、钙、镁会流失，所以长期的酸雨会造成土壤中营养元素的严重不足，从而使土壤变得贫瘠，降低了土壤的肥力，影响植物正常发育。酸雨能使非金属建筑材料（混凝土、砂浆和灰砂砖）表面硬化的水泥溶解，出现空洞和裂缝，导致强度降低，从而损坏建筑物。图2－8显示了四川乐山大佛雕像遭到酸雨腐蚀的情形，而图2－9显示了鸡蛋遭受化工厂爆炸而导致的“酸雨”腐蚀的情况。

图2－8　四川乐山大佛雕像遭到酸雨腐蚀

1980年，一场异常的寒流袭击了欧洲。在德国、捷克、斯洛伐克和波兰接壤处苏台德山脉的“黑三角地带”，大片早已被酸雨侵蚀得表皮剥离的枯黑林木终于没能耐受住这场寒流，像一盘骨牌般纷纷倒下，使这里成为“森林的墓地”。图2－10显示了欧洲“黑三角地带”被酸雨损害的森林。这片“黑三角地带”曾是炼钢厂、煤矿、化工厂集中的地方，由于工业废弃物和硫酸化合物的高浓度排放，这里的降水比正常pH值的酸度高出十几倍，是酸雨侵害最为严重的地区之一。由于林木遭到了毁灭性的破坏，这里没有鸟鸣，没有花香，酸雨给这片曾经每年可接待600万观光客的国立公园带来的损失无法计量。[①]

① 1980年欧洲“黑三角地带”事件. http://www.people.com.cn/GB/huanbao/56/20011221/632009.html

图 2-9　鸡蛋被化工厂爆炸而导致的“酸雨”腐蚀

图 2-10　欧洲“黑三角地带”被酸雨损害的森林

3. 减少酸雨的主要措施

目前世界上减少二氧化硫排放量的主要措施有如下几种：原煤脱硫技术、优先使用低硫燃料、改进燃煤技术、对煤燃烧后形成的烟气在排放到大气前进行烟气脱硫、开发新能源、开展生物防治等。

课堂讨论

如何减少酸雨蔓延？

A. 工厂工业废气排放系统加装脱硫装置

B. 少开车、多乘坐公共交通工具出行

C. 使用天然气等较清洁能源，少用煤

（四）水资源短缺

水资源短缺是指淡水资源无法满足人们需要的一种状况。2015 年，全球经济论坛把水资源短缺列为全球最大的未来危险因素。水资源短缺的主要表现为：淡水资源的需要无法得到全部或局部满足，用户会因淡水资源的数量和品质而发生竞争和争执，地下水资源不可逆转地日渐枯竭等。全球约 40% 的人口（约 20 亿人）面临淡水不足的问题，其中约

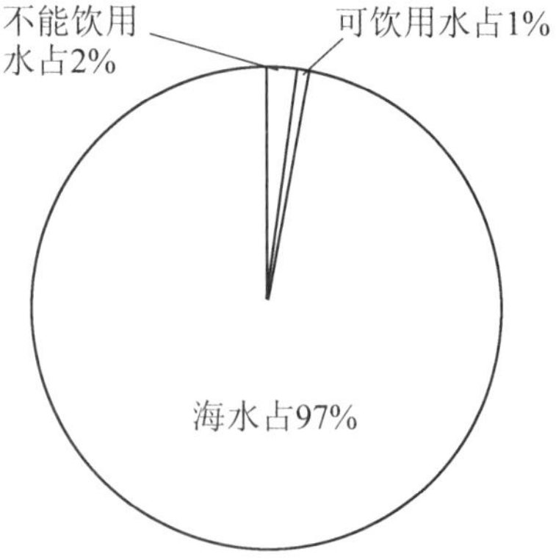

图 2-11　全球水资源：饮用水所剩无几（图片来自百度图片）

5 亿人全年生活在极度缺水状态之中。在全球所有的水资源中，约 97% 是无法饮用的海水，淡水仅占 3%，而在这有限的淡水资源中，90% 是人类难以企及的南北两极的冰盖、冰川、冰雪。人类目前能够利用的淡水资源相当有限，只约占全球水资源总量的 1%，如图 2－11 所示。

水资源短缺分为物理型水资源短缺与经济型水资源短缺两种情况。物理型水资源短缺是指一个国家或地区缺乏足够的自然水资源来满足用水需要，而经济型水资源短缺是指尽管有足够的水资源，但是因为管理不善而导致水资源短缺。据联合国发展规划署报告，全球约四分之一的国家或地区原本拥有足够的水资源来满足家用、工业、农业和环境的需要，但是由于缺乏足够的手段来获取，因而遭受水资源短缺之苦。非洲大部分地区因为缺乏水利等基础设施，因而面临经济型水资源短缺的困境。在大多数发达国家或地区，日常人均消耗淡水资源 200 ～ 300 升，而在像位于非洲的莫桑比克共和国这样的欠发达国家，每天人均耗水量不足 10 升。从水资源消耗量来看，发达国家与欠发达国家之间存在显著的不平衡状况。根据联合国粮食及农业组织（FAO）的数据，2016 年全球淡水资源主要消耗在农业、工业和市政三个方面，分别占 70%、19% 和 11%，如图 2－12 所示。

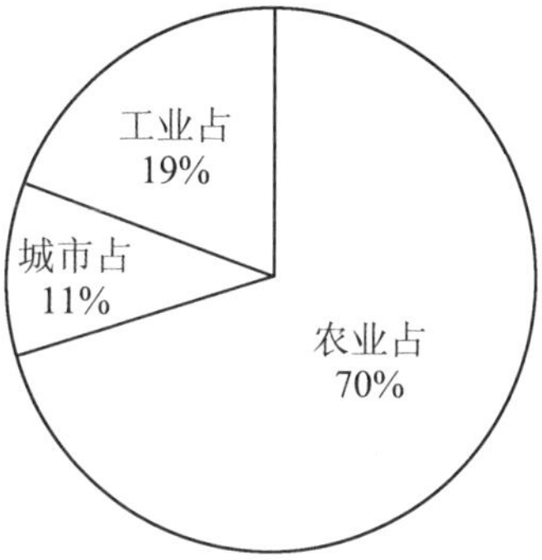

图 2－12　2016 年全球水资源消耗分配示意图

（图片来自百度图片）

近年来，中国江河湖泊普遍遭受污染，全国 75% 的湖泊出现了不同程度的富营养化；90% 的城市水域污染严重，南方城市总缺水量的 60% ～ 70% 是由于水污染造成的；对我国 118 个大中城市的地下水调查显示，有 115 个城市地下水受到污染，其中重度污染约占 40%。全国 78 条主要河流有 54 条遭污染。我国七大水系，包括长江、珠江、松花江、黄河、淮河、海河、辽河，其中有一半河段受到污染，86% 城市河段污染超标，比较严重的有黄河、淮河、辽河、太湖、巢湖、滇池等河流湖泊。据有关媒体报道，中国有 1/4 的人口在饮用不符合卫生标准的水。这与我国经济的粗放式发展关系密切，“中国单位 GDP 的污水、固体废弃物排放的水平大大高于发达国家。仅有 30% 的废水和污水得到处理，70% 直接排入江河湖海。”①

水资源短缺的原因及其主要表现：气候变化、森林植被减少、人口增长、水

① 关雁春. 生态主义的“红色”批判［D］. 黑龙江大学，2011.

体严重污染、水资源浪费，以及水资源开发与管理不善等。当一个特定的人口没有足够的饮用水时，水危机的威胁就会出现。水危机主要有如下几种表现：8亿8500万人没有机会获得安全的饮用水，25亿人生活在卫生设施严重不足的地区，水污染时有发生，地下水过度开采导致农业产量减少，水资源滥用，水体污染损害了生物多样性。据世界银行的数据，88%的水生疾病都是由不安全的饮用水、不足的卫生设施和糟糕的卫生状况所造成的。

水资源短缺问题的解决方案：目前来说，主要通过教育、水资源再生使用、改善农业用水技术、改善雨水和污水处理系统等方式来缓解水资源短缺的问题。

课堂讨论

如何从身边小事做起，解决水资源短缺问题？

A. 用洗衣服的水，拖地或冲洗马桶。

B. 自来水系统加装再生水管道，循环利用再生水。

C. 学习日本等国家或地区的先进节水设计，洗脸盆的水再循环利用冲洗马桶。

（五）土壤退化

土壤退化是指土壤在物理、化学和生物学方面的性能变劣而导致其生产力降低的过程。多种因素导致土壤退化，这包括如下几个方面：罕见旱灾等极端气候条件；过度耕种、过度放牧、城市化、森林砍伐等人类活动导致土壤污染等。可以通过土壤的生产率的永久或暂时下降、生物多样性减少等来判断土壤退化的情况是否出现。目前全世界沙漠已占全部干旱地区生产面积的70%，相当于地球土地总面积的1/4。土壤退化会带来许多不良影响。随着土壤退化和土地沙漠化程度加剧，粮食和经济作物会显著减产，从而影响人们的食物供给和营养健康水平。

鉴于土壤的肥力对人类食物供给具有举足轻重的地位，因此，减缓土壤退化势在必行。具体的措施有预防土地盐碱化、作物轮作或土地休耕、退田造林、水土保护、防止土壤污染等。

课堂讨论

1. 被广泛使用的一次性塑料餐具，会对土壤产生什么样的不良后果？

2. 农村现在由于劳动力短缺，广泛使用除草剂，这会对土壤产生什么样的不良后果？

（六）固体废弃物污染

固体废弃物是指人类在生产、加工、流通以及生活中丢弃的固体和泥状物质。固体废弃物按来源大致可分为生活垃圾、一般工业固体废弃物和危险废弃物三种。此外，还有农业固体废弃物、建筑废料及弃土。固体废弃物如不加妥善收集、利用和处理将会污染大气、水体和土壤，进而危害人体健康。

固体废弃物污染的主要分类：①工业固体废弃物。工业固体废弃物是在工业生产和加工过程中产生的，排入环境的各种废渣、污泥、粉尘等。②危险固体废弃物，指有害废弃物，具有易燃性、腐蚀性、反应性、传染性、毒性、放射性等特性，产生于各种有危险废弃物产物的生产企业。③医疗废弃物，是指医疗卫生机构在医疗、预防、保健以及其他相关活动中产生的具有直接或者间接感染性、毒性以及其他危害性的废弃物。④城市生活垃圾，指在城市日常生活中或者为城市日常生活提供服务的活动中产生的固体废弃物。

固体废弃物污染会对土壤、大气、水体、人体带来许多不利影响。固体废弃物长期露天堆放，其有害成分在地表径流和雨水的淋溶、渗透作用下通过土壤孔隙向四周和纵深的土壤迁移。固体废弃物中的细粒、粉末会污染大气并使大气质量下降。如果将有害废弃物直接排入江、河、湖、海等地，或是露天堆放的废弃物被地表径流携带进入水体，水体都可溶解出有害成分，毒害生物，造成水体严重缺氧和富营养化，导致鱼类和在水体附近领域生活的鸟类死亡。比如说，倾入海洋里的塑料对海洋环境危害很大，因为它对海洋生物是最为有害的。

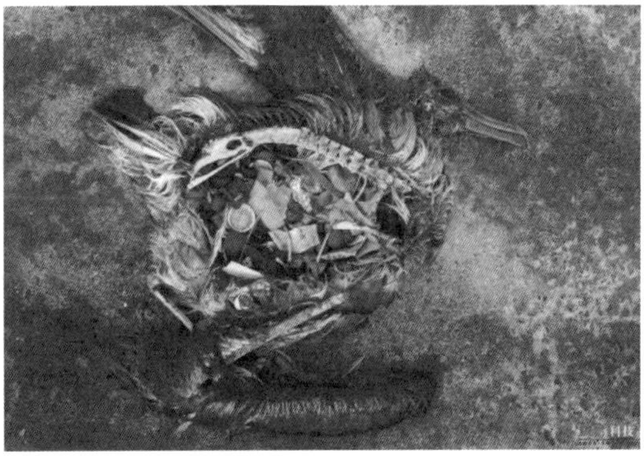

图 2－13　一只胃里装满塑料的黑足信天翁尸体

（图片来自百度图片）

2014 年 11 月 2 日，在夏威夷群岛西北部的中途岛（Midway Atoll），一只胃里装满塑料的黑足信天翁尸体（见图 2－13）。这个偏远的环礁是数百万海鸟的庇护所。中途岛坐落在一堆被称为“太平洋大垃圾带”（Great Pacific Garbage Patch）的人造碎片中。在中途岛沿岸，可以看到许多肚子里装满了塑料垃圾的鸟类残骸。每年，这座小岛都会从附近海域吸引大约 20 吨塑料和碎片。[①] 此外，很多其他海洋动物也会因吞食塑料而影响健康乃至丧

① 造孽！人类造成的塑料垃圾把“最后的净土”给毁了_网易科技．http：//tech. 163. com/18/0613/00/DK5050UD00097U81. html#f = post1603_tab_news.

失生命。图 2 - 14 就展示了一头因误食 80 个塑料袋（重达 8 千克）而死亡的鲸鱼。

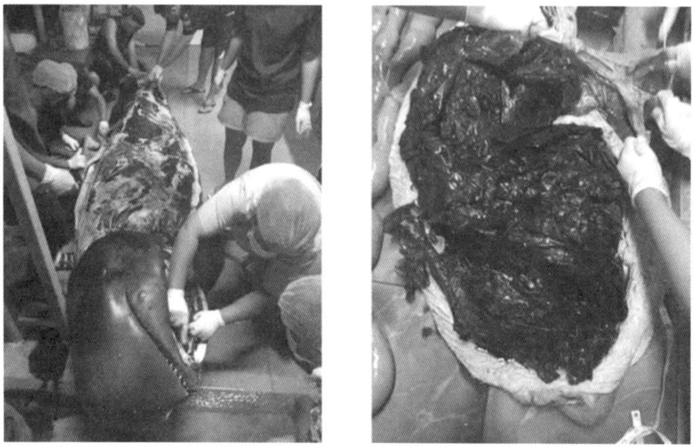

图 2 - 14　误食 80 个塑料袋（重达 8 千克）而死亡的鲸鱼

（图片来自百度图片）

生活在环境中的人，以大气、水、土壤为媒介，可以将环境中的有害废弃物直接由呼吸道、消化道或皮肤摄入人体，使人致病。

推荐相关优秀影片《塑料海洋》[①]。

课堂讨论

1. 中国网购快递业的兴起，会对固体废弃物处理有何不良影响？

2. 塑料包装袋不容易降解，会导致哪些生态灾难？

3. 2008 年 1 月 8 日，国务院办公厅下发《关于限制生产销售使用塑料购物袋的通知》，从 6 月 1 日起，在全国范围内禁止生产销售使用超薄塑料袋，并实行塑料袋有偿使用制度。“限塑令”实施至今，效果并不乐观，很多塑料垃圾没有得到合理的处理、减量，而是跟普通垃圾一样进行填埋、焚烧的终端处理，造成环境的污染加重。“限塑令”实施效果不佳的主要原因有哪些？

（七）森林破坏

森林是地球生物圈的重要组成部分，是陆地上最大的生态系统，是人类赖以生存的基础，对维持陆地生态平衡起着决定性的作用，被称为“地球之肺”。

---

① 塑胶海洋_塑胶海洋_网易公开课. http：//open. 163. com/movie/2017/12/2/J/MD5T8P032_MD6D18E2J. html.

据统计，全球每年砍伐和焚烧森林 2000 多万公顷。世界热带雨林面积已减少 1/3，目前仍以每分钟 20 公顷的速度在消失。照此发展下去，到 2030 年世界热带雨林可能会消失殆尽。

地球有大约 46 亿年的历史。如果我们把 46 亿年缩短为 46 年，那么我们人类的历史只有 4 小时，而工业革命的历史只有 1 分钟。在这短短的 1 分钟内，人类破坏了 50% 以上的原始森林。这种趋势是不可持续的，如图 2 - 15 所示。

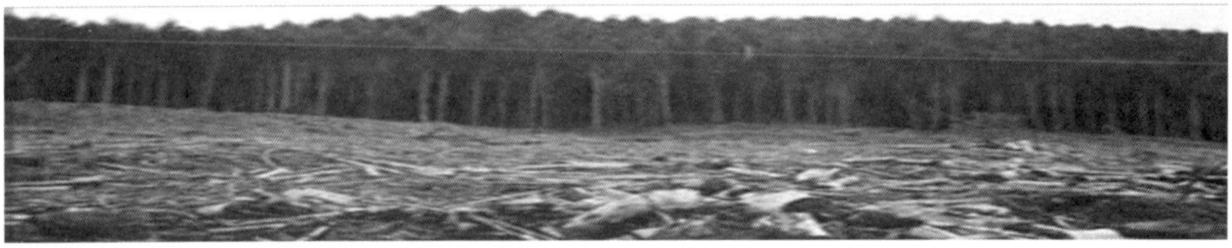

图 2 - 15　至今人类破坏了 50% 以上的原始森林
（图片来自百度图片）

课堂讨论

如何从身边的小事做起，减少森林破坏?

A. 少用一次性筷子或纸杯

B. 多购买和使用电子书籍，少购买纸质版书籍

（八）人口过剩

当特定国家或地区的人口的生态足迹超过该群体占据地区的承载能力时，就会出现人口过剩的情况。生态足迹（ecological footprint）是指能够持续地提供资源或消纳废物的、具有生物生产力的地域空间（biologically productive areas）。其含义是指要维持一个人、地区、国家的生存所需要的或者指能够容纳人类所排放的废弃物的、具有生物生产力的地域面积。必须从长远的角度来看待人口过剩的问题，因为不可再生资源的迅速枯竭或生存环境退化无法承载现有人口的生存时，改变生活方式可以在不大规模减少人口的情况下扭转人口过剩的态势。

在有记录的历史中，尽管出生率高，但由于战争、瘟疫和其他疾病以及婴儿死亡率高等原因，人口增长速度通常较慢。工业革命前的 750 年间，世界人口增长非常缓慢，总人口保持在 2. 5 亿人以下。到 19 世纪初，世界人口已经增长到 10 亿人。据英国人口学家和政治经济学家托马斯 · 马尔萨斯（Thomas Malthus）预测，因为有限的土地资源无法养活日益增加的人口，所以会出现人口过剩的情况。据联合国 2004 年的人口评估报告预测，世界人口将在 2050 年达到稳定状态，并在直到2300年这250年间保持稳定。最近的联合国预测显示，到2100年，全球人口可能会增长到150亿人。

人口过剩的危害：人口过剩会导致一系列负面后果，最主要的是耕地丧失或土壤退化、水资源枯竭、空气污染增加、生物多样性减少和物种灭绝、流行性疾病率上升、贫穷和欠发达国家婴儿死亡率上升等。

课堂讨论

1. 2015年12月27日，全国人大常委会表决通过了人口与计划生育法修正案，全面二孩于2016年1月1日起正式实施。中国政府为什么要通过这个修正案？这个政策有何利弊？

2. 美国等发达国家中人口的过度消费与亚非拉贫穷落后国家的婴儿的高死亡率有何关系？

第二节 生态危机的根源

上一节阐述了生态危机的含义及其主要表现，这节主要阐述生态危机的主要根源。生态危机的出现，是人类生产力取得长足的发展后的现象。一般来说，生态危机之所以出现，有思想文化、科技发展、经济模式和政治制度四个方面的原因。国内外学者提出了人类中心主义说、科技异化说、消费异化说和资本主义制度说四种主要理论来阐述生态危机的根源。

一、人类中心主义说

“人类中心主义”是一个根深蒂固的观念，古希腊普罗塔哥拉的“人是万物的尺度”表达了最早的人类中心主义思想，它认为个别的人或人类是万物的尺度，即把人类作为观察事物的中心。中世纪基督教赋予了人类管理宇宙万物的权利，近代启蒙运动更是把人类捧为大自然的主宰。例如，笛卡尔的“我思故我在”充分肯定了人的理性力量，使人由“理性的动物”变成了“理性的主体”，自然则转化为客体。德国哲学家康德在论述人与自然的伦理关系时提出“人是目的”这一命题，被认为是人类中心主义在理论上完成的标志。

人类中心主义的实质是：一切以人为中心，或者一切以人为尺度，以人的利益服务，一切从人的利益出发。① “人类中心主义”强调人为自然立法，人是宇宙的中心、价值的主体，而自然则是为人而存在的沉默的客体，是实现人的目的的工具。人的利益是评价人与自然关系的根本尺度，自然只有在能够满足人类需要时才具有存在的价值和意义。美国哲学家诺顿（B. G. Norton）将“人类中心主义”分为“强人类中心主义”和“弱人类中心主义”，前者是以人的感性偏好为价值参照，将自然作为满足人的感性欲望或需要的工具，而后者以人的理性偏好为评判准则，强调必须经过理智的审慎思考后才有选择、有节制地让自然满足人的某些感性欲望或需要。“人类中心主义”包含两个基本的价值理念：一是人与自然之间的“主－奴”关系和“中心－边缘化”结构，即人是自然万物的主人和统治者，是价值的主体和中心，而自然万物不过是任人宰割的价值客体。在这一思维模式的支配下，人与自然的关系成为一种单向度的目的与手段、征服与被征服的工具性关系。二是人对自然万物的功利主义和实用主义态度，认为自然万物只具有作为人之“用具”和“资源”的工具价值。在这种价值观的支配下，人可以任意地掠夺和榨取自然而不必顾虑自然的有限性和再生能力，人也可以任意地向自然排放废弃物而不必考虑自然的自我修复能力。

可见，“人类中心主义”虽然表达了人的价值主体地位和意义，但是它的思维方式是建立在人与自然主客二分的基础上，并成为导致当今生态危机的重要思想根源。事实上，人、社会和自然构成不可分割的有机整体，人与自然是互为目的与手段的，把统一的世界区分为自然界和社会只具有相对意义。自然是人类存在与发展的基础，没有自然的存在也就无所谓人类的存在，人类怎样对待自然，自然也就会怎样对待人类，人类善待自然，自然也就善待人类，人类破坏自然，自然也就威胁人类；人类尊重自然的存在并不是为义务而义务，而是包含着人类自己的目的，自然依靠人类而获得无限的丰富性，极大地增加了自然的价值与内涵。

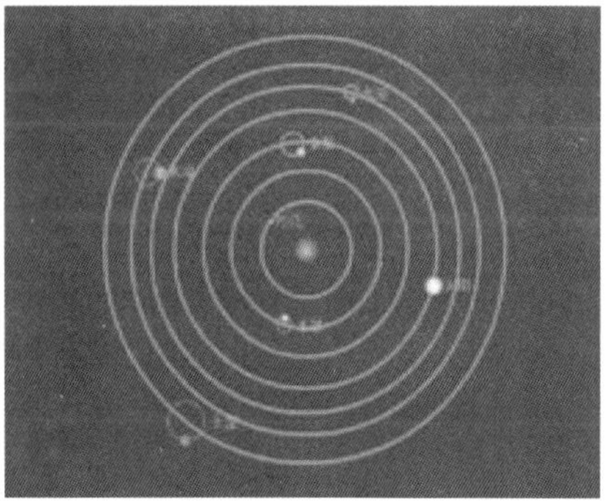

图 2－16　托勒密的“地心说”示意图

一般来说，人类中心主义分为宇宙人类中心主义、神学人类中心主义和生态人类中心主义。宇宙人类中心主义主张人类在空间方位的意义上是宇宙的中心。在西方，这种古代的宇宙人类中心主义是建立在古罗马天文学家托勒密创立的“地心说”（见图 2－16）之上的，因为地球是宇宙的中心，所以栖息于地球之上的人类自然处于宇宙的中心位置。

神学人类中心主义：在中世纪的欧洲，基督教为人类在宇宙中的地位问题提

① 余谋昌：《惩罚中的醒悟——走向生态伦理学》，广东教育出版社 1995 年版，第 185 页。

供了一个具有至上权威的答案，它构成了神学人类中心主义——人类不仅在空间方位的意义上位于宇宙的中心，而且也在“目的”的意义上处于宇宙的中心地位，即人类是宇宙间万事万物的目的。20 世纪 60 年代前后，理查德·贝瑞（Richard O'Barry）等人掀起了一场关于犹太教－基督教（特别是其创造教义）应为现代生态危机负责的生态学抗议。他们一致认为，基督教教义（特别是其创造教义）以及它所激发的宗教信念和价值观是西方近代自笛卡尔以来主客二分的工具主义思维方式以及把自然沦为宰割对象的人类中心主义思想方式的神学－形而上学基础，是造成近代以来各种生态危机的历史根源。

据《创世纪》描述，上帝在第六天创造了人，并让他管理世界上的万事万物。“神说，我们要照着我们的形象，按着我们的样式造人，使他们管理海里的鱼、空中的鸟、地上的牲畜和全地，还有地上所爬的一切昆虫。神就照着自己的形象造人，乃是照着他的形象造男造女。神就赐福给他们，又对他们说，要生养众多，遍满地面，治理这地。也要管理海里的鱼、空中的鸟和地上各种行动的活物。”（《圣经 创世纪》）

生态人类中心主义是指一种处理人与自然、人类与生态环境关系的伦理价值原则，主张在人与自然的相互作用中应将人类的利益置于首要的地位，人类的利益应成为人类处理自身与外部生态环境关系的根本价值尺度。

课堂讨论

在我们日常生活中，人类中心主义有何主要表现？（例如，集中化水产和家禽养殖，园艺工修剪草坪，动物园饲养动物等）

二、科技异化说

自 20 世纪以来，随着科学技术的高度建制化，科技与社会生产、社会生活日益紧密地结合在一起，对人类社会产生了前所未有的影响力与控制力。在现代社会，对于人类本身而言，科技不仅是一种积极的力量，而且逐渐成为一种异己的、奴役人和否定人的负面力量。科学技术推动了现实世界的巨大变化，它在给人类创造物质财富的同时，也给人类带来了消极的效应。在人们把科学技术造福于人类的同时又反过来损害、支配、威胁人类的现象称为“科技异化”。法兰克福学派认为，科学技术的异化过程就是生态环境的破坏过程，科学技术异化的最终结果导致了全球性生态危机，因此，他们把批判的矛头指向科学技术，对科学技术的应用进行反思和批判。

人们经常说，科学技术是一把双刃剑。如果使用恰当，就会增进人类的福祉，但是，如果使用不当，就会反受其弊。在人类的生存需要实现方面，人类通过科学技术的发展，逐渐克服各种主要的自然灾害，战胜了其他天敌，从自然获得了足够的生活资料，不断消灭天花、肺结核、血吸虫、鼠疫等曾经威胁人类身体健康的疾病，获得了更长的人均寿命。现代发达国家的人们享有更丰富的物质财富和更加先进的生产设施。从这个意义上说，这是科学技术发展的胜利。

另外，随着人类科学技术的发展，人类面临核爆炸、生物化学武器等前所未有的危险。图2－17展示了广岛原子弹爆炸的威力。美国生物学家蕾切尔·卡森（Rachel Carson）指出，由于在工业与农业中大量使用化学物质，造成了很多健康问题。“1959年7月的人口统计办公室月报报道了包括淋巴和造血组织恶变在内的恶性病的增长情况，1958年的死亡率为15%，而1900年仅为4%。根据这类疾病目前的发病率来判断，美国癌症协会预计现在活着的美国人有四千五百万人最终要得上癌症。也就是说，每三个家庭中有两人要遭受恶性病的打击。”① 卡森描述的此类情况并非个例，而是诸多事例之一。在20世纪30年代至60年代，发生了8起震惊世界的公害事件：①比利时马斯河谷烟雾事件（1936年12月），致60余人死亡，数千人患病。②美国多诺拉镇烟雾事件（1948年10月），5910人患病，17人死亡。③伦敦烟雾事件（1952年12月），短短5天致4000多人死亡，事故后的两个月内又因事故得病而死亡8000多人。④美国洛杉矶光化学烟雾事件（二战以后的每年5—10月），烟雾致人五官发病、头疼、胸闷，汽车、飞机安全运行受威胁，交通事故增加。⑤日本水俣病事件（1952—1972年间断发生），共计死亡50余人，283人严重受害而致残。⑥日本富山骨痛病事件1931—1972年间断发生，致34人死亡；280余人患病。⑦日本四日市气喘病事件（1961—1970年间断发生），受害人2000余人，死亡和不堪病痛而自杀者达数十人。⑧日本米糠油事件（1968年3—10月），致数十万只鸡死亡、5000余人患病、16人死亡。② 1984年12月3日凌晨，印度中央邦首府博帕尔市的美国联合碳化物属下的联合碳化物（印度）有限公司设于贫民区附近一所农药厂发生氰化物泄漏，导致了2.5万人直接死亡，55万人间接死亡，另外有20多万人永久残废。事实上，由于人类科学运用于实践所带来的异化远不止于此。人类活动领域和范围的不断扩张所造成的物种多样性、生态多样性的毁灭，使生物圈的有机循环和自组织机制受到了严重的破坏，这必然会带来自然生态系统功能的退化、丧失与紊乱，甚至在某些方面使自然完全失去了自我修复能力。

① ［美］卡森．寂静的春天［M］．吕瑞兰，李长生译．上海：上海译文出版社，2008：217.

② 八大公害事件_百度百科．https：//baike.baidu.com/item/%E5%85%AB%E5%A4%A7%E5%85%AC%E5%AE%B3%E4%BA%8B%E4%BB%B6/2871456.

图 2－17 广岛原子弹爆炸

（图片来自百度图片）

课堂讨论

1. 如何权衡核能的和平利用给人类带来的福祉与核战争对人类文明的毁灭性危害？

2. 请结合身边实例，谈谈你对“科学技术是一把双刃剑”这句话的理解。

法兰克福学派的技术理性批判：法兰克福学派作为20世纪兴起的影响最大的西方马克思主义思潮，最早注意并提出生态问题，他们对当代资本主义的生态危机作了明确和具体的揭露。法兰克福学派指出，资本主义社会人与自然失衡的现实根源是近代以来西方社会对科学理性主义的盲从，科学技术进步实现了人对自然的统治，从而导致了资本主义的生态危机。

首先，科学技术维护着资本主义对自然的掠夺。当代资本主义国家对资本的无限追逐和攫取，不仅体现在对劳动者的压榨上，而且体现在对外部资源的掠夺中，后者成为其巨额利润的新来源。图2－18展示了现代化的渔船出海捕鱼的高效率，这一方面彰显资本家借助科技进步而获取的高额利润，另一方面也揭示了资本主义生产方式导致的物种多样性减少乃至物种灭绝的情况。相比而言，图2－19展示的中国传统的借助鱼鹰的捕鱼方式，因其低效率而不会导致渔业资源急剧减少的局面。资本家始终追求利润最大化，这驱动其使用新科技手段和非正义的社会结构束缚劳动者。在这种情况下，当代资本主义国家只有加强对全球自然资源的掠夺和世界经济的垄断，创造大量的额外物质财富，才能缓和这一矛盾。而对外部资源和生态环境的过度开发，必将导致对整体生态环境的破坏，从而导致生态危机。

图 2－18　现代化的渔船出海捕鱼
（图片来自百度图片）

图 2－19　中国传统的捕鱼方式之一（鱼鹰）
（图片来自百度图片）

图 2－20　美国墨西哥湾原油泄漏事故
（图片来自百度图片）

2010 年 4 月 20 日，英国石油公司在美国墨西哥湾租用的钻井平台“深水地平线”发生爆炸，导致大量石油泄漏，酿成一场经济和环境惨剧。美国政府证实，此次漏油事故超过了 1989 年阿拉斯加埃克森公司瓦尔迪兹油轮的泄漏事件，是美国历史上“最严重的一次”漏油事故。路易斯安那州州长鲍比·金达尔（Piyush Bobby Jindal）于 2010 年 5 月 26 日表示，该州超过 160 千米的海岸受到泄漏原油的污染，污染范围超过密西西比州和亚拉巴马州海岸线的总长。墨西哥湾沿岸生态环境正在遭遇“灭顶之灾”。相关专家指出，污染可能导致墨西哥湾沿岸 1000 英里长的湿地和海滩被毁，渔业受损，脆弱的物种灭绝。图 2－20 展示了美国墨西哥湾原油泄漏事故现场的浓烟，而图 2－21 展示了美国墨西哥湾原油泄漏事故附近海域的海鸟所受灭顶之灾。

图 2－21　美国墨西哥湾原油泄漏事故附近海域的海鸟

（图片来自百度图片）

课堂讨论

1. 科技进步加剧了人与自然的冲突，身边有哪些鲜活的例子？（参考例子：因先后修建了葛洲坝水电站和三峡水电站，长江中下游的“中华鲟”“白鳍豚”等野生动物的数量急剧减少；随着中国进一步推进城市化进程，萤火虫的数量急剧减少。）

2. 在现代化大生产大流通的背境下，如何切实保护自然环境？

其次，科学技术对生态系统和人类社会具有直接的负作用。随着科学技术的迅猛发展，现代工业生产的急剧增长，环境污染问题日趋严重，对整个人类的生存构成了威胁，温室效应、臭氧层空洞、酸雨、核放射污染就是此类全球性威胁的主要表现。

切尔诺贝利核事故（简称“切尔诺贝利事件”），是一件发生在苏联统治下乌克兰境内切尔诺贝利核电站的核子反应堆事故。该事故被认为是历史上最严重的核电事故，也是首例被国际核事件分级表评为第七级事件的特大事故（目前为止第二例为 2011 年 3 月 11 日发生于日本福岛县的福岛第一核电站事故）。

1986 年 4 月 26 日凌晨 1 点 23 分，乌克兰普里皮亚季邻近的切尔诺贝利核电厂的第四号反应堆发生了爆炸。连续的爆炸引发了大火并散发出大量高能辐射物质到大气层中，这些辐射尘涵盖了大面积区域。这次灾难所释放出的辐射线剂量是二战时期爆炸于广岛的原子弹的 400 倍以上。经济上，这场灾难总共损失大概两千亿美元（已计算通货膨胀），是近代历史中代价最“昂贵”的灾难事件。死亡人数 9.3 万人；致癌人数 27 万人；经济损失 180 亿卢布。图 2－22 展示了 1988 年乌克兰切尔诺贝利核事故发生后周边的辐射强度。

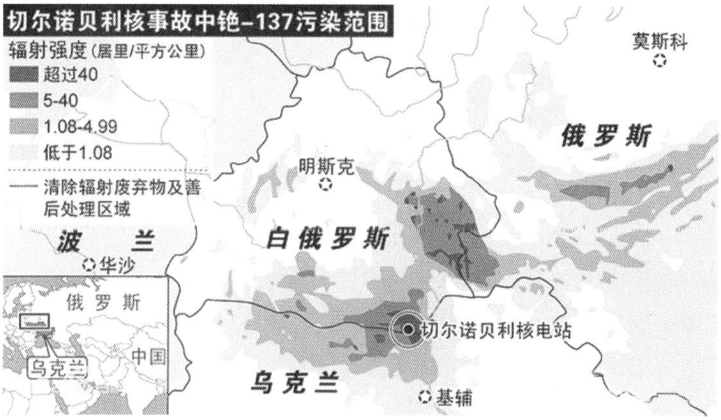

图 2－22　1988 年乌克兰切尔诺贝利核事故发生后辐射的强度

（图片来自百度图片）

课堂讨论

切尔诺贝利核事故和日本福岛核电站泄漏事故，给人类敲响了警钟。在这种情况下，中国如何合理地利用核能？

你支持在中国湖北省通山县修建核电站吗？为什么？

三、消费异化说

“消费异化说”把生态危机的根源归咎于消费异化，认为当今社会的经济无限增长模式和高消费的生活方式，造成了人的异化消费和生态环境的破坏，从而引发了生态危机。“消费异化（consumption alienation）”是西方马克思主义理论家用来分析当代资本主义社会的一个重要概念，他们围绕消费异化产生的原因、危害以及如何摆脱消费异化等方面展开了对消费异化的研究，形成了西方马克思主义“消费异化论”，代表人物主要有：法兰克福学派，包括马克斯·霍克海默、特奥多尔·W·阿多尔诺、H·马尔库塞等人；存在主义马克思主义的代表人物昂利·列斐伏尔（Henri Lefebvre，1901—1991）；生态学马克思主义的代表人物本·阿格尔。

消费异化有主体、客体、行为和环境四个主要方面的表现。首先，是消费主体方面的异化。这主要涵盖消费目的、消费心理两个方面的内容。就消费的目的而言，人们在消费中本应从自身的生存发展的客观需要出发，但异化的消费却表现为主体从占有的欲望、炫耀夸示出发，为了消费而消费。在消费中，人们无视于商品的使用价值和人的真正需要，只专注于去满足对占有物无限的欲望。比如，有些人购买商品或服务的目的并不是为了商品或服务的使用价值，而只是为了显示自身的身份地位、炫耀财富。例如，有富豪耗资7000万人民币嫁女，炫耀自己的财富。[①] 就消费心理而言，本来消费是量力而行，可是由于社会攀比之风的盛行，很多地方流行超前消费或举债消费。现在中国中西部某些地区的农村就流行大操大办举办婚礼或丧礼，而不顾自身的经济条件。更有甚者，有些丧礼上还请乐队表演艳舞，体现了相当畸形的消费心理。另外，也有媒体报道，有人买了几百双鞋或几百套衣服，而从未穿过，这体现了某些冲动性的消费的特点。其次，就消费客体异化而言，消费对象也会因为种种因素发生异化，转向其本身的对立面，转向主体的对立面。比如，主体为了生活需要购买了某种商品，但此商品因与其自身所应具有的质量、性能等不符，结果并不能满足主体的需要，甚至对主体造成伤害。第三，就消费行为异化来说，消费行为违背了消费行为的初衷，损害了消费主体、客体及环境等。从个体消费行为看，在“我买故我在”的影响下，异化的消费行为表现为超越自身条件和能力的消费、过度的消费、无节制的消费、恣意的消费等，造成了财富的大量浪费、资源的大量损耗、主体健康安全的损害等。第四，就消费环境异化来说，异化的环境不利于、甚至有害于主体的消费。某些大众传媒广告在引导消费方面，走向了自己的反面，通过广告轰炸刺激人们进行不必要的消费。

导致当代社会出现消费异化的原因有很多，其中最主要的有市场经济的模式和消费文化两个方面原因。首先，近现代以来市场经济的发展和企业的市场营销策略直接导致了消费异化。市场经济的目标是追求剩余价值的最大化，为了达到这个目标，就必须创造新的消费需求从而扩大消费量。商家通过巧妙的市场营销策略，诱导消费者做出更多的消费行为。此外，消费文化也在蓄意宣传一种“消费更多就更幸福”的观念，从而使得人们产生攀比心理的作用，试图从不断消费中获得安全感和幸福。大众传播媒介利用电影、流行歌曲等娱乐业的文化产品传播消费主义的生活方式、价值观念甚至思维方式，广告则进一步制造人们的消费目标，使人无意识地认同和接受消费文化灌输的价值体系，甚至对自身的生活方式和价值观念发生怀疑和动摇。

消费异化是一种物化的文化形态，它造成了人们对物质的极端尊崇和全社会的奢靡浪费之风，导致了人的价值取向的错位，具有极大的危害性。法兰克福学派思想家赫伯特·马尔库塞（Herbert Marcuse）在《单向度的人》中对西方消费

---

① 山西煤老板7000万嫁女背后：营造“不差钱”假象|土豪|炫富_凤凰财经. http://finance.ifeng.com/a/20140102/11385753_0.shtml.

社会中人的物化和异化现象作了细致深入的分析和振聋发聩的批判。马尔库塞认为，在发达的工业社会里，许多人沉浸在对物质的追求和享受之中，丧失了对精神完善的追求和终极关怀。不同的社会阶层和阶级在生产和生活方式上的这种共同化或一体化使得人们被消费所操纵而丧失了对现实世界的批判能力。所以马尔库塞一针见血地指出，发达工业文明中的人们，是完全受物质欲望支配的单向度的人，是地位提高了的消费物品的奴隶。正如法国思想家让·鲍德里亚（Jean Baudrillard）在《消费社会》中指出的那样，现代的西方社会已经成为一个地地道道的消费社会，在这个社会中消费获得了一种神奇的地位，成为控制人们思想和行为的一种意识形态，人们坚信：消费即是幸福。图 2－23 展示了境外旅游的华人排队抢购奢侈品的情景；图 2－24 展示了中国某大学的学生为自己一人购买的几十双运动鞋；图 2－25 的漫画展示了现代社会的消费主义和物质主义文化使人们变得不开心、孤独和不自信。

图 2－23　境外旅游的华人排长队抢购路易威登（Louis Vuitton）皮具
（图片来自百度图片）

图 2－24　国内某大学的学生为自己一人购买的运动鞋
（图片来自百度图片）

图 2－25　现代社会的消费主义和物质主义文化使人们变得不开心、孤独和不自信
（图片来自百度图片）

课堂讨论

1. 营销广告在我们生活中无处不在，我们如何抵制广告的诱惑，减少购买和消费？

2. 迄今为止，你一共为自己购买过几部手机？为什么？

四、资本主义制度说

生态学马克思主义把资本主义制度视为当代生态危机产生的根源，他们指出了资本主义制度及其生产方式的反生态性质，认为只有用生态社会主义社会代替资本主义社会，生态危机才能从根本上得到解决。

英国学者戴维·佩珀（David Pepper）是20世纪90年代生态学的重要代表人物，他从唯物主义出发分析了生态危机的根源，并明确指出，资本主义生产方式必然导致生态危机。资本家因为无限制地追求利润或剩余价值，不惜一切代价，采取一切手段进行生产，甚至利用虚假广告来刺激消费者购买不必要的产品。在这一原则的支配下，资本主义不断强化对自然资源的掠夺，持续地吞噬它赖以生存的自然基础，从而导致资源耗竭，造成了生态环境的破坏。其次，资本主义制度必然会导致生态帝国主义，导致发达资本主义国家对发展中国家进行生态掠夺，转嫁生态危机。由于资本主义制度的本质使得其发展不可能是一个绿色的可持续的发展过程。所以，它企图对发展中国家实施生态掠夺来缓和矛盾，在发展中国家推行“生态帝国主义”，通过在发展中国家建造高污染、高耗费的劳动密集型企业，甚至把污染物直接倾倒到这些国家，污染那里肥沃的土地、洁净的空气，从而来转移和缓解生态矛盾。比如，美国、德国、法国、澳大利亚、韩国等多个国家就通过各种渠道，向中国出口“洋垃圾”，转嫁生态成本。2016年，中国进口的废铜、废纸占全球贸易总量的一半以上，而中国进口的废弃塑料，占比也有一半。从总体来算，中国去年的垃圾进口金额超过180亿美元。而美国，则是一个极其积极的出口方。2016年，按货物贸易量算，美国最大的出口商中，有近四分之一做的是废纸、废弃塑料或废金属生意。其中，最大的一家就是位于美国加州的废纸贸易商美国中南公司，2015年，该公司的出口量超过333900个集装箱，几乎所有这些废品都出口到了中国。[①] 无独有偶，自从中国政

---

① 洋垃圾！《经济学人》：中国终于禁止了部分洋垃圾入境_搜狐财经_搜狐网 http：//www. sohu. com/a/162443773_774519

府对“洋垃圾”采取审慎的态度后，美国等西方发达国家就如何处理数量庞大的垃圾而陷入困境。随着中国全面禁止进口环境污染风险高、群众反映强烈的废塑料、未经分拣废纸、废纺织原料、钒渣等24类固体废弃物，有的国家出现垃圾堆积如山的窘况，西方不少国家感受到垃圾的“压力山大”。①

佩珀把资本主义生产方式的内在矛盾视为造成生态危机的根本原因，认为当前世界范围内的环境恶化是那些发达资本主义国家造成的，深刻揭示了生态危机与资本主义之间的内在必然性，进一步抓住了问题的实质，从而为其寻求生态解决方案奠定了基础。

质量与良心：一个使用了40年的热水瓶给人的启示②

任善炯

最近因事外出忙乎，临走时忘记将家中这个8磅的老式热水瓶中的开水倒掉，心里惦记着，担心瓶胆内装冷开水时间长了会结水垢，弄坏了瓶胆。等到我5天后回家，这个伴随我40年的老式热水瓶竟然给我偌大的惊喜——热水瓶中的水竟然还是热乎乎的，至少有40多度吧。喝起来热热的，好让我感动啊！

这个8磅铝质印花外壳的“向阳”牌大热水瓶，是我1973年春在西藏边防部队时从军人服务部买的，我还记得当时是花了16元人民币。由于部队驻守在海拔4000米以上的中印边境线上，高寒缺氧，燃料奇缺，部队食堂每天只能供应一次开水，所以每天灌满这个8磅的大热水瓶，不仅能保证一天有开水喝，晚上还能用少量的热水将爬山训练、摸爬滚打之后的汗脚洗一洗。这个大热水瓶使用频率高，用途大，我一直将它当成宝贝。后来我调离边防，它跟随我在军队内转战南北东西，与我不离不弃。

转业回到地方后，这个8磅热水瓶因为容量大，保温性能特别好，用起来又方便，所以仍然是我家使用频率最高的日用品。有时候，瓶胆内结了水垢，便倒进少许食用醋泡一夜，让那些黄色的水垢脱落，再用清水洗涮干净。尽管家里也添置过几次新的5磅热水瓶，那些价格很高、外观很漂亮的热水瓶，其保温性能根本没法与这个老式的8磅热水瓶相比，而且也不耐用。多则用三、四年，少则一、两年就不保温了，有的是在灌开水时瓶胆还炸裂了。

新热水瓶换了一茬茬，但这个8磅的老式热水瓶却仍然尽职尽责地为我家服

---

① 中国对“洋垃圾”说不！这些国家突然“凌乱”了_凤凰资讯 http：//news. ifeng. com/a/20180116/55170716_0. shtml

② 质量与良心：一个使用了40年的热水瓶给人的启示 http：//www. 360doc. com/content/13/0403/20/211833_275807446. shtml

务，至今不仅铝质外壳还算漂亮，瓶胆也还是原装的。平时在家灌满开水，保温一两天仍然滚烫，能冲奶粉能泡茶。有时候老战友、老朋友们来我家串门，看到这个伴随我40年的热水瓶，都禁不住感慨——我们忆念往昔驻守西藏边防的岁月，也慨叹人生的沧桑，当然，也会说到产品质量问题——为什么当今很多国内生产的日用产品用一年半载就坏掉了，而原来生产的这种热水瓶却如此高质量？

记得当初购买这个8磅“向阳”牌热水瓶时，有一个纸质的包装盒，上面是有生产厂家的。但岁月流逝，我今天已经想不起来这个厂家的名称了。我只知道它是上海产品，铝质瓶壳上不仅有“上海”字样，印花的画面也是上海外滩的景象（见图2－26）。因此，我有时候也会想想：生产这种热水瓶的工厂叫什么名字啊？如今这个生产热水瓶的厂家还在吗？这种高质量热水瓶的品牌至今还有没有？

图2－26　中国20世纪70年代生产的热水瓶

（图片来自百度图片）

当今社会上产品广告满天飞，都在炫耀科技如何先进，制造技术如何精密，产品如何具有高科技含量，可老百姓购买的这些有高科技含量的日用工业产品，有几个是耐用的？能与我这个用了40年的热水瓶的高质量相比较么？究其原因，也许就是一个理念的变异：过去的生产厂家是遵循为人民服务，让群众满意；而今的企业却是遵循的能糊弄百姓，让企业赚钱。所以，尽管科技先进了，制造技术精密了，但那些生产厂家为了赚更多的钱，为用户保证质量和经久耐用的良心却失去了！

2013年4月1日于荆楚故地

2016年9月10日，武汉大学官网发布消息称，武汉大学工学部第一教学楼（图2－27）于10日凌晨0时33分拆除。官方称该教学楼属于东湖南路环境整治工程的一部分，拆除为复原东湖南岸沿珞珈山优美的自然山际线，原址将重新设计建造新教学楼建筑群。

图 2－27　拆除前的武汉大学工学部第一教学楼
（图片来自百度图片）

据武汉大学官方网站发布的消息称，教学楼拆除后，原址上将重新设计建造新教学楼建筑群，还将规划建设地下两层停车场，以缓解工学部停车和交通压力，并整治周边环境。2016 年 9 月 10 日，武汉大学官网发布消息称，武汉大学工学部第一教学楼于 10 日凌晨 0 时 33 分拆除。武汉大学土木建筑工程学院官方微信曾发布文章称，该工程是由某大学建筑设计研究院设计，原武水主管单位水利电力部（现水利部和国家电网）投资 1 亿元建成。7 月 1 日中国采招网上发布的招标公告显示，该教学楼拆除工程经费为 1300 万元。校方称，拆除原因为建筑体量和建筑高度不符合 2011 年经住建部批准的《武汉东湖风景名胜区总体规划（2011—2025）》①

课堂讨论

1. 假如你是热水瓶厂的员工，你愿意生产劣质的热水瓶吗？
2. 假如你是消费者，你愿意购买劣质的热水瓶吗？
3. 中国政府治理中，政绩“唯 GDP 论”对中国自然生态造成什么严重的后果？

第三节　生态危机的解决方案

生态危机已经演变为一场深刻的人类危机，它在全球范围内不断蔓延，使任

① 投入使用仅 16 年 武大“变形金刚”楼为何拆除—新闻—科学网 http：//news. sciencenet. cn/htmlnews/2016/9/356021. shtm.

何一个国家都无法置身事外，中外学者都在努力探求生态危机的根源以及解决生态危机的方法。其中，以生态中心主义理论和可持续发展战略最有影响力，下面分别予以阐述。

一、生态中心主义

（一）生态中心主义的概述

生态中心主义者认为，自然生态环境的地位是与人类平等的，没有任何的特殊性而存在的。他们认为这种所谓的生物圈平等主义，是维持生态自然环境和谐的基础。下面主要从自然观、价值观、政治观、经济观、技术观五个方面来阐述生态中心主义的基本主张。

第一，从自然观上看，生态中心主义认为西方文化传统对待自然的二元论和功利主义态度是生态危机的思想根源。生态中心主义强烈反对这种二元论和功利主义的自然观，认为正是这一观念使人类无节制地掠夺大自然才造成了今天的困境。生态中心主义赞成斯宾诺莎等人倡导的“一元论”，即把宇宙看成一个整体，一个由实在构成的“无缝之网”，而人和动物或自然都是这张网上的“结”。生态中心主义倡导人类要重新认识人与自然的关系，这种认识应当建立在生态中心主义一元论的基础上，而不是人类中心主义和二元论的自然观。

第二，在价值观层面，生态中心主义认为人类中心主义是环境问题的根源所在。人类中心主义把人的利益作为其根本出发点和归宿，主张只有人才拥有实质价值，而非人类的存在只具有外在的工具性价值。为了寻求无止境的经济增长，人类开始借助科技的力量，而科学技术的发展又使人类在改造自然的征程中如虎添翼。正当人们陶醉于“统治自然”的快乐中时，环境退化与生态危机悄然而至。而生态中心主义则从整体主义角度出发，把整个生物圈乃至宇宙看成是一个生态系统，人既不在自然之上也不在自然之外，而是在自然之中。生态系统中的每一个存在物都有其“内在价值”。主张对“自然的权利”、“自然的内在价值”的尊重，人类作为自然界的一部分，不能把自己的价值凌驾于自然界的内在价值之上，而应该把道德关怀同样给予非人类存在物。他们还认为生态系统中的一切事物都是相互联系、相互影响的，人类的生存与其他物种的生存状况密切相关。如果人类破坏了生态系统的和谐与稳定，人类自身的生存状况就会受到威胁，甚至和其他已经灭绝的物种一样濒临灭绝。它要求人类重新审视人与自然的关系，进行从价值观到生活的方方面面的根本性变革。

第三，就政治观而言，生态主义反对等级制度、非中心化和地方自治。《自由生态学：等级制的出现和消解》的作者，美国生态无政府主义理论家默里·布克金（Murray Bookchin）从“人对支配自然这一观念来源于现实中人对人的支配”的基本观点出发，把生态问题的产生归因于自阶级社会出现以来就形成的人们之间的等级制关系和统治意识。在等级制向阶级社会的转变过程中，统治机构日益庞大，统治意识日益深化，导致了一种统治型的社会结构和文化，它集中表现为男人对女人以及人类对自然的统治，其最终结局就是生态问题。为此，生态中心主义提出非中心化，旨在消解等级制，消除有特殊地位的地域和团体。生态中心主义所倡导的生态社会的政治结构以组织的共同体为主要形式，但可以是多元化的，其建立的基本原则是自由、平等和直接参与。

第四，从经济观来看，作为对环境主义遇到的增长难题的回应，生态中心主义主张通过节制物质欲望来摒弃工业社会的“生活标准”（living standard），代之以对“生活质量”（living quality）的追求。他们承认增长有极限，反对现有资本主义的“增长”经济学，主张基于基本需求去生产和消费，强调人的需求必须与地球资源的可持续性保持一致。倡导适度需求—适度增长—适度消费。

第五，在技术观方面，“深绿色”的生态中心主义把科学技术的发展视为环境灾难和生态危机的主要原因，因而把解决环境灾难和生态危机的希望寄托在彻底改革工业革命以来的传统观念和社会结构之上。他们排斥技术中心主义，反对将技术的复杂化和大型化的趋势，主张技术发展要与经济模式相适应。同时生态主义对高技术的未来前景持审慎的态度。在他们看来，到目前为止，我们的技术从总体上讲是笛卡尔主义实在观的产物，它基本上是反生态的。因此，我们需要发展符合生态原则的新技术，如再生能源技术、物质回收技术等中间模式的“软”技术来替代它们。

基于上述观念，生态中心主义认为环境危机的根本原因出在人类的自然观和价值观上，因此它的社会变革方案集中在个体意识的转变上。它强调首先从改变观念入手，要求每个个体都充分尊重自然，改变以往对待自然的态度，改变有害于生态环境的价值观和生活方式，与自然和平共处。只要绝大多数人能够做到这一点，生态环境问题就会得到解决。[①]

（二）生态中心主义的主要局限

生态中心主义学者尽管提出了许多与人类中心主义不相同的主张，在某种程度上有助于减缓人类中心主义给生态环境带来的破坏。但是，由于许多理论和实践上的局限，生态中心主义面临许多困境。有学者指出，人之为人不可能不首先为人类着想，因而指责生态中心主义构建的是一个“主体性阙如”的世界，这

① 关雁春．生态主义的“红色”批判［D］．哈尔滨：黑龙江大学，2011.

是人类中心主义者反对生态中心主义的主要理由。应该说，只有主体性的存在才有价值，按照人类中心主义者的看法，只有具有自由意志的人才具备主体性，因而生态中心论者所谓的“自然具有内在价值”之说混淆了事实与价值，这是人类中心主义与生态中心主义争执的焦点所在；人类中心主义由此推论，人对自然的道德义务观念纯属虚构，因为从“是”中推断不出“应当”，这是生态中心主义面临的最大理论困难。

第一，自然如何具有“主体性”？

“生态中心主义”在消解了人类的“中心”主体地位后，构建了一个万物平等的世界。在一些批评者看来，这是个“主体性阙如”的世界，但实际上人类无法摆脱自身认识体系和价值体系去谈论人与自然的平等，即便去谈论，也是在“人”的框架内的谈论。吉登斯认为，虽说“生态中心主义”主张回到自然的观点对人类和整个生物圈充满了善意，但其理论本身仍有许多不一致和矛盾之处。其中最大矛盾就是，人类是有独立价值体系的，即便我们在谈论“人与自然必须平等”也是“人在说”，这样的平等不仅是不彻底、不充分的，而且是矛盾的。因为“人与自然的平等”很可能是人类的目的性要求，它实质没有摆脱人类目的性的框架，也不可能完全摆脱这一框架。人类中心主义说，“我们之所以保护环境，是因为这是我们的环境；我们之所以关心各种动植物是因为它们对我们有用。”说到底，人类关心自然的最终目的还是关心我们人类自身，因为作为人，我们首先只能是从人自身而不是他物的立场出发，这是人类不言自明的目的。

第二，事实与价值混淆不清。

如前所述，承认自然具有独立于人类的“内在价值”也是生态中心主义在逻辑上得以成立的基本前提，是否承认自然具有独立于人类的“内在价值”是人类中心主义和生态中心主义对抗的焦点所在。就传统观念而言，“价值”是用来表示与“存在论”意义上的关系不同的一种关系性概念。人类中心主义对此质疑道：生态中心主义显然是混淆了事实与价值，等同了存在论和价值论。在生态中心主义的批评者看来，所谓“自然价值观”实质上是，在抹掉了价值概念的本来含义后将“存在”概念的含义生硬地移植到“价值”概念上。如此一来，所谓自然的“内在价值”实际上就成为了自然的“存在”，此即“事实与价值的混淆”。正是在这样的混淆中，生态中心主义隐含了一个根本的逻辑错误：直接从“是”中推论出“应当”。传统观点认为，“是”即“事实”，是事物本身存在的、固有的客观属性，是一个存在论的概念；“应当”则表示伦理的规范要求，是一个价值论的概念。事物的存在是一个“中立”的事实，它本身无所谓“好”和“坏”，也不能充当某种行为的理由。因为从逻辑上讲，事实（“是”）要想有效地充当某种行为的正当理由，就必须以某种“价值”判断为前提，“应当”与否的道德选择的直接判定依据只能是价值判断而非事实判断。一言以蔽之，从事实判断推导不出价值判断。英国哲学家摩尔直接把从“是”中求“应当”看成是一种“自然主义的谬误”。

第三，“生态中心主义”其实还是一种弱版本的“人类中心主义”。

生态中心主义从生态系统的整体性出发，认为人类只是全球生态系统的一部分，并且必须服从自然规律，提出要解决环境问题就要优先考虑非人类自然或至少把它放在与人类同等的地位上，但是，有学者指出，人类只能从人类的视角去观察自然，离开人去读论自然的权利是一种理论抽象，解决不了生态危机，因此，生态中心主义实际上是一种生态乌托邦的幻想，是一种“弱版本”的人类中心主义。

课堂讨论

生态中心主义实施起来会面临哪些主要障碍？

二、可持续发展战略

（一）可持续发展的内含

对可持续性精确地下定义是相当困难的，客观存在着内含不明确和容易引起歧义等问题。这是因为，从普遍意义上来说，任何一种行为方式，都不可能永远持续不断地进行下去。此外，通常所讲的持续，只是在人类现有的认识水平上的可预见的“持续”，现实世界还有许多不确定和尚未为人所知的东西。因此，对可持续性的定义不应拘泥于当前的状态，而应定义出一个范围，在此范围内可以有较大的灵活性。世界自然与自然资源保护同盟、联合国环境规划署、世界野生生物基金会（WWF）形成的共识颇具典型意义。他们认为：“可持续发展试图反映五个广泛的要求：①保护与发展相结合；②满足人类的基本需要；③达到公平与社会公正；④社会制度的可持续性与文化上的多样性；⑤维护生态完整性。”巴拜尔（E. Barbier，1987）表达了相近的见解。他说：“可持续发展：使生物系统目标（基因多样性、可恢复性和生物生产力）、经济系统目标（满足基本需要、增加公平性和提高生产力）和社会系统目标（文化上多样性、制度可持续性、社会公正和参与）同时得到最大化。”① “可持续发展”从字面上理解是指促

---

① 刘会强．可持续发展理论的哲学解读［D］．上海：复旦大学，2003.

进发展并保证其成为可持续性。很明显，它包括了两个方面的含义，即可持续性和发展。发展是可持续性的，而可持续性必须是人口、经济、资源、生态环境与社会进步之间的协调进化、数量与质量并重、规模与速率同步。可持续一词来自拉丁语，意思是“维持下去”或“保持继续提高”。对于生态资源环境来说，可持续的意思应该是保持或延长资源环境的使用时限，使自然资源能够永远被人类所利用，为人类服务，而不至于因为生态资源的耗竭影响到子孙后代的生产、生活，甚至生存。生态学最初使用了可持续发展的概念，指的是对资源的合理化管理，如从全部资源中得到收获却不破坏整体资源的可再生能力，而资源的可再生能力又能够弥补消耗的资源数量。此后，经济学家开始关注并使用这个概念。最早在国际文件中出现可持续发展一词是1980年国际自然保护同盟（IUCN）在世界野生生物基金会（WWF）的支持下制订发布的《世界自然保护大纲》。

中国古代生态思想对可持续发展的表述。道家也提出了“天人一体”的人本生态思想。老子说：“有物混成，先天地生，吾不知其名，故强字之曰道。道大，天大，地大，人亦大”、“人法地，地法天，天法道，道法自然”（《老子》第25章）。这种“道法自然”的思想，强调人来自于自然，是自然的一部分，人与自然和谐统一是以人为主的。道家承认人与自然和谐统一，同时以人为本，但不承认主宰者：“万物归焉而弗知主，则恒无名也，可名曰大。”（《老子》第34章）庄子对天也做了精辟的解释，他说：“天地与我并存，万物与我为一”（《庄子·秋水》）。也就是说，天就是自然，人也是自然所生，但人有变天然的东西为人为的东西，两者是统一的。儒家学者在说“仁”时，也把道德范畴扩展到自然界。这就是“仁民”到“爱物”。例如：曾子引述孔子的话说：“树木以时伐焉，禽兽以时杀焉。”夫子曰：“断一树，杀一兽，不以其时，非孝也”（《礼记·祭义》）。我国夏朝制定的古训：“春三月，山林不登斧斤，以成草木之长”；“川泽不入网罟，以成鱼鳖之长”。孔子正是依据这一古训，把伦理行为推广到生物，认为不以其时伐树，或不按规定打猎是不孝的行为，宣扬“国君春田不围泽，大夫不掩群，士不取绕卵”（《礼记·曲礼下》）。这里把保护自然提到有道德行为的高度，对于自然资源来说就是一种永续利用的观点。“和—合”是中国古代文化的精髓，亦是被各家各派所认同的普遍原则。和与合，两字最早见于甲骨文，表示和谐与合作。“和—合”对当代发展的思想仍有价值。中国古代思想家孜孜不倦地宣传人与自然万物的生态协调思想，追求“和—合”的境界。中国古代把“和合”提到天地生成的本能，万物生成发展的机制，并把“和”与“德”联系起来，又把“和”与“中”联系起来。“和”与“中”是互相联系的客观规律。其实用现代生态科学的观点看，和与合是世间万物运行的手段。中国先哲们力图把对自然规律的最初认识上升到理性的高度，首先形成了生态伦理思想，又把这些思想达到的目标归结为万物之间的和谐，和谐即良性循环，只有良性循环才能实现持续进化，而进化就是发展，发展就必须容纳“差异”。这既是中国古代生态哲学的精华，也悟出了最基本的自然生态规律。

狭义发展含义指在经济领域产值和利润增长、物质财富增加。在这种发展观的支配下，为了追求最大的经济效益，人们尚未认识也不承认环境本身具有价值，因而采取了以损害环境为代价来换取经济增长的发展模式，其结果是在全球范围内造成严重的生态环境问题。发展应该是一个很广泛的概念，它不仅表现在经济的增长、国民生产总值的提高、人民生活水平的改善，它还表现在文学、艺术、科学的昌盛，道德水平的提高，社会秩序的和谐，国民素质的改进等。简言之，既要“经济繁荣”，也要“社会进步”。不仅有量的增长，还有质的提高。发展不应当狭义地被理解为经济增长。经济增长一般定义为人均国民生产总值的提高（有时也看作是人均实际消费水平的提高）。20 世纪 80 年代的事实表明，如果不从环境的角度来管理经济，经济增长就面临着极限。反之，如果对经济的管理是适宜的，则可以在确保维持最低的生态资源水平的一系列限制下得到经济增长。可持续性的最基本的、必不可少的情况是保持自然资源总存量不变或比现有的水平更高。美国生态学家赫尔曼·戴利（Herman Daly）是系统考虑过这些问题的一位先驱。他在 1991 年提出了可持续性由三部分组成：①使用可再生资源的速度不超过其再生速度；②使用不可再生资源的速度不超过其可再生替代物的开发速度；③污染物的排放速度不超过环境的自净容量。

国际社会可接受的可持续发展的含义：“可持续的发展，系指满足当前需要而又不削弱子孙后代满足其需要之能力的发展，而且绝不包含侵犯国家主权的含义。环境署理事会认为，要达到可持续的发展，涉及国内合作和国际的均等，包括按照发展中国家的国家发展计划的轻重缓急及发展目的，向发展中国家提供援助。此外，可持续发展意味着要有一种支援性的国际经济环境，从而导致各国特别是发展中国家的持续经济增长与发展，这对于环境的良好管理也具有很大重要性。可持续发展还意味着维护、合理使用并且提高自然资源基础，这种基础支撑着生态抗压力及经济的增长。再者，可持续的发展还意味着在发展计划和政策中纳入对环境的关注与考虑，而不代表在援助或发展资助方面的一种新形式的附加条件。”

（二）可持续发展理论的形成

可持续发展理论的形成经历了相当长的历史过程。英国学者托马斯·罗伯特·马尔萨斯（Thomas Robert Malthus）阐述了他的观点，随着社会人口的不断增加，人口对于土地资源的需求不断增大，如粮食需求、住宅需求等，人的需求与自然的供给之间就产生了巨大的矛盾，人口不加限制地增长必将超出维持生存所需要的资源的极限，一旦突破这个极限，人类将面临更大的生存危机。20 世纪 50—60 年代，人们在经济增长、城市化、人口、资源等所形成的环境压力下，对增长发展的模式产生怀疑。1962 年，美国海洋生物学家莱切尔·卡森（Rachel Carson）出版的《寂静的春天》（图 2－28）一书中提出了人类应该与大自然的其他生物和谐共处，共同分享地球的思想。1972 年，一个由学者组成的非正式国际学术组织“罗马俱乐部”发表了题为《增长的极限》的报告，这份报告深刻地阐述了自然环境的重要性以及人口和资源之间的关系，并提出了“增长的极限”的危机，由此，可持续发展在 20 世纪 80 年代逐渐成为社会发展的主流思想。1984 年美国学者爱迪·B·维思（Edith Brown Weiss）在塔尔博特·R·佩奇所提出的社会选择和分配公平理论基础上，系统地论述了代际公平理论，该理论成为可持续发展的理论基石。1987 年，世界环境与发展委员会（WCED）在题为《我们共同的未来》的报告中正式提出了可持续发展模式，并且明确阐述了“可持续发展”的概念及定义。进入 20 世纪 90 年代以后，可持续发展问题正式进入国际社会议程。[①]

图 2－28　莱切尔·卡逊的名著《寂静的春天》
（图片来自百度图片）

（三）可持续发展的基本原则

可持续发展的基本原则既是判断人类行为是否符合可持续发展要求的基本标准，也是根据可持续发展的内涵，制定能够在国家或区域实施的政策制度和法律法规的基本依据。同时，这也是可持续发展概念的重要支撑，是准确把握和判断可持续发展定义的基本依据。对于可持续发展原则的研究，世界资源与环境委员会（WCED）曾在《保护地球》中发表了可持续发展的九大原则，1992 年联合国发布的《里约宣言》中详细制定了可持续发展的 27 项原则。我国学者高鑫[②]认为，可持续发展应该有如下五个原则。

① 方行明，魏静，郭丽丽．可持续发展理论的反思与重构［J］．经济学家．2017（03）：24－31.
② 高鑫．论可持续发展与平等发展权［D］．武汉：武汉大学，2010.

1. 公平性（Fairness）原则

可持续发展的第一原则就是公平性原则，其主要包含三个方面：第一是代际公平，即世代人之间的纵向公平性。可持续性的概念本身就是时间维度上的延展，希望人类能够在更大时间跨度下保持生存与发展。但由于人类赖以生存的自然资源与生态环境是有限的，因此需要考虑后代人对于自然资源和环境的基本需要，甚至发展需要，保证各个时代的人类能够公平获取利用自然资源的权利。第二是代内公平，即同代人之间的横向公平，同代人之间应该公平分配有限的可用的资源，满足世界每个国家、每个民族、每个个人的基本生存需求和追求美好生活的机会，同时确立公正平等的人与人之间的关系，尊重每个人或每个国家独立自主的理性选择与行动。第三是人与自然的公平，即将自然作为一个主体，不再是传统思维模式下被动接受人类行为影响的客体，所以要公平对待大自然，平等地对待人类与其他生物物种的生存与发展权。公平性原则也是可持续发展与传统发展模式的根本区别之一。

2. 可持续性（Sustainable）原则

可持续性是指人类的经济活动和社会的发展不能超过自然资源与生态环境的“承载力”。因为一旦人类的发展使大自然系统遭到严重破坏，甚至走向崩溃，那么人类生存的物质基础也就遭到破坏，发展本身就更无从谈起了。因此可持续发展要求人们调整自身的思维与行为模式，与生态可持续性相协调，在自然资源与生态环境承载力的基础上公平合理地确定资源的消耗标准。

3. 共同性（Common）原则

可持续发展是事关全人类生存与发展的共同目标，也是全人类最重要的利益所在，所以必须依靠全球共同的联合行动、人类世代的共同努力，依照共同的公平性与可持续性原则，用实际行动来推动可持续发展战略的实现。因此，《里约宣言》中也提到：“致力于达成既尊重所有各方的利益，又保护全球环境与发展体系的国际协定，认识到我们的家园——地球的整体性和相互依存性。”可持续发展的实现需要每个人或每个国家在行使自己的权利和行为时，能够认真理性地考虑其行为对其他人或其他国家以及自然界的影响，真诚地按共同性原则办事，在人与人、人与自然之间形成和保持一种良性动态的共荣共生关系。

4. 系统性（System）原则

可持续发展是将人类及其赖以生存的地球看成是一个有机的、紧密的、互动的系统。在该系统内，人类是中心，具有较强的能动性，自然界为基础，承载着人类的生存与发展。因此，可持续发展必须依赖人与人、人与自然之间各种联系的协调演进，必须依靠人口控制能力、资源承载能力、环境自净能力、经济增长能力、社会需求能力、管理调控能力等各种能力建设的提高改善和相互协调。不能片面强调系统中任何一种或几种因素，而忽视系统中的其他因素。只有将各因素及目标置于宏观分析的框架内，将经济、社会和生态的发展目标相统一，将整体与部分、长远与眼前的利益系统整合，有重点、有步骤、分层次地予以实现才能最终达到可持续发展。

5. 需求性（Demand）原则

可持续发展的根本目的就是满足全人类的需求，包括当代人和后代人的需求。人类的各种需求组成了一个相互联系、相互影响的统一整体，要系统地、客观地、合理地评判每个人、每个群体、每一代人的需求范围与标准。另外，人类需求也一直处于动态变化的过程中，不同的时期、不同的发展阶段、不同的生存环境，需求系统也是不尽相同的。传统的发展模式以当期的经济增长为目标，强调当代部分人和部分国家的需求享受，忽视了全人类的需求系统，同时也忽视了资源的代际配置，不仅破坏了世界的资源环境及其持续性，而且还造成了其他人的基本物质需求得不到保障。但可持续发展则是要坚持公平性和长期的可持续性，要满足所有人的基本需求，向所有的人提供美好生活愿望的机会。

学者方行明等人也对可持续发展理论进行了思考，并提出十项原则。即代内公平五原则：生存与发展公平性原则、发展道路选择上的公平与自主原则、全球化规则制定的公平原则、各国环境责任分担公平原则和环境补偿原则；代际公平五原则：当代人优先原则、节俭原则、高效原则、创新原则与人道原则，其中的创新原则是当代人最为重要的任务或使命，是当代人应尽的最大责任，也是人类实现可持续发展最为关键的因素（见图 2－29）。[①]

结语：

本章诠释了生态危机的含义，了解了生态危机的主要表现，阐述了生态危机的四大根源，即人类中心主义说、科技异化说、消费异化说、资本主义制度说；提出了生态危机可能的解决方案，即秉承生态中心主义的思想，推行可持续发展战略，努力建设生态和谐、代内和代际公平的世界。

① 方行明，魏静，郭丽丽. 可持续发展理论的反思与重构［J］. 经济学家. 2017（03）：24－30.

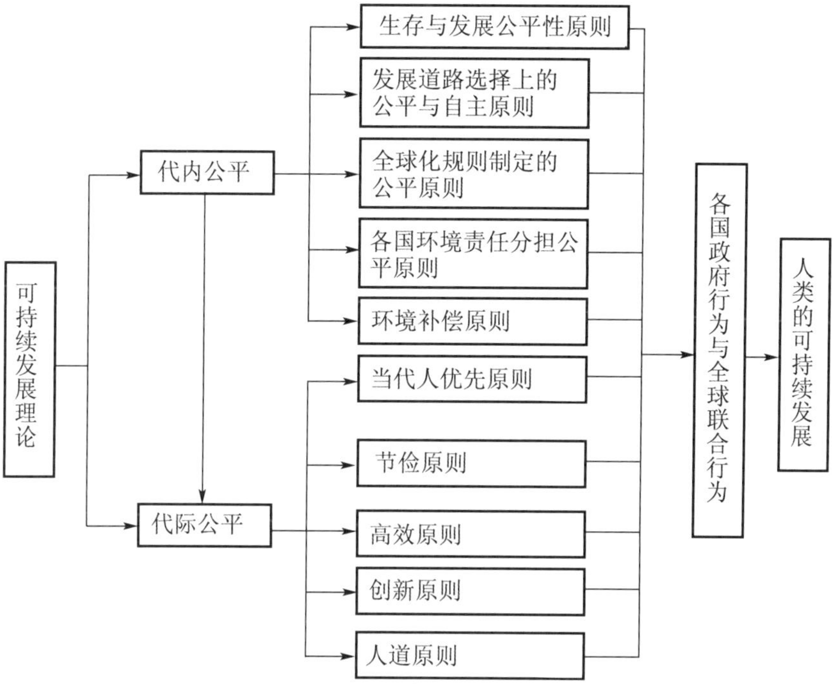

图 2－29　可持续发展理论的基本原则

（图片来自百度图片）

课堂讨论

1. “吃祖宗的饭，断子孙的粮”这种破坏生态环境的做法的根源有哪些？
2. 可持续发展战略有何理论和现实意义？
3. 假如你是广东省东莞市市长，你如何处理环境保护和就业之间的关系？
4. 如何保护好松山湖风景区的水土资源？
5. 作为医科院校的学生，如何向社会公众解释和宣传滥用抗生素的危害？
6. 美国为什么要退出《京都议定书》？

第三章 时空、生命意识与宇宙万物

第一节 时间与生命

生命是怎样的一段旅程？在岁月的流逝中，我们经历了什么？时间赋予生命怎样的意义？生命对于时间又有何特殊？探索时间与生命的奥秘，我们会发现：其实答案一直都在我们自己身上。

时间贯穿生命的始终，在我们的生命中扮演关键角色。我们现已构建的存在模式完全依赖于时间。如果不理解时间本身，那些关于生命与宇宙万物的描述就既不能被肯定，也无法被否定。因此我们首先需要弄清时间的本质。

一、时间的迷之魅力

参赛选手

美少年阿喀琉斯：相传阿喀琉斯是古希腊神话中最善跑的英雄。

小乌龟：动物界跑步万年老幺。阿喀琉斯的竞赛（见图3－1）。

图3－1 阿喀琉斯的竞赛

图片来源：http：//image. baidu. com/pcdutu？ queryImageUrl ＝ http% 3A% 2F% 2Fc. hiphotos. baidu. com% 2Fimage% 2F% 2570% 2569% 2563% 2Fitem% 2Fa044ad345982b2b7728ecd3c3dadcbef76099b31. jpg&querySign ＝ 3916581132 %2C3799836855&fm ＝ result&uptype ＝ upload_pc&result ＝ result_camera&vs ＝ 1bf2459ba2dbe964193249275f737934f60c6c8c

比赛场地

古希腊哲学家芝诺的大脑中。

比赛过程

为了公平起见，阿喀琉斯让乌龟领先一步，比如1千米。比赛开始后，阿喀琉斯很快就到达了乌龟的出发点。然而，此时我们的小乌龟已经又努力地前进了一段距离，可能是1/100千米。当阿喀琉斯迅速跑完了这10米，此刻我们的小乌龟又往前挪动了一小段距离——1/1000千米……于是乎，芝诺的脑中出现了这样的情景。

最后，阿喀琉斯只能不断逼近小乌龟，却永远追不上小乌龟。

最终，这只乌龟胜利了，它不但打败了睡觉的兔子，还击败了著名的阿喀琉斯。

芝诺悖论指出，由于乌龟总是领先阿喀琉斯一步，每当阿喀琉斯到达乌龟所在的上一个位置，乌龟总是又往前走了一段距离（尽管这段距离可能很短很短），所以阿喀琉斯永远都追不上乌龟。虽然阿喀琉斯每次所跑的距离越来越短，但乌龟有无限段领先距离需要他跨越。这个距离用公式可表述为：

1 + 1/10 + 1/100 + 1/1000 + …的无限次方分之一

根据芝诺所言，阿喀琉斯“不可能在有限时间内跨越无限段的距离”。

再来加点料吧：芝诺老师又来了。

芝诺老师问：“一支射出的箭是动的还是不动的？”

学生：“那还用说，当然是动的。”

芝诺老师：“确实是这样，在每个人的眼里它都是动的。可是，这支箭在每一个瞬间里都有它的位置吗？”

学生：“有的，老师。”

芝诺老师：“在这一瞬间里，它占据的空间和它的体积一样吗？”

学生：“有确定的位置，又占据着和自身体积一样大小的空间。”

芝诺老师：“那么，在这一瞬间里，这支箭是动的，还是不动的？”

学生：“不动的，老师。”

芝诺老师：“这一瞬间是不动的，那么其他瞬间呢？”

学生：“也是不动的，老师。”

芝诺老师：“所以，射出去的箭是不动的？”

我们要怎样面对如此认真“胡说”的芝诺老师？

我们这样认为：每一时刻，我们都处在被称作“飞矢不动”的悖论所描述的状态中。因为没有什么东西可以在同一时刻出现在两个地方，所以，芝诺认为，飞行中的箭在任何一个时刻都只会出现在一个位置上。但是，如果箭只出现在一个位置上，那么那一刻它一定是不动的。在箭的运动轨迹中的每一个时刻，箭一定会停止在某个特定的位置上。

从逻辑上讲，运动在本质上并不是正在发生的事情，而是一系列分开来的事件。时间的向前运动并不是外部世界的一个特征，而是事物在我们意识中的一种投射，是我们把观察到的事物联系到了一起。芝诺的论证表明，时间不是绝对的现实，而是我们思维的特征。

现实世界与我们用来描绘世界的抽象数学或者简单逻辑是不一样的。逻辑要求象征性思维，由抽象的思想代替具体的对象和概念，而现实世界不必遵守这些语义规则。芝诺悖论的出现，是因为我们需要在具体和抽象之间切换。由于我们太依赖自己的思维，已经忘记如何区分具体和抽象之间的区别。在抽象的世界中，那些没完没了的“一半又一半”成为阻止阿喀琉斯追上乌龟的重重障碍，但在实际的非象征性的自然现实里，阿喀琉斯可以毫不费力地踏过乌龟获得比赛冠军。

如果你同意我们的观点，那么你将承认时间并非绝对现实，而是我们人类的抽象建构。

时间真的不存在吗？只是人类的抽象建构？

请不要随便颠覆我的时间观。

事实上，时间不仅仅是一个哲学问题，还是知觉的核心，也是居于观察者与被观察的自然之间的支点。让我们审视一下科学领域对时间的考察是否符合我们的心意。

二、时间的测量与生命的建构

时间问题已经折磨哲学家们数千年之久，而这种折磨还在继续，但我们将要展开的讨论并不那么复杂，这里的时间问题只涉及两种不同的观点。

一种是包括牛顿在内的许多人持有的观点。牛顿认为，时间是宇宙基本结构的一部分，真实是时间固有的属性。因此，时间有自己的纬度，独立于事件之外，并在自己的范围内按顺序独立运行。

这种时间是绝对的：时间一直向前“流去”，与物体的存在以及物理现象的发生毫无关系。

我们无法降低或加快时间流动的速度，并且在宇宙中任何一个地方时间流动的情形都是相同的。

因此，在我们地球上一秒钟的间隔和其他星球上一秒的间隔是完全相等的，不管这些星球间是否有相对速度的存在。

而康德则持有另一种相反的观点。康德认为，时间并非实际存在的实体，时间不是一个各种事件在其间“移动穿过”（move through）的“容器”，不存在时间流。时间是人类作为观察者所设计的框架，用于为盘亘在人们心中的庞大而错综复杂的信息建构组织和结构。

烧脑的课外补充

无聊的康德与有料的理论

康德的全名为伊曼努尔·康德（Immanuel Kant，1724. 4. 22—1804. 2. 12），出生于德国柯尼斯堡，德国古典哲学创始人，其学说深刻影响近代西方哲学，并开启了德国古典哲学和康德主义等诸多流派。康德有其自成一派的思想系统，并且有为数不少的著作，其中核心的三大著作被合称为“三大批判”，即《纯粹理性批判》《实践理性批判》和《判断力批判》。这三部作品分别系统地阐述他的知识学、伦理学和美学思想。

他的观点：

●迄今为止，人们假定，我们的一切知识都必须遵照对象；但是，关于对象先天地通过概念来澄清某种东西以扩展我们的知识的一切尝试，在这一预设下都归于失败了。因此，人们可以尝试一下，如果我们假定对象必须遵照我们的认识，我们在形而上学的任务中是否会有更好的进展。

——康德

●理性必须挟着它那些按照不变的规律下判断的原则走在前面，强迫自然回答它所提出的问题，决不能只是让自然牵着自己的鼻子走。

——康德

●康德认为，心灵把它的形式和范畴加到我们的经验之上，而在这些形式和范畴中，有一些就是为我们的知识提供预设的（比如“因果性”和“实体”）。因此，这些预设既不是经验事实，也不是“观念的关系”，而是一种被康德称为“先天综合”的新的特殊类型的真理。这些真理之所以是综合的，是因为它们不仅仅是同义反复……之所以是先天的，是因为……它们是与经验无关的。

——罗伯特·所罗门

●过去根深蒂固的观念是：科学的性质是因它所研究的对象所决定的，科学的原则、概念的普遍性和必然性是对象固有的客观性。现在康德却要反其道而行之……他的设想是，人的直观能力先于直观对象，并且决定了他所能够直观到的内容；不仅如此，人的概念对直观内容做出进一步的判断，形成经验知识。人的这种直观能力和概念，都是先于、独立于外在对象的，按照它们来认识对象即是康德所谓的“关于对象的先天知识”。

——赵敦华

康德的时间观认为，如果时间只是一种沿着我们的编码系统运行，或者按照我们在空间上整理物品秩序的方式所建构的认知结构的话，那么肯定不能被“移动穿过”，也不能自行测量。这意味着钟表不能决定时间的长短，也不能记录时间。当标明时间的一个数字被另一个数字所替换，或者钟表盘上的分针再一次指向这里或者那里时，它们提供的仅仅是均等的事件间隔。在这些事件发生期间，其他真实可信的有节奏的时间也在其他地方进行着。当然，每个“滴答”之间的长度是任意的，是人们协商约定的，而不是依据某种自然法则进行的。

其实，这种用“滴答”计时的想法始于人们对太阳变化的观察。古苏美尔人和古巴比伦人首先使用了年月日。古印度人又定义了更具体的时间单位如“kdla”，相当于 144 秒。印度人创造了各种各样令人眼花缭乱的时间单位。它们的时间谱系非常极端，“paramanu”其长度约为百万分之十七秒。“Maha-manvantara”，其长度为 311. 04 万亿年。这种极小或极大的时间单位与印度人的创世和末日神话有关。时间更为实用的一点是，我国古代的农耕生活对季节的推算。后来伽利略发现了钟摆效应。

事情是这样的：有一天，伽利略来到了教堂，在教堂的大厅里，他看到一盏吊灯不停地摆动。这个现象引起了他的兴趣，他想，来回不停地摆动，这种摆动是否有什么规律呢？于是，他用脉搏计算时间，仔细观察吊灯的摆动。过了一段时间，他终于发现了吊灯摆动的规律。同一个摆的摆动快慢是一定的，摆动的快慢与摆锤的轻重无关，与长短有关，短的摆动得快，这种由链子长度决定的摆动周期被称作等时性。不久这一发现被用于落地式大钟摆上。

小科普：石英振动

17 世纪下半叶，平衡弹簧表的发明使便携式计时器产生了飞跃。

将石英晶体运用在钟表上是现代的一个发明，第一只石英表在 1969 年首度出现。在这一年，日本的精工公司发现了如何将石英制成音叉的方法。与音叉会循某种规律振动一样，当石英晶体受到电池电力影响时，它也会产生规律的振动。石英晶体每秒的振动次数高达 32768 次，我们可以设计简易的电路来计算它振动的次数，当它数到 32768 次时，电路会传出信息，让秒针往前走一秒。因为石英的振动相当有规律，即使是便宜的石英表，一天之内的误差率也不会超过1秒。石英表也可叫作“石英振动式电子表”，因为它是利用石英片的“发振现象”。当石英接收到外部的加力电压，就会有变形及伸缩的性质，相反，若压缩石英，便会使石英两端产生电力；这样的性质在很多结晶体上也可见到，称为“压电效应”。石英表就是利用周期性持续“发振”的水晶，为我们带来准确的时间。

但是，钟摆效应、机械平衡梁震荡和石英振动等事实，仍然没有证实时间的真实存在。

古怪事件来袭：

人们发现有些事件开始展开的时间会比以前更快。更让人意想不到的是：即使时间是一个实际存在的实体，也不可能像光速或重力那样是一个常量。时间会以不同的速度流逝。引力场的存在会延缓时间的流逝，就像物体在做高速运动时发生的情形那样。如图3－2所示。

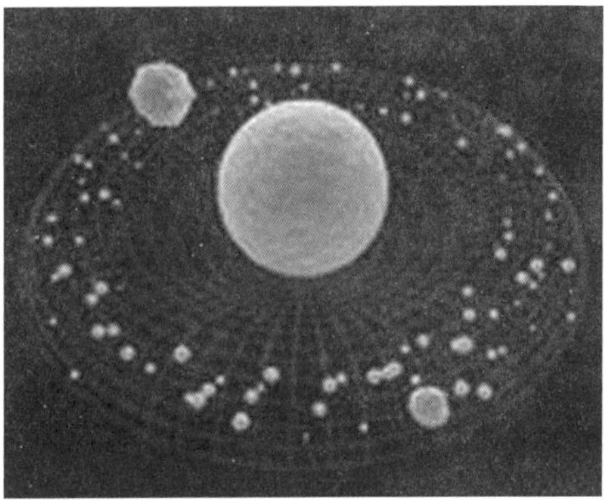

图3－2　引力场探测

为啥子我感觉不到时间？

我们不能直接感觉到这种时间的延缓，因为每个人都身处在同一个引力场之中。即使我们以最狂野的速度飙车，也未曾将车速加速到超过光速的八百万分之一。当物体以光速的87%运动时，时间流逝的速率才减少一半。目前，地面上车辆的行驶速度引起的时间延缓还远不能被直接体验到，因而，时间的延缓更多的是要靠人类的智慧去发现。

宇航员在这方面的体验要深得多。实际上，当他们以光速的1/26000绕轨道运行时，他们能使用精密的钟表测量出时间的延缓值，宇航员比地球上的人衰老得要慢。

当科学家测量时间时发现：

（1）卫星以每小时14000千米的速度运行，其钟表变慢了。

（2）卫星远离地球时，出于减弱的引力场中，与地面相比，其钟表变快了。

（3）由于地面上的GPS用户通常与地心的距离不同（如高海拔的青藏高原和低海拔的上海），因此，这会导致时间流逝的速度不同。

（4）由于地球表面不同纬度地区的自转速度不同，因此，这使得地面上不同位置处的时间流逝速度无法保持一致，这被称作萨格纳克效应（Sagnac effect）。

（5）与任何未来的月球殖民者相比，地球观察者的时间跑得更慢，因为我们这个星球是以每小时 1674 千米的速度在自转，而月球的自转速度则达到每小时 14455 千米。

（6）因为卫星的轨道略呈椭圆形，卫星的时间变化会忽快忽慢。再加上地球的赤道膨胀等原因导致的地球引力场的不规则，会使卫星上的时间变化的误差进一步放大。因而，卫星上的时间流逝速度是不断变化的，有时加快，有时减慢。

在不同的地方，观察者体验到的是不同步的时间序列。对于一些人来说，“时间扭曲”只是一种思维游戏，或是一种单纯的理论。我们把时间纳入我们的讨论，事实上，时间的测量是一回事，而时间本身则是另外一回事。

对于时间的感受，我们觉得，此时此刻总是让人感觉特别，不管你能记得多少过去，抑或预测多少未来，你都活在当下。我们感觉，时间仿佛在流动。当前时间正在不断更新自己。未来是开放的，直到它成为现在，而过去已经固定了。随着时间的流逝，这种固定的过去、即时的现在和开放的未来组成的时间结构被及时地向前推进。这种结构根植于我们的语言、思想和行为中。我们的生活方式紧紧依附于它。

然而，你会发现，科学并未对此做出任何反应。物理方程没有向我们展示，就现在正在发生的，是哪些事件。方程就像一副上面并没有标注“你在这里”符号的地图。物理方程不包含此时此刻，因此，也不包含时间的流动。

物理学家着重观察时间在相关物理方程中是否关键，或者是否存在。换句话说，就是时间是否被提及。当时间作为变量时，人们会在 t 前面加上大写的希腊字母 Δ。但是，物理学家发现，牛顿定律和爱因斯坦所有的理论中的方程，甚至后来的量子理论，都是以时间对称（time symmetrical）为基础的。时间不扮演任何角色，不存在向前运动的时间。因此，许多物理学家称时间是不存在的。

对于以上的观点，哲学家普遍表示认同。公元五世纪，诡辩家安蒂丰就在其著作《论真理》（On Truth）中写着：时间不是实体，而是一个概念，或是一种量度。

三、时间之箭与我们的记忆

过去只是一种选择性记忆。你和我对同一件事的回忆会有差别。两种记忆都仅仅来自此时此刻你的脑细胞和神经元放电所产生的信号。是否真的有过去和未来的存在？过去和未来与当前时刻是一个连续的统一体吗？

时间问题是我们理解存在、死亡，以及我们与宇宙之间真实关系的第一把钥匙，因此我们需要更加努力地为时间问题寻找最终答案。

时间之箭

时间具有方向性吗？热力学第二定律涉及一个叫作“熵”的过程，这种从有序到无序的自然倾向使时间的“箭头”或方向成为必要。如果这样的箭头存在，时间就是一个真实的存在。

似乎只有在物理学这个领域，时间被认为是存在的。于是熵进入人们的研究视野。所有的其他理论，如广义相对论的方程、开普勒行星运动定律和量子力学都认为，一切是以时间为主线而发生的，但没有任何外部箭头或指向性使时间变成真实存在的实体。

小科普：熵

如果把原子封闭在一个盒子里，每一次碰撞都会使原子的速度和运动方向发生改变，导致原子分布变得越来越混乱。即使初始条件是高度有序的，如盒子的一侧是热的，原子移动得快，而另外一侧则是冷的，原子移动的慢，但最终这种分布会消失。这种原子大范围均匀分布的最终状态，或者说在微观层面上呈现完全无序的状态，就是所谓的“熵”。如图 3 -3 所示。

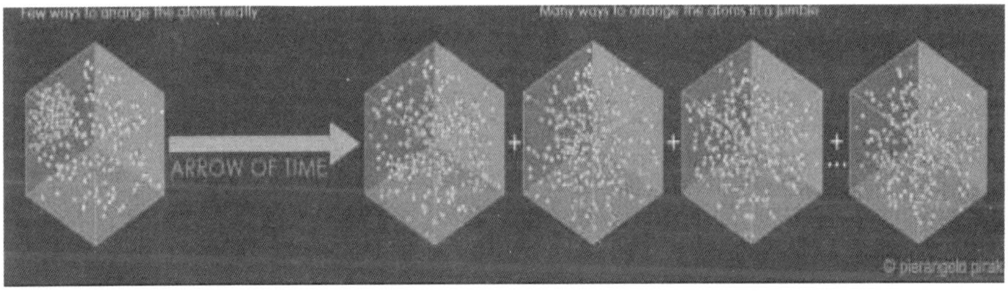

图 3 -3　熵

图片来源：BBC。

只要有足够的时间，熵值最终状态将不可避免地达到最大的。时间一词是这个过程的核心，从有序到无序，熵值增加的行为是一个单向的过程，最终原子均匀分布，以及所有的温度差异消失的过程似乎都与时间有关，因为这个过程是不可逆的。如果这真的可以作为物理学或数学上标注时间的“方向”获“箭头”的证据，那么时间就是真实的。

物理学对时间的方向问题向来非常重视。霍金曾辩称，如果宇宙停止膨胀并开始坍塌，时间的箭头会指向相反的方向，物理过程在各个层面上都会发生反转。但是我们并不会觉得有什么不妥，因为我们自己的心里运作和大脑功能也会逆运行。

如图 3－4 所示。

许多人把熵作为时间参数随意使用，但玻尔兹曼认为，熵是粒子的机械碰撞产生的，无序状态是世界最有可能的常态，因为无序比有序状态出现的可能性要大得多。换句话说，熵只是此时此刻的一些东西与另一些东西的撞击，不存在时间箭头的问题。随机化是一个瞬间的过程。不同场景变化的事实和随机化本身与时间并不是同一回事。

图 3－4　时间简史

图片来源：http：//www. sznews. com/zhuanti/content/2014－10/30/content_10621588. htm

如果时间不存在，那么我们在日常的生活经历是什么，我们面对那个因时间流逝造成的终极后果，生命的终结之前，我们更需要了解，人体验到了什么，这些体验是在何处发生的，以及我们的生命之花是如何绽放的。

当我们看着所爱的人慢慢变老死去，我们假定有个被称为“时间”的家伙要对此负责。但正如我们看到的，科学家与哲学家都在质疑时间的存在，尽管我们观察到了变化，但变化和时间不是一回事。那我们的经历又算什么呢？

我们应该看看“变化”这个过程是如何展开的。当我们测量任何事物的精确位置时，事实上，我们是锁定了其运动状态下的一个静态帧，就像影片中的一个单帧或一幅截图。当我们观察运动时，我们不能只看单独的静态帧，运动是许多帧的总和。而一个参数测量精确度的增加，会引起另一个参数测量精确度的降低。

让我们再回过头来看看芝诺老师的“飞矢不动”。

我们可以让放映机在任何一帧停下来，我们便能知道箭头的精确位置，比如此刻它正在赛场 2. 5 米的上空飞翔。但是，我们失去了关于动量的信息，我们不确定它的详细飞行路径。这种不确定性不是技术不够精准的问题。不确定性是现实的内在属性，即海森堡不确定性原理。这一原理揭示，观察行为本身会导致我们只能感知两者中的一个或另外一个特征，或者获得的是对两者的模糊感知。

根据这一理论，时间是使空间世界的静止帧连续运动起来的内在感觉。空间和时间仅仅是思维的工具，大脑可以毫不费力地将一切联系在一起。时间和空间并不是独立于生命而存在的外部实体。我们对时光流逝的体验构成人类对时间流逝和存在的认知。

第二节　空间物质与人类意识

大多数人相信，在“我们之外”（out there）存在着一个独立的实体宇宙，而这个宇宙的存在与我们的意识没有任何关系。你是否支持这一观点？

一、绝对空间中的静寂宇宙与知觉意识中的关联存在

牛顿认为，空间就其本性而言，是绝对的，是与外界任何事物无关而永远相同和不动的。时间则是均匀地与任何其他外界事物无关地流逝着。如图 3－5 所示。

于是乎，我们的宇宙被描述为一种自动运行的机器，由一些非智慧物质，没有内在智力的氢和其他元素的原子构成。宇宙中也不存在任何形式的外在智能法则。宇宙中各种看不见的力根据偶然的随机法则发生作用，产生我们看到的一切。静寂宇宙一直被设定为“自动运行”的状态，数亿年无生命的时间就这样消逝，直到有一天偶然的随机法则发生作用，生命诞生。

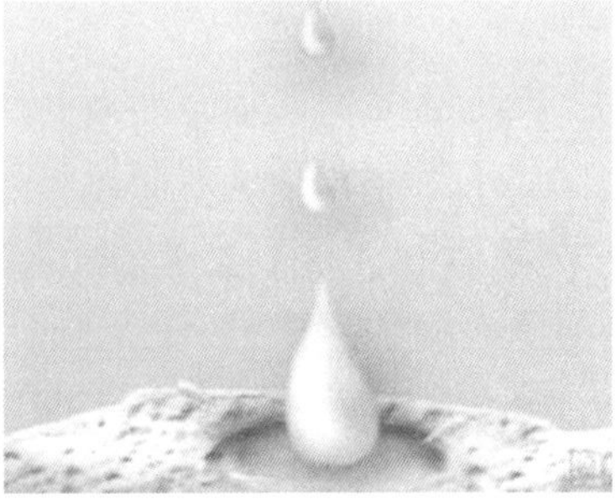

图 3－5　空间与时间

图片来源：http：//www. 58pic. com/zhuangshi/12317300. htmlhttps：//image. baidu. com

真实的情况是，当宇宙学家谈到“2. 73K 宇宙微波背景辐射”和“138 亿年前的大爆炸”时，那些带小数点的看似精确的数字，营造出十分逼真的可信度。但这并不意味着，它们就是无可置疑的真实存在。这些充斥着新奇概念的宇宙模型，即使在缺乏证据支持的情况下仍然试图描绘宇宙的大图景。科学地讲，它们既不能证实，亦无法被证伪。可以肯定的是，在我们有生之年，它们会被摒弃或遭到大幅度修改，取而代之的是其他最终也会被摒弃的模型。如图 3－6 所示。

图 3－6　背景辐射图和宇宙大爆炸

目前现代宇宙学的疏忽：人们谨慎地将生命体与宇宙的其他部分割裂开来。在世界的此处，存在着具有生命的我们。同时，我们也是周围一切的感知者。在世界的彼处，则潜藏着完全沉默的宇宙，并通过随机封闭着自己。

量子理论就已发现，意识和粒子的状态之间存在着联系。时间和空间是动物的知觉形式，在构成可观察宇宙的 10^{80} 个亚原子中，没有一个是真实存在的或有实际运动的。量子理论坚持认为，唯一真实的是从一直存在的模糊概率中显露出来的那些被观察到的事件。

这一点如此重要，而我们遵循的是科学而不是猜想，我们需要不遗余力地弄清楚那些永远改变时间和空间概念的实验。

下面我们准备几个著名的实验：双缝干涉实验过程如图 3－7 ～ 图 3－11（实验图片来源：http：//share. renren. com/share/276399103/3095284875）所示。

如果电子是粒子形式运动，将互不干涉地运动，穿过双缝落到黑板上是两道痕迹（见图 3－7）。

图 3－7　双缝干涉实验

如果电子是以波的形式运动，由于波与波之间存在干涉，穿过双缝落到黑板上是多条干涉条纹（见图 3－8）。

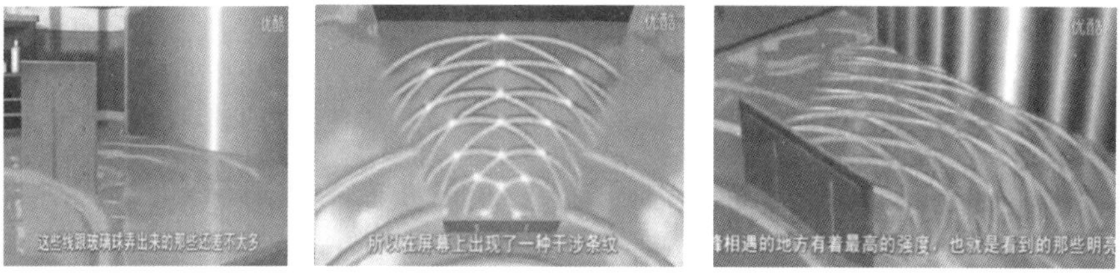

图 3 – 8　双缝干涉实验

一开始实验表明电子以波的形式运动（见图 3 –9）。

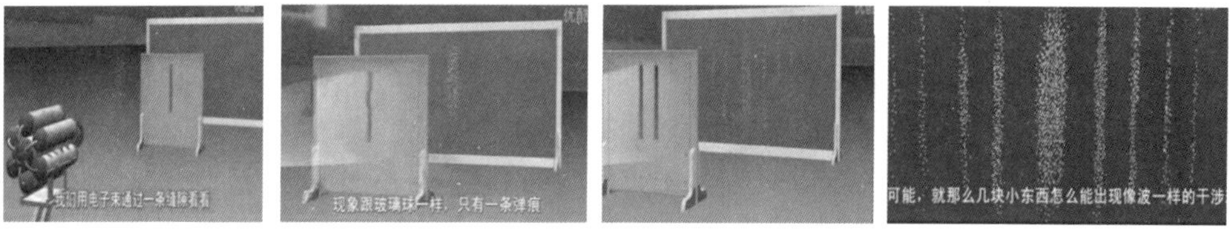

图 3 – 9　双缝干涉实验

即使一个个电子发射，黑板上还是有多条干涉条纹（见图 3 – 10）。

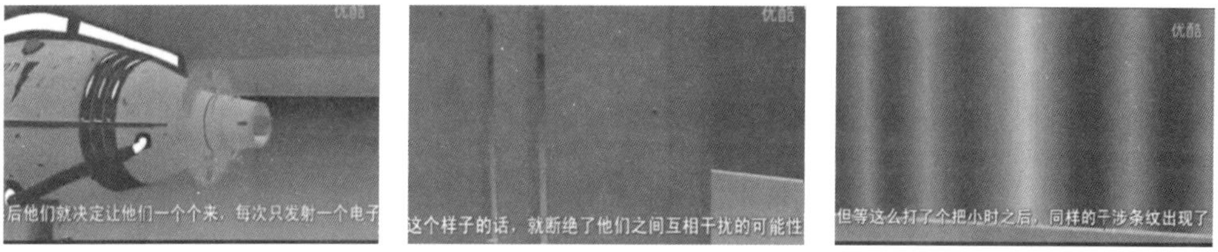

图 3 – 10　双缝干涉实验

于是科学家想知道为什么一个个电子发射也会有波的现象，于是将高速摄像机对准双缝以便观察（见图 3 – 11）。

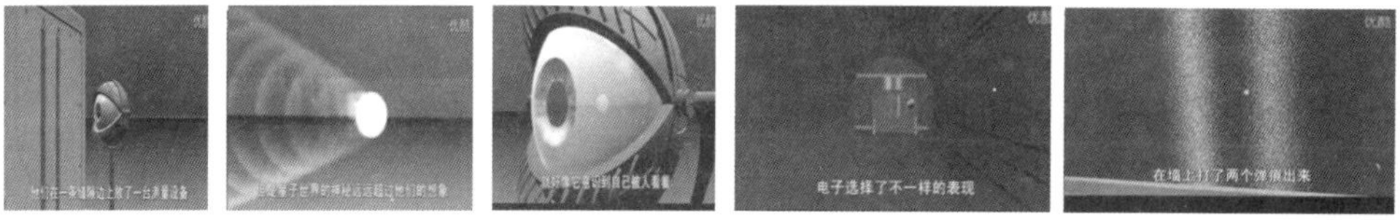

图 3 – 11　双缝干涉实验

但问题来了：当想进一步观察时，粒子却是互不干涉地运动，穿过双缝落到黑板上是两道痕迹，而不是多条干涉条纹！

怎么回事？什么是物质，电子是波吗？如果是波的话，那是什么波，而观察者与这些东西又有何关系？观察者仅通过简单的观察就打消了电子作为波的可能性？这个实验首次向人们展示了观察者是如何直接影响被感知的事物。

我们别无选择，只能接受：我们作为有意识的观察者，我们所使用的观察方法，会完全改变我们正在观察对象的性质。

二、量子纠缠与超距作用

当一束光穿过某种晶体，两个处于纠缠状态的粒子会被同时创造出来。在晶体内部，来自激光的紫色光子分裂成两个红色光子，每个红色光子的能量是原紫色光子的一半（波长是原来的两倍），所以能量既没有增加，也没有减少。两个光子突然出现，向不同方向飞去，但它们秘而不宣而共享一个波函数。若其中一个光子被观察到，其孪生光子的波函数就会随即坍塌，不管它们之间的距离有多远。

量子力学认为，即使这对出于纠缠态的粒子相隔半个宇宙之远，只要观察其中一个，也会使两个粒子都成为真实的实体。此外，它们一定会表现出互补性。对光子来说，光子的光波可以按水平或垂直方向（极化）振动；对电子来说，自旋可能是“向上”或“向下”的。所以，当纠缠态粒子的“可能性”或“波函数”坍塌时，两者就不再是模糊的，而是突然物化成真实的实体。如果一个光子或一个电子拥有一种属性（如电子的自旋可以向上或向下，光子可以横向或纵向振动），那么，其孪生粒子就总是呈现另外一种与之互补的属性。

真正让人吃惊的是，当其中一个粒子 A 被观察时，它的孪生粒子 B 就会“知道”它的另一个“我”，也就是粒子 A 发生了什么事（即粒子 A 已经变成了一个真实存在的光子或电子）。即使 A 的孪生粒子 B 在另一个星系，粒子 A 也会立刻呈现出互补的属性。在这个过程中，无论它们相隔有多远，所有的一切都会在瞬间完成，不需要时间就好像它们之间没有隔空一样。从本质上讲，它们是一个硬币的两面。即使对我们来说，它们相隔着半个宇宙的距离，但它们之间的空间似乎并不存在（见图 3－12）。

量子物理学家认为，物理对象可以处于纠缠或关联状态，从而使它们在本质上不可分。对一个对象的观察或测量（都是一回事）会实时地影响另外一个纠缠对象的状态，这与它们相距多远没关系。对它们来说，时间和空间仿佛都不存在。此外，对象的波函数坍塌时，它从原来的不存在或一种概率存在变为一个实际的对象，而另外一个纠缠对象也会产生相同的结果，就好像观察者和两个对象同时在同一个地方一样。

爱因斯坦说，这绝对不可能。如果这是正确的，包括客观世界、物质的独立性、定域性的信念以及经典物理学的根基都将因此改变（见图 3－13）。

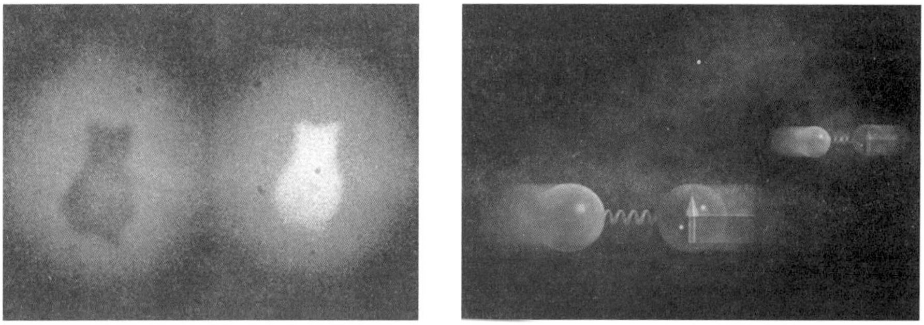

(a)　　(b)

图 3－12　量子纠缠

图片来源：http：//astro. women. sohu. com/20160829/n466487211. shtml

https：//www. guokr. com/article/440864/

图 3－13　爱因斯坦与量子纠缠

图片来源：https：//www. bilibili. com/video/av8883150/

薛定谔 1935 年说，量子理论允许成双成对的对象任由实验者摆布，尽管观察者并没有接触它们，却能将它们引导到一种或另外一种状态。这是相当令人不安的事情。正如我的那只猫，见图 3－14。

爱因斯坦支持经典物理学的主要观点：物理对象或光微粒有明确的属性，比如存在于某个位置。此外，它们拥有实际的运动，它们是按照指向一定方向的轴旋转的。宇宙中充满了这种对象。它们的这些特征独立于我们对它们的感知之外。

图 3－14　薛定谔之猫

图片来源：https：//www. 92to. com/shehui/2017/01－22/16492313. html

https：//m. zol. com. cn/article/6384280. html

量子理论坚称，在测量之前，任何对象都没有位置、动量旋转或偏振这些特征。被观察到的现象才是真正的现象。爱因斯坦讨厌纠缠粒子通过时空瞬间交换信息的“鬼魅的超距作用”。需要注意的是，这里爱因斯坦并没有把时空看成是一种绝对存在的自然框架。爱因斯坦建立了相对的时空观，时空对于那些以不同速度运动或受到不用引力场的对象来说，是彼此相对的。每一个观察者对时间的流逝、对象的长度或测量的距离、质量或时间的感知是不同的。对于一个观察者感知的 1 秒钟的时间流逝，在另一个观察者看来却可能是 1000 年，见图 3－15。

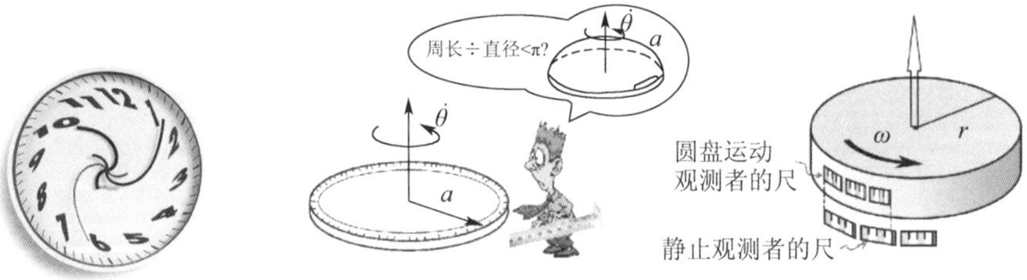

图 3－15　尺缩钟慢

图片来源：http：//life. zdface. com/a/NewShow_335157_1. htm? flag＝1；

http：//www. 360doc. com/content/14/1202/12/1434846_429804525. shtml

争论、质疑与实验

1997 年，日内瓦一个名叫尼古拉斯吉森的研究员将一对纠缠态的光子通过两根光纤分别发送到相距近 11 千米远的两个地方。当其中一个光子经过吉森设置的特殊探测镜面，被迫做出随机选择——保持这种状态还是那种状态时，它的孪生光子总是在一瞬间与其一起行动，并按照惯常做出互补性选择。

2001 年，美国国家标准与技术研究所的研究员大卫纽因兰德设计的实验消除了批评方对“先前实验检测的粒子数量不够多”的指责。

纽因兰德没有采用光子，而是采用了实物的、有静止质量的粒子，即铍离子进行实验。它的实验设备有非常高的探测性能，能够观察足够大比例的同步事件，因而回击了实验检测的粒子数量少的指责。实验证明，这种粒子的所谓超距作用的确存在，是真实的。

量子世界的奇妙让我们意识到：关于我们是如何设计实验的并不重要。我们的大脑和他所具备或缺乏的知识是决定这些光或物质粒子行为的唯一事实。

著名物理学家约翰惠勒在20世纪70年代就道出了秘密：只有观察者决定现实，否则现实不存在。我们得到的答案取决于我们提出的是什么问题、我们如何设计实验以及我们选择什么样的设备。

结论：我们的意识和精神，创造出了时间和空间。相反，没有意识，时间和空间什么都没有。在时空领域中，意识与物体是相互关联的。人的观察会导致对象的物化，呈现出一种或另外一种属性，或从一个位置转到另外一个位置，而不需穿过任何介于中间的空间。

你是否同意、迷惑？有无质疑？欢迎来到量子的世界。

诺贝尔物理学得主、物理学家查德费曼曾经说过：我可以毫不夸张地说，没有人能真正理解量子力学——不要不停地对自己说，怎么会是这样呢？你会陷入死胡同，没有人可以从中逃脱。

第三节　观察者的宇宙万物

一、观察者

作为微小的无足轻重的原生质微粒和大自然的幸运儿，人类身居地球，向上仰望浩瀚无垠的宇宙，眼前是巨大的无以名状的虚空，我们倍感渺小。我们不是在仰望宇宙时才看到了宇宙空间，相反，宇宙空间在我们大脑中呈现丰富多彩的3D视觉体验。见图3－16。

空间在很大程度上是一种秩序感，而这种秩序感是由大脑通过自动计算而产生的，远离观察者的地方，并不存在真正的虚空。

在上一节中我们已经看见，20世纪90年代以来，一些实验已经证实了量子的纠缠态。两个光子或两个真实的物理对象，能够一起创生，飞离之后各自存在，并知晓对方的状况。如果其中一个被测量或观察，它的孪生对象就会知道此事正在发生，并在瞬间扮作具有互补特性的粒子或光子，即使它们之间相隔半个宇宙，这种“信息”仍可瞬间传递，太空可以被瞬间穿透：零时间零距离。

——量子理论的结论

图 3 – 16 观察者

图片来源：http：//www. huffingtonpost. com/beth – green/ http：//blog. tambayanbox. org/2008/07/09/this – is – not – a – wall – e – movie – review/

人类只能看到波长在一定范围内的电磁波，也只能感觉到那些与我们的电场相遇的对象。可视化的空间是有机心理逻辑的一部分。人类内置的心理软件系统将感知到的东西塑造成多维物体，从而让我们得以了解世界并完成所有重要的机体功能。观察者和宇宙相关联，我们之外的空间是意识连续体的一部分。最远的空间区域存在于我们的意识之中。在这里，我们强调生命和意识绝对是我们理解宇宙的基础。空间和时间不过是动物的某种感官活动而不是外在的物理对象。

——生物中心主义的观点

人类主要依靠视觉探索地球及以外的天外领域。科学家对宇宙真正的认识是从研究光子开始的。然而光是由电磁波组成的，磁波和电波都没有内在的颜色或亮度。事实上，独立于意识之外的宇宙存在是不可见的，至多是空白或黑色的。

——观察者眼中世界

现实是一个涉及我们的意识的活跃过程。我们看到和经历的一切都是出现在我们头脑中的一些信息，由算法规则决定，创造出亮度、深度、时间感和空间感。即使在梦中，我们的大脑也可以将信息组装入一个四维时空中。世界就是信息，信息之外别无现实。

——信息论观点

正如量子物理学家、诺贝尔获得者尼尔斯玻尔所说：当我们测量事物时，我们迫使一个不确定的、非限定的世界以实验值的形式呈现，这哪里是在“测量”世界，分明是在创造世界。

二、智能观察者

2014 年，著名物理学家史蒂芬·威廉·霍金上了头条，他认真地说："我们应该非常谨慎地发展人工智能，它有可能"成为导致人类灭亡的终结者。"拥有比人类更高智能的计算机，再加上突如其来的独立意识，这一担忧被称为计算机界的"奇点"问题。事实上，早在 20 世纪 60 年代，英特尔创始人之一的戈登摩尔就预见，计算机的性能将快速增长，这将导致"堪比地球上人类生命崛起的改变"，见图 3 – 17。

图 3 – 17　霍金接受 BBC 专访：人工智能威胁人类生存

图片来源：http://www.uux.cn/viewnews-67707.html

21 世纪人工智能领域每年都有取得重大进步的报告。2015 年，美国加州伯克利的一个团队发明了一项新的强大到能够"深度学习"的人工智能技术，让一个机器人只经过短时间的训练就能快速学会新任务。人工智能总有一天会到达足够复杂的那一步，即机器人拥有自我意识，这不仅仅是奇点主义者的担忧。

康奈尔大学的计算机工程师霍德·利普森指出，随着电脑问题的复杂性日益增长，将越来越多地要求我们设计出能够通过自适应和自我决断处理即时问题的机器，它必然会走上拥有意识和自我意识之路。

这引发了一个极为重要的问题：意识的基础是什么？我们真的能让机器人拥有知觉吗？

耶鲁大学研究人员已经制造出一名叫尼克的机器人，它可以在一面镜子里识别出自己，并根据自己的位置和周围的环境进行空间识别。它甚至知道那个对象仅仅是镜子中的反射，而不会天真地认为，那是在镜子后面的东西。它们正在自主地了解它们的身体和感觉，见图 3 – 18。

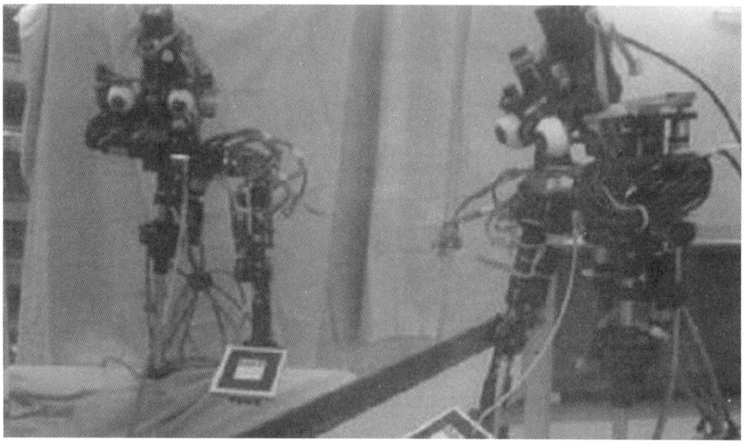

图 3－18　机器人尼克

图片来源：http：//www. duob. cn/cont/827/162491. html

将人工智能和人类智能进行比较，隐含的基本问题是：形成意识的实体的基础是什么。如果意识由适当的刺激输入神经的电流产生的话，那么我们正在走上创造意识之路。

2014 年《自然神经科学》期刊报告：意识知觉是由每秒 40 次的电流脉冲诱导出来的。这一切都在强烈暗示，主观体验的出现至少一部分原因是电刺激。这也许是奇点主义者担心的部分原因。

关于神经机制或不同功能的生物机制，这只是意识知觉领域中的简单问题，难点在于，我们如何解释，我们会有主观体验看或听。由无机物碳、矿物质和电脉冲组成的我们通过何种方式获得体验知觉的能力。这一切似乎不可能由物理定律推导而来。

于是生物中心主义者给出了这样的分析：我们观察的所有丰富多彩的事物，是有意识的时空算法与特定电磁频率相协调的结果。但实际上，没有固体和固体的接触，哪怕一瞬间的接触。相反，你皮肤的最外层原子都被带负电荷的原子环绕着，而这些电子被桌子周围的类似电子相斥。固体的感觉是虚幻的，你感觉到的只在探测器（大脑）内发生。它被赋予了空间（位置）感和时间感，否则就不会有内在的现实。实际上，宇宙可以被看作是模糊的概率状态的潜在信息，经过大脑系统的

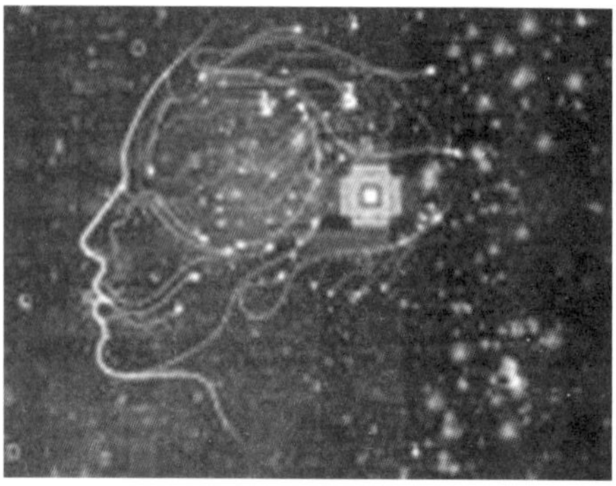

图 3－19　大脑信息和感觉

加工处理后，大脑系统将它“坍塌”成实际的信息和感觉（见图 3－19）。这是一个单一的过程，这个过程赋予“我”感觉即存在感。

所以，我们给奇点主义者的回答是，在我们理解空间、时间和现实本身的本质以及意识知觉之前，具备意识的机器不会也不可能出现。

三、我们何去何从

我们在本章用大量的篇幅驳斥时间论，讨论宇宙与观察者内在的一致性，最后我们需要更进一步地拓展我们的视野。

在 21 世纪的第二个十年里，为了科学地把所有问题弄个水落石出，科学研究的主要问题是探索粗糙测量未能产生向经典行为变异的原因，最终导致从量子行为向经典行为过渡所需的准确参数。

2014 年发表于《物理评论快报》上的一项研究发现，“测量”实际上是一个双重过程，最终的检测不是唯一的组件。相反，充分获取信息也需要设置和控制测量的参考数值，比如时间和角度。这对我们的大脑真正把握所发生的事情至关重要。

未来，我们需要学会如何适当放弃长期持有的牢固根植于局域实在论的逻辑思维。而量子纠缠态或隧道效应这样的量子现象是研究者的兴趣点，尤其是生物的纠缠态是科学家最富想象的增长点。

未来量子理论将渗透到以下四个领域：宇宙起源、生命起源、物质构造和智力起源。

- 宇宙起源：空间技术、虚拟现实技术、时空尺度、空间飞行、空间探测、空间开发。
- 生命起源：遗传和基因工程、对基因的干预、抗衰老技术、转基因动植物对人类的满足。
- 物质构造：纳米技术、微型材料、梯度功能材料、生物能源。
- 智力起源：脑神经与信息技术结合、智能机器人、人工生命。

第四章 功利主义与道义论之争

第一节 电车难题及其解释

电车难题是一个非常著名的伦理难题，它设置了这样的一个场景：你驾驶着一辆电车行驶在轨道上。在它的前方有五个人被绑在轨道上不能逃脱。如果电车继续行驶，就会碾压到他们。你可以拉一个拉杆，让电车转到另一条轨道上，但在这条轨道上也绑了一个人，如图 4－1 所示（假设为情景 1）。

图 4－1 电车难题

你有两个选择：

A. 不拉杆，五人死于你手。

B. 拉杆，一人死于你手。

你会选择怎么做？请把答案填在下面。

1. 如果你是医学生，请进一步思考下面问题

医生难题：这次你是急诊室里的一个医生，有六个病人向你求助，他们都被电车重重压过，其中五个人中度受伤，另一个受到重伤。你可以花一整天，救治那个重伤的受害者，但是同时另外五人会因得不到救治而死掉，或者你可以去照顾那五个让他们恢复健康，但同时，那个受重伤的病人会死，现在作为一个医生，有多少人会选择去救那五个人？

现在考虑另一个关于医生的例子：这次，你是个器官移植的外科医生。你有五个病人，他们每个人都迫切需要进行器官移植才能活命，一个人需要心脏，一个人需要肺脏，一个人需要肾，一个人需要肝脏，而第五个人需要胰脏，你因没有可用的捐献器官将不得不看着他们死，然后你想到在隔壁的房间，有一个健康的家伙来医院做检查，而且他正在打瞌睡，你可以悄悄地走进去取出他的五个器官，虽然这个人会死，但你却救了另五条人命。你会怎么做?

对于电车难题的经典观点有两种，简单地讲有两位代表人物：边沁和康德（见图4-2）。

边沁

康德

图4-2　边沁和康德

（图片来自百度百科）

那么边沁他会怎么做呢? 从边沁的观点来看，他明显的会选择扳拉杆，拯救五个人只杀死一个人。在这个例子中，通过简单的计算，我们就会知道：撞死一个人显然比撞死五个人更划算。这体现了功利主义的道德推理。

那么康德他会怎么做呢? 如果要康德来回答那个电车难题，他的选择将和边沁的完全不同——他绝对不扳拉杆。这体现了绝对主义的道德推理。人是目的，而并不是工具。因此，不能简单认为五个人的生命比一个人的生命更重要。在面对此类两难选择时，应当不作为。

首先阐明一点，生命文化的讨论，并不针对于“怎么做才是正确的”，而是针对于“如何理解各种电车问题的变种之间的关系”。至于为什么不针对“怎么做才是正确的”，是因为这样的问题，无异于“哪种道德准则最好”，而对于这个问题的探究，古往今来一直都有，却从没有答案。所以我们把注意力集中在如何解决不同电车问题之间的关系。下面开始系统地阐述西方学界在此方面的成果。

换个问题：如果在桥上你的前面站着一个胖子，推下去就可以挡住电车（假设为情景2)，你会推么？大家先用直觉想一想，我们该怎么做？将答案填入。不用多想，就凭第一感觉。请做出选择，并写出理由。

学术界的老师们发现，若从直觉来判断，似乎在情景1中，我们应该扳，但在情景2中，我们不应该推。这样问题来了，为什么情景1中就能牺牲1人救5人，情景2中就不能？

托马森提出了所谓的“双重标准”，其实也就是康德的那一套，答：因为在情境1中，我们没有把任何人作为手段去对待，但在情境2中，如果我们推了胖子，就是把胖子当作手段去对待了。根据康德的道理，人只应该是我们的目的而非手段。所以，情景1可以扳，情景2不能推。

论证：在情景1中，我们需要做的，仅仅是扳动拉杆，将电车转向另一个轨道上，如此便能救下5人。也就是说，另一个轨道上，那1个即将被牺牲的，存在不存在都不要紧。他在，我们扳。他不在，我们更应该扳。所以，那1个即将被牺牲的人，并不是救另外5个人的必要条件。反观情景2，我们若想救那5个人，便必须推胖子下去。也就是说，胖子的死是5个人活下来的必要条件。因此，情景1中的人，没有被我们以手段对待。但情景2中，我们将胖子视为了手段。这也是为什么康德并不关心情景1中的电车问题，因为没有人被视为手段。上述答案中，说康德不会扳拉杆的，均系错误的理解。请写下你对康德观点的看法。

2. 真实的“电车难题”竟然真的发生了

课堂互动环节1

模拟法庭

起初电车难题只是一个巧妙的哲学谜题，发人深思，引人入胜，甚至异想天开，但是这样的事情真的发生了。

2012年10月5日下午4时49分许，在前往加利福尼亚州街与万内斯街路口一名男子遭受刹车失灵的电车撞击“身受重伤而身亡”。一名自称达夫妮·琼斯的女子因为主线有五名人员而扳动轨道的道岔将电车导向了侧线即事发地点。此案发生后检方对达夫妮·琼斯女士提起了公诉。

一种观点认为，琼斯女士是值得赞扬的英雄，因为在造成被害人身亡的同时，她拯救了另外五人的生命。他们援引19世纪英国伦理学家杰里米·边沁的话说，一个行为的正确与否，完全取决于其造成的后果；而我们的行为准则，应当是以“最多数人之最大幸福”为目的。这一哲学思想历来被人冠以各种名号，比如“后果”(consequentialism)。它也被称为“功利主义”(utilitarianism)，意思是说，判断好坏的标准，就是“是否造成幸福的最大化”。我们今天要详细阐述的观点是：这一哲学思想并不适合作为我们法律或伦理决定的基础。

我们承认，从功利主义或后果论的角度上看，琼斯女士的行为是“道德的”，甚至是值得赞许的，因为她的行为使这次事故仅导致了一人死亡。

我们再举一个类似的例子。这桩案例中的被告人是创伤外科医生罗德尼·梅普斯，在费城一家大型教学医院工作。他当时接到通知赶往急诊室。在附近一条高速公路上发生了连环交通事故，共有六名伤员被送往该医院。梅普斯医生很快做出诊断：其中两名伤员需要肾移植；另一人需要心脏移植；还有一人需要肝移植；第五人需要肺移植。梅普斯医生正为器官来源犯愁时，发现第六名伤员，一位三十五岁的男子，被送医院观察，且没有明显的伤情。梅普斯随即将这名年轻人送入手术室，摘取了他所有的器官并移植给上述五名病人，因此挽救了他们的生命。在庭审中，梅普斯医生说了这样一句著名的话：“我觉得一名病人死亡，比五名病人死亡的结果要好。”

这正是琼斯女士为自己辩护的话，是功利主义者和后果论者的话。该案的陪审团一致认定，梅普斯一级谋杀罪名成立。陪审团在审判结束后接受采访，表明了他们做出决定的原因。数位陪审员都纷纷提出此类问题：“梅普斯医生凭什么扮演上帝？谁给他决定谁生谁死的权力？”是的，虽然从表面上看，一人丧生比五人丧生更可取，但他们坚持，伦理的抉择不只是最多数人之最大幸福这么简单。他们说，我们或多或少必须考虑到“权利”的问题。

当时的一名陪审员是加州大学伯克利分校的一位哲学教授。他援引 18 世纪德国哲学家伊曼努尔·康德的话说，将人视作手段，而不以人本身为目的，这永远都是错误的。那第六个人被利用了，其目的仅仅是为了拯救其他五人的生命，而丝毫没有考虑到他的个人以及生命不受侵犯的权利。在梅普斯医生眼里，这个被牺牲的人仅仅是一个数字，仅仅是六号病人，而和他相比，得救者的人数更多。

但是六号病人也是人。他有名有姓：鲍勃·蒂瑟林顿。他有自己的生活：他是个粉刷匠，有老婆，有三个孩子，他喜欢打高尔夫球，还给儿子的球队当教练。他有权不被故意牺牲。康德的这一观点，后来被人称为“义务论”（deontological）。

从“义务论”的角度来看，道德即向拥有不同“权利”的人实施“义务”，而不仅仅是最多数人之最大幸福这样的加减乘除。

这位教授指出，与鲍勃·蒂瑟林顿的生命权相比，另外五名病人并没有特别的被挽救的权利。我们可以认为，他们希望能被挽救，他们得救大概也很感激（如果他们不知道背后付出的代价的话，应当更是如此），但是他们没有“被挽救”这一项根本权利。

那么，本案的情况又是如何呢？站在岔道上的那个人，难道没有不被电车有意撞死的权利？得救的那五人，并没有从失控的电车前得救的权利，但岔道上的那个人，却有不被琼斯女士故意杀死的权利。简而言之，谁给了琼斯女士扮演上帝的权利？

教授指出，康德还说，只有我们自己希望成为普世法则的规则，才能成为我们行动的准则。如果国家随时可以破门而入将你抓捕，摘取你的两颗肾脏，因为这样可以挽救两名肾衰竭的病人，你们希望生活在这样一个社会吗？功利主义无法解决伦理上的难题。而且，如果它成为普世法则，我们不仅应当赞同琼斯女士的行为，也应赞同梅普斯医生的行为，同样还应赞同为达成最多数人之最大幸福的国家执法者，譬如我们刚才虚构的肾脏警察！

我们刚才假想的功利主义无法解决伦理的普世法则，而要求我们永远追求最多数人之最大幸福。但在这个国家，我们有一部实际存在的普世之法，其目的正是为了避免完全的功利主义。这就是国家宪法。我们的国父们，为了避免他们所称的“多数人的暴政”而订立这部宪法。他们明智地看到，毫不受限的功利主义，将会允许多数派为了多数人的幸福，剥夺少数派的生命、自由、财产。

辩方答辩：

案例：

（1）被告人是创伤外科医生罗德尼·梅普斯，在费城一家大型医院工作。他当时接到通知赶往急诊室。在附近一条高速公路上发生了连环交通事故，共有六名伤员被送往该医院。梅普斯医生很快做出诊断：其中两名伤员需要肾移植；另一人需要心脏移植；还有一人需要肝移植；第五人需要肺移植。梅普斯医生正为器官来源犯愁时，发现第六名伤员，一位三十五岁的男子，被送医观察，且没有明显的伤情。梅普斯随即将这名年轻人送入手术室，摘取了他所有的器官，并移植给上述五名病人，因此挽救了他们的生命。

（2）一位名叫克拉拉·墨菲的女子，在乘坐电车时，司机突然昏迷。她可以任凭电车沿着正线继续前行，撞死前方轨道上的五个人，或者将电车转至侧线，撞死一个人。

（3）事发时弗兰克·特里梅站在一座横跨电车轨道的人行天桥上。一辆失去控制的电车正沿着轨道，朝站在轨道上的五个人疾驰而去。当时只有唯一一根轨道，没有侧线可供电车转向。弗兰克很快认定，阻止电车的唯一方法，就是在轨道上投以重物。不幸的是，天桥上并没有重物，只有一名体型肥硕的男子站在他身边。弗兰克发现，他要么将这名男子推下天桥，虽然会造成他的死亡，但可以拯救前方的五个人；要么他可以任凭那五人被电车撞死。最终他选择将那人推下桥。

辩方援引案例（2）（克拉拉·墨菲案件）和案例（3）（弗兰克·特里梅案件）与案例（1）（罗德尼·梅普斯案件）相区分。指出案例（2）可以按照功利主义原则，即杀一优于杀五，而案例（1）和案例（3）因为涉及故意（而非预见）的不良后果，涉及了对于被害人的直接（而非间接）的行为，以及新危险的造成（而非对即存危险的转移）不得采用功利主义原则。证明常理永远是正确的，要求判定达芙妮·琼斯的杀人指控不成立。

问题：如果你是法官，你将如何判决此案？请写下你的判决：____________

____

____

课堂互动环节 2

无私者的困境

辩题背景：你本人被绑在轨道上。你看见一辆失去控制的电车朝正线上的五个人冲去。你的脚够得到岔道的开关，可以将电车转向你自己，这样你自己就会死，但另外五人就会因此获救。你是否会扳动岔道呢？

辩题：无私总是好的吗？

正方：

（1）你希望别人怎么对待你，你就应该怎么对待别人。

（2）我“会不会”扳动岔道和我“应不应该”扳动岔道是两个不同的问题。

（3）哲学家关于无私的类比例子。

总结：无私总是好的。我们在某些情况下并不无私，是因为我们压制了所知道的真理。

反方：

（1）尼采认为，黄金定律造就了懦夫文化。

（2）“自然”的价值观并非善与恶。自然的价值观是健康与不健康。

（3）不认同杀掉自己或者亲戚朋友去救 5 个陌生人。

总结：无私不总是好的。有时它是不健康也不实诚的。

正方反驳：反方在为自私自利辩护，动物遵循他的习性，但人类要追求更高的标准。

反方回应：我们愿意在某些情况下无私，但并非以自我生命为代价。

第二节　未来自动驾驶汽车的生命伦理

自动驾驶汽车已经上路接受检测，将来也会碰到类似的难题，它也必须做出相应选择。

比如，一辆自动驾驶汽车在刹车失灵或者来不及刹车的情况下，正好道路前方有五人闯红灯，而车上只有两名乘客。此时，自动驾驶汽车有两个选择：

（1）继续前行，撞死不遵守交通规则闯红灯的五人。

（2）为避开五人转而撞向路障，车上两名乘客丧生。

在这种情形下，你应该期待自动驾驶汽车如何选择呢？请给出答案。

有科学家对这类困境做过测试，结果显示：当乘客和行人数量比例是 1∶1 时，即一名乘客和一名行人时，75% 的受访者表示应该挽救乘客。但是当行人的数量增加时，受访者开始转变思想。如果有 5 名行人和 1 名乘客，还有 50% 的受试者表示应该救乘客。但当行人人数达到 100 人，而乘客是 1 人时，支持救乘客的受访者的比例下降到 20% 左右。但是，如果你就是那一名乘客呢？你希望自动驾驶汽车保护你还是保护行人？你的观点：

自动驾驶汽车生产厂家该如何设置才能让汽车做出公认为正当的选择？

想得到进一步抉择的参考吗？

《人工智能：国家人工战略行动抓手》一书中提出了路径来尝试解决这一难题：

事前，为机器设定伦理标准，让智能机器的自主决策行为尊重人类社会的各种规范和价值。在事中或者事后：政府、公众共同参与，对人工智能的行为进行监督、审查和反馈，共同实现人工智能伦理，确保公平正义。

接下来的一个问题是：自动驾驶汽车已经按照人类希望的伦理规范行驶了，但仍出错了怎么办？请写出你的看法。

让我们看一个真实的案例：

2016年5月7日，在美国佛罗里达州，一辆特斯拉Model S在自动驾驶模式下发生车祸致死事件，引发了全球对自动驾驶系统的质疑。

事故当时的情形是这样的：事故死者Joshua Brown驾驶Model S与一辆正在转向的白色拖挂车相撞，导致车顶被削，驾驶员身亡。发生撞击时，车辆的Autopilot自动驾驶系统正处于开启状态。数据表明，当时Model S的时速为119公里/小时，而路段限速为105公里/小时，车辆处于超速驾驶状态。

特斯拉内部调查结果显示，Autopilot自动驾驶系统无法识别白色的拖挂车车体，将其错误识别为高架桥，导致自动刹车系统没有发生作用，车辆直接在拖挂车下方钻过，并造成车辆失控。

特斯拉曾警告驾驶者双手不能离开方向盘，并将注意力保持在驾驶上。很多驾驶者都以为特斯拉Autopilot是全自动驾驶系统，这是一个致命错误。经过了6个月的调查分析，美国相关部门宣布，没有证据表明Autopilot自动驾驶系统对事故负有责任，特斯拉无需召回。

问题：那么自动驾驶汽车发生交通事故后，应当由谁来承担相应的法律责任呢？请写出你的最终观点，并记下日期。

第三节　电车难题与利他

这个电车难题的困境来自于一种道德选择的多样性，但是背后渗透的却是一个更高层次的问题，而大家都会从不同的角度进行解读。我们是从道义论和功利主义进行解读的，其实还有其他解读。我们这个自然界的资源是有限的，是充满着丛林法则的世界，在这个世界里，生物体要靠相互支撑，才能在这样恶劣的环境下存活下来。而在人类社会，对抗电车难题，靠的是文化的力量。

曾经有这样一个故事，发生一次煤矿透水事件，他被困在矿井下，四周一片漆黑。卧在一个几十米高的工作台上，两天两夜了，他的精神已经临近崩溃。他知道自己这一次是在劫难逃了。一个人孤零零地身处千米以下的矿井中，没有吃的，没有喝的，更没有一点声音，不说饿死，憋也会把人憋死。他听老矿工说过，以往煤矿透水事件中死亡的人，很少是饿死或窒息死亡，大都是精神崩溃，在救援队伍还未到来之前，先绝望死去。一般人是肉体死了，而后精神随之消失；而精神绝望的人，一般都是精神死去，而后肉体也随之死去。

他就属于后者。他放弃了，与其这样孤孤单单地熬下去，这样在孤独中无望地等，还不如早些死了，早些解脱。黑洞洞的煤坑里什么也没有，除了死亡的影子紧紧地跟随着他，咬噬着他的肉体、咀嚼着他的灵魂之外，什么也没有。这时，若有一点儿声音，哪怕是对他最恶毒的诅咒，不，即使是一双手打在他脸上发出的声音，也会让他欣喜若狂，从而从恍恍惚惚中醒来，重新振作起来。

但没有，一点儿也没有，连一块垃圾滚动的声音都不再有。迷迷糊糊地，他感到光着的膀子上有点痒，下意识地用手去挠。同时，有一个声音响起，声音很小，若有若无，但在他耳中听来，却如巨雷一样惊天动地。嗡——分明是蚊子的声音。他悚然一惊，忙坐起来，听着这天外之音，细细的，一波三折，时断时续。一会儿离耳朵近了，很是清楚，如二胡的尾音；一会儿又远了，像梦的影子，让他努力侧着耳朵去寻。

这大概也是一只饿极了的蚊子，已临近死亡的边缘。他暗暗地叹了一口气。

当这只蚊子再一次落在他的脖子上时，他一动不动。他清晰地感觉到这只蚊子几只长长的肢在皮肤上爬动。接着，是一支管子扎了进去，吸他的血。他如老僧入定一般，静静地躺在那里，一动不动。蚊子吸饱了，飞起来了，嗡嗡地唱着。真好听。它飞向哪儿，他的头就转向哪儿。一直到它飞累了，停了下来，他也停止了寻找。他想打开矿灯去看看，可又怕惊吓了它。

这一刻，他的心宁静极了。他知道，他还活着，他不孤单，也不感到黑暗，至少，这儿还有一个生命陪伴着他。虽然它那么小那么小，可此时，他们互相是对方的全部，包括希望，包括精神，也包括生命。要活下去，他想，生命之间是相互关心的，尤其在患难中更是需要相濡以沫。他相信，外面的工友们一定在千方百计地设法营救自己，他们绝不会坐视不管。他没有别的吃，就将煤撮着一点一点往胃里咽。他听说过，有人在煤坑里就曾以吃煤救过命。此后的五天，他就以听蚊子叫和吃煤延续着自己的生命。第六天，一道亮光倾泻而下。他得救了。

当他被救出时，耳边依然听到嗡嗡的唱歌声。他的眼睛被包着，看不见，但分明感觉到了蚊子飞走的姿势，矫健，优美，绝不拖泥带水。他想，生命是多么美好啊，正是在相互支撑相互扶持中，才显得丰富多彩而毫不孤单。

这就是生命的声音，一种互相扶持的力量，一种利他的力量。

西格蒙德（Karl Sigmund）等人深刻地指出："在进化过程中，似乎存在有足够的合作机会以帮助从人类到分子的万事万物。从某种意义上来说，合作的历史可能比生命本身更古老。"利他行为在自然界非常普遍，从单细胞到多细胞、从植物到动物乃至人类社会，合作利他处处可见。在细胞水平上，存在着利他性的细胞死亡。例如，部分黏菌为了使其他黏菌获得充足的食物而变成孢子扩散，自己会生成干细胞而死亡。在植物水平上，能以根、茎、叶等器官向外分泌出固体、液体或化学物质，在周围形成一个微化学环境，比如，像洋葱和胡萝卜栽种在一起，它们发出的气味可以驱逐害虫。

在自然界中，从简单的细菌到中高等复杂的生物，存在着大量的共生现象。根瘤菌从植物体内获取营养和氧气迅速繁殖，植物从根瘤菌那里得到所需的营养物质和水分茁壮成长。海葵通过寄居蟹的运动扩大摄食范围，寄居蟹通过海葵的刺细胞防御敌害。白蚁的肠道为鞭毛虫提供生活场所，鞭毛虫帮助白蚁消化其赖以生存的纤维。胶树为蚂蚁提供蜜汁和住所，蚂蚁为胶树消灭害虫。昆虫为植物传递花粉，植物则献出一部分胚珠为其幼虫提供饲料来促进昆虫的繁殖。许多植物通过食物引诱昆虫特别是蚂蚁来传播种子。收获蚁通常会采集大量的种子，并将其运回巢中，在运输途中会散落一些种子，另一些种子则掩埋于土中被工蚁遗忘，这些种子在新的地方发芽并长成植株。有许多种子附着一层油质体，这种带有油质体的种子引诱蚂蚁将其带回巢穴。穴中蚂蚁吃掉油质体而遗弃未受伤的种子，这些种子同样在新的地方发芽长成植株。研究发现，澳大利亚蚁播的植物大约有 1500 种，南非高山硬叶灌木群落的植被中，蚁播的植物超过 1000 种。

在鸟类中存在着大量的利他行为。"在大约 8600 多种鸟类中，发现了 300 多种助手鸟，它们通常帮助无亲缘关系的其他鸟儿筑巢、觅食和抚养维鸟动物中的联合捕食现象也是很常见的。杂色鹡鸰在冬季经常成对地共同占有和保卫一个取食领域，合作比它们各自单独占领一个领域更能增加它们的取食率。甚至在素有"野兽之王"之称的狮子中，也普遍存在彼此没有亲缘关系的狮子形成联盟共同狩猎的现象。高等动物之间也有很多的利他与合作行为。鲸会救助受伤的同伴，彼此之间并无血缘关系，"假如它们中一个同伴受伤了，那么它们就会围着它，把它抬起来。它们经常为了救落网的同伴而撕破渔网，勇敢地跳进救出受伤的同伴，千方百计阻止捕鲸船捕捞。"

狼、非洲野狗和亚洲豺狗合作捕食，有时群体成员间并无血缘关系。雄狮为了领地、性和捕食的要求与其他雄狮结成终身联盟，彼此之间并无亲缘关系，而是为了提升自己的适合度。狒狒群中遇到天敌会互相掩护，彼此之间也无血缘关系。瞪羚发现天敌，以跳跃方式提醒同伴，自己却暴露在捕食者面前。蝙蝠两天吸食不到血液就会死掉，而富有血液的蝙蝠会把自己多余的血液反哺给不是近亲但没有吸到血的蝙蝠。

利他行为在人类社会中是非常需要的，有很多美德都是利他行为。比如助人为乐。在国家、企业、社团、个人等不同层次之间都有合作与利他现象存在。有时合作在不可能的地方产生，比如敌对双方。“在奥斯威辛集中营，他们在点名时冒死去找陷入雪中的新来的人，他们搞起了无线电，传播消息，以鼓舞斗志。虽然他们正在挨饿，但还是同那些更需要食物的人分享食物。在集中营也有道德规则。虽然会发生偷窃，但从同被囚者那里偷东西要受到严厉谴责，一旦偷窃者被逮住，就会遭到同营被囚者的惩罚……正是通过不计其数的富于人性的细小的行为（它们大多数是暗中进行的，但显然到处都有），幸存者们才能使社会组织正常运转，从而使自己生存下来，并在道德上保持健全。

第五章 生命文化视角下的利他行为

第一节 达尔文难题

一、窥视生命的所罗门王指环

什么叫作所罗门王指环呢？其实所罗门王是圣经里边的一个人物，他是一个非常有能力和非常聪明的君王。传说他有一个非常神奇的指环，如果戴上这样一个指环，就可以很自如地跟花鸟鱼虫等动物进行对话。我们研究生命文化，也需要找到这样一个所罗门王指环，因为我们所研究的生命不止包括人类，也包括其他动物，我们需要找到跟其他动物所沟通的一个切入点，才能研究属于他们的一种文化。

首先我们来看一下，这是前不久的一个电影叫作《狼图腾》。《狼图腾》是一部小说。这部小说讲述的是文革时期的一些错误的政策，对于草原生态文化的一种破坏。那么经过这样一次破坏，对于我们来说，所失去的不仅是草原，不仅是狼，更多失去的是人与自然和谐相处的一种生命文化。而这个也是《狼图腾》的作者以及这部影片的导演所呼吁的一个悲怆的主题。

我们发现其实可以从另外一个角度来解读《狼图腾》。按照常理来说，在草原上，由于狼要吃人类所养的牲畜，其实狼和人之间应该是一种敌对的关系，但是事实并非如此。在影片中草原上的人不仅没有大肆地捕杀狼，正相反，人把狼当作了一种图腾，一种文化，狼文化成为了草原最重要的一种生命文化，这显然与我们刚开始所设想的情景是相违背的。那么这背后到底是一种什么样的原因所造成的？

我们认为，因为狼对于人类有一种利他的行为，人类所畜养的牲畜，要想在草原上生存，所依赖的是草原上的草，但是草原上有大量的食草动物，比如说黄鼠，比如说野生的山羊等。这些牲畜会吃掉草原上大量的草。但是狼很喜欢吃这些食草动物，通过狼吃这些动物，从而保证草原上的草不会被这些动物吃掉，使得人类所驯养的家畜可以有很好的食粮，从而生存下来。所以说狼从这个角度讲，对于人类是有很大的帮助的。

那么反过来人对于狼也有一种利他行为，在片中我们发现当文革时期开始的时候，汉族的领导要求蒙古族人以及汉族的知青要大肆地围捕狼。但是很多时候，这些知青以及内蒙古人都会偷偷地放走狼，甚至多次对狼网开一面。狼是一个天生的军事家、战术家，他们经常会选择一些战术来捕杀猎物。当他们捕杀了猎物以后，他们不会把食物带走。我们发现有很多人类偷偷跟在狼后面。螳螂捕蝉，黄雀在后，当狼逃走以后，他们偷偷地把狼捕杀的猎物拿回自己家去。

当然人也不是贪心的，他们偷走了一部分食物，但是还会留下大部分食物给狼，这也可看作是一种对于狼的利他行为。所以草原生命文化的特征是人和狼和谐相处的，是互惠互利的，是互帮互助的。人和狼表面上看起来是一对天敌，但其实他们是一种互惠的关系，这种相互支撑才保证他们在草原上的生存。

我们要想研究一个民族的生命文化，究竟如何找到一个切入点，如何找到生命文化研究的核心问题？我们认为我们已经找到了这样一个核心，就是利他。这样一种互帮互助的行为，是生命文化研究的核心。那么我们认为生命文化所提供的，是给我们人类的一种新的价值观，这与传统文化所提供的价值观是截然不同的。生命文化的价值观是生命的延续和生命的提升。生命的延续，就是生命要一代一代地繁衍下去，子子孙孙绵延不息，是从生物学角度上来讲的。那么生命的提升指的是人要活得有意义、有价值，是从精神层面和文化层面来讲的。我们认为动物之间以及人类之间的利他行为可以解释生命延续的问题。而对于幸福感的问题，也可以用利他文化来解释。比如说当我们帮助其他人的时候，我们在内心会感觉到有一种幸福的愉悦感，而这种幸福感和愉悦感使我们的生命得到了提升。而这种提升来自于利他文化。

二、达尔文的难题

这个问题首先源自于生物学。众所周知，有一个很有名的生物学家叫达尔文，他所提出的一个基本理论是，你生活在这个世界上，那么你每时每刻从早上一起来，所要做的就是使自己的利益最大化。只有这样，你才能在这样一个优胜劣汰的世界中生存下来，甚至繁衍自己的后代。你的每一个行为不是为了自己的亲人，也不是为了自己所在的群体，而只是为了自己。

因为自然界是一个空间有限、资源匮乏的环境。从生物学角度来讲，要想在这样的一种环境中找到自己的立足之地，就必须让每一个行为都为自己谋福利，甚至要不择手段去伤害其他人的利益。所以我们看到在动物世界里有大量残酷的竞争行为。简单来说，大鱼吃小鱼，小鱼吃虾米，大自然的潜规则就告诉我们，物竞天择就是自然界的基本原理。

这里边有一个故事，讲豪狗之间的竞争，小豪狗问妈妈说：妈妈，我咬不过我哥哥。然后他妈妈就跟他说，那么如果你今天咬不过你哥哥，你明天还能咬得过谁？这其实是一个很有意思的案例，豪狗它一胎就只生两只。从亲兄弟两个生下来的第一天开始，他们就互相竞争，直到有一只被咬死。因为活下来的才能获得最大的资源，父母全部精力都用来抚养它。

然后，自然界还有很多这样非常残酷的例子，比如说我们看到的动画片里边一群企鹅很憨厚的，然后在岸边走来走去。前面的企鹅不小心被后面的企鹅推下去，我们在看动画片的时候肯定以为这是一个非常可爱的场面，但其实并不是这样。后面的企鹅推前面的企鹅下去，是为了试探水下边是否有海豹存在，因为海豹是企鹅的天敌。所以在这个可爱的行为背后其实也是一种残酷的竞争——为了自己能够活下来而损伤自己的同伴。

达尔文给了我们这样一个非常残酷的画面，但是我们发现自然界其实并非真正如此。先撇开人类社会不说，在自然界也是处处充满着温情的画面。比如说我们经常可以看到这样一些场景——几头狮子或者几只狼会联合狩猎。这样的一种狩猎团队，有的动物可能会偷懒，但是最后大家依然会平分这些食物。从这个角度讲，那么付出最多劳动的并没有多得，这其实就是一种利他行为，用来帮助那些懒汉。

还有在一些鸟类和哺乳动物当中，当发现天敌的时候，鸟其实没有立刻逃跑，而是边跑边发出警报声来提醒自己的同类“敌人来了”这个信号。这样一个行为其实也是不理智的，如果自己偷偷逃跑，然后把它的同伴暴露在敌人的血盆大口之下，其实可以拖延时间保护自己，但它并没有这样做。

还有我们发现在一些社会性的昆虫中，比如说蜜蜂，有一些种类是不孕不育的，比如说工蜂。它不能养育自己的后代，但是它会帮助蜂后来养育后代。这样的一种行为对他自己是没有任何直接的好处的，但是他依然会这样做。所以在大自然处处充满着一种互帮互助的一种现象。这种现象很明显是与达尔文所提出的丛林法则——这样一种物竞天择的残忍的法则是相违背的。那么在背后的原因到底是什么？

狮群在集体杀了一头野牛以后，食物是平分的。母豹时刻把自己的孩子带在身边，为其提供保护。黑头鸥在孩子从蛋壳里孵出来以后，就把蛋壳从草丛中拿走，这样子的话就可以让自己的孩子隐蔽起来，不会被自己的天敌所发现。

当有天敌来的时候，羊妈妈会假装自己受伤，然后让自己的孩子偷偷逃走。他自己把自己献出来吸引天敌。黄鼠在天敌来的时候，会提醒自己的伙伴，有外敌入侵，大家要赶紧逃跑，这是一种利他行为。我们经常看到一些鸟类中，一窝小鸟不止一个爸爸一个妈妈，旁边还有第三只大鸟。这也就意味着有一只鸟并不是这堆小鸟的父亲和母亲。他会义务地来帮助这对父母照顾这些小鸟，但是这样一种行为其实对于他自己来说也没有太大的利益，这也是一种利他行为。

那么问题来了，如果我们认为达尔文进化论是成立的，那么我们如何从进化论出发来解释这些帮助行为？因为我们所看到的自然界并没有达尔文的进化论所描述的那么残酷无情。还有如果当一个个体，他总是喜欢这样帮助其他个体的话，那么这样的一种行为如何在这种残酷的自然界中生存下来，是一个值得解释的问题。

因为只有解释了这个问题，我们才能让社会处处充满帮助。现代行为学家，比如说生物学家、行为生态学家等，他们从各个角度来研究这个问题，提出了这样一个观念，叫作广义适合度。这个概念是一个新的概念。以前我们认为大自然优胜劣汰，所淘汰的是单个个体。但是广义适合度的概念告诉我们大自然淘汰的其实不是一个个体，而是一个家族，是一个以家族为单位，或者是以一个具有共同基因的一个种族为单位。在这个时候，你自己的利益，除了你自己的生命之外，还有你亲人的利益，这些利益加在一起，都必须看作你自己的利益，在这种情况下，我们就需要为自己的亲人来提供帮助行为，因为在帮助自己亲人的同时，其实也是在帮助我们自己。广义适合度就是在讲这样的一个道理。

那么我们再来看一下，究竟什么叫作利他行为？利他行为，或者说利他主义是指这样的一种行为，牺牲了自己生存的可能性，牺牲了自己的利益，而提升了其他个体的生存可能性和其他个体的利益。当然这种利益在自然界所体现出来的是一种繁殖的成功率。

第二节　生命与文化的相互作用

一、动物利他行为的解释

那么接下来的事情就是怎样详细解释利他行为。我们认为对于利他行为的解释应该分成两部分：第一部分是要解释动物的利他行为，而第二部分是要解释人类的利他行为。我们在这里并不是一定要把动物和人类分开，首先我们认为人也是一种动物，人是万千动物种类中的一个子集。那么换句话说，我们在这里讲的所有解释动物利他行为的这些理论，同样适用于人类。

那么从另外一个角度讲，如果把人完全按照动物来进行研究，这是完全不够的。因为人类有动物所没有的一些东西，比如说文化。所以当我们解释独属于人类的利他行为时，就需要有一些独特的理论，而这些理论不能解释动物行为，但是可以更好地解释人类行为。

下面我们来解释动物的利他行为。动物学家汉密尔顿提出这样一个理论，叫作亲缘选择理论。什么叫亲缘选择理论？简单来说，我们可以举一个例子，刚才讲那个母亲为了救自己的小孩子，假装受伤，那么这样一种行为可以保护自己的小孩子逃跑，而自己却牺牲了。

哈密尔顿是这样来解释这个现象的，他认为一只母羊为了自己的小羊假装受伤，然后让狼来吃自己。那么大自然进行淘汰的并不是这只母羊，也不是这只小羊。他所淘汰的是一种基因。那么母羊为什么要来帮助小羊呢？是因为母羊和小羊都具有同一种基因。当母羊牺牲自己的时候，虽然它自己死掉了，他自己的生存能力也减为零，但是它保护了小羊。小羊携带有相同的基因，小羊逃跑以后可以进行繁殖，具有更大的生存能力。

这样的话，这样一种行为可以使同种基因的生存能力增加而不是减少。所以自然界的利他行为最终是为了让某一种基因数量扩张，而不是让某一个个体数量扩张，这是汉密尔顿所提出的理论。大自然每天都在发生突变，如果突变出来一种基因，这种基因所驱使的一种行为，有利于保护自己这种基因的利益。那么这种基因就可以很快在自然界扩展开，甚至占领整个空间。如果这样的一种基因所操纵的利他行为，牺牲了某个个体利益，但是让与有共同基因的其他个体受益，从而让这种基因在大自然界的生存能力增加的话，那么这种行为其实是非常具有合理性的。这也可以解释个体之间的亲缘关系越远，他们之间的帮助行为就会越小，甚至个体不会去帮助跟自己完全没有任何血缘关系的其他个体。

那么下一个问题就来了，你如何去识别在大自然中哪些是你自己的亲戚，从而去帮助他。因为动物和人类的识别系统并不相同，那么如何去识别哪些是自己的兄弟姐妹外公外婆侄子侄女等。我们发现在自然界中猕猴这种动物很喜欢跟自己具有亲缘关系的个体进行玩耍。在猕猴群落中，我们发现亲缘关系很近的这些猕猴之间很少发生战争，还有亲属之间利他行为。刚才我已经讲过关于工蜂的例子，那么这个工蜂不会养育自己的后代，但他依然会帮助蜂群内的其他个体来哺育后代。亲缘关系非常近的黄鼠之间经常会生活在同一个洞穴，但是在洞穴中它们很少因为争夺食物而发生战争，它们好像可以清晰地知道大家是兄弟姐妹，要互帮互助，而不是抢夺食物。

那么我们来回答刚才那个问题，如何来识别哪些是你的亲戚，哪些不是。只有这样才能更合理地提供这种帮助行为。在这里有这样几种假说来证明这个理论。第一种叫作绿胡须效应。这种假说是这样的，如果你自己长了一把绿色的胡须，那么你在自然界里发现有其他个体也长着同样的绿色胡须，他就是跟你一个种类的，你就要帮她。这是非常简单的一个识别方法。如果在大自然界，两个都长着绿色胡须的人识别到了这种亲属关系，并且互相帮助的话，那么这个群体在自然界的竞争力就会大于其他群体，从而群体的数量会得到极大扩张，这叫绿胡须效应。

第二种识别方法是一个非常简单的法则，动物们会认为只要是跟自己生活在一个窝里的，只要是在自己家里边的就是自己的亲戚，这是我要帮他的一个非常简单的法则。那么通过人类对雏鸟的实验可以证明这样一种假说。第三种识别自己亲戚的方式是通过后天学习。那么在自然环境下，动物会认为跟自己一起长大或者伴随自己一起长大的个体就是自己的亲戚，所以我要帮它。

有一个非常有名的动物学家叫劳伦斯，他发现小燕子从蛋壳里出来，小燕子第一眼看到的一个移动的物体就是劳伦斯，它就认为移动的物体就是它们的妈妈。所以有人也说，当你去婴儿房看到一个小孩子，然后你朝他晃头晃脑地摇晃的时候，他会开心，其实并不是因为他喜欢你，而是因为他觉得你是她妈妈。劳伦斯把这个现象称为印记效应，这是心理学里边非常有名的一个实验。

那么第四种识别方式是表型匹配，其实跟绿胡须效应非常像。我们所说的臭味相投，如果你发现另外一个物体、另外一个个体身上发出的气味和你身上发出的气味是相同的，那么你就会认为是你的亲戚，那么你就要帮它，或者说你感觉它长的样子，和它的某些特征，跟你的某些特征是完全一样的。比如说大家都具有一个很大的耳朵，或者大家都具有某种颜色的皮肤等，那么就是同一种个体，这叫表型匹配。

当然在这一方面上讲的四种理论，都处于初级阶段。后面还有很大的空间等待人们去挖掘。但是这是一个非常有意思的领域，关于动物之间如何识别，哪些是自己的亲人，从而帮助她。

刚才我们通过一些理论解释了具有亲缘关系的动物个体之间是怎样产生这种利他行为的，下一个需要解释的，如果两个动物个体之间没有亲缘关系，那么我为什么还要帮你？我们在大自然界经常发现两个动物个体之间并没有任何亲缘关系，但是他们还是会互相帮助，这是为什么？

这里边提出了三种理论：一种叫作共生式的利他行为，另一种叫作行为操纵式的利他行为，再一种是用我们现在非常流行的经济学理论叫作博弈论。首先第一种，共生的个体间并无血缘关系，但是还是要互帮互助的。比如寄居蟹，寄居蟹的背部驮着一只叫作海葵的动物，它们俩永远都是相依为命，无论在哪都是靠在一起的难兄难弟。他们俩完全没有亲缘关系，是两个不同的物种。但是在大自然界他们要互相帮助，因为他们之间是一种互惠互利的关系，他们彼此依靠对方来提供帮助，他们之间存在着利益的交换。海葵这种动物是没有移动能力的，就是说靠它自己是没法走动的，他从生下来那天开始就没有脚。如果它不移动，它很快就会被海沙之类的东西掩盖掉，从而死掉，所以它需要不断移动才行。寄居蟹是可以移动的，所以海葵在寄居蟹的背部到处走，从而避免死掉。那么寄居蟹需要海葵做什么？寄居蟹有些部位是非常柔软的，很容易受到攻击，那么海葵就是他的一个好帮手，因为海葵触手是有剧毒的，而且它自己也能分泌出来毒液。海葵还有一个本领是可以伪装，它可以让这两个小伙伴在有强大的敌人来的时候，伪装得跟周围的环境一样，从而不被发现。所以这两个小伙伴互相帮助，各取所需。就像瞎子和瘸子一样，所以说它们可以在自然界生存。第二种叫作行为操纵式的利他行为。这是完全没有亲缘关系的两个个体之间的帮助行为，其实是一种带有欺骗性质的利他行为。就是说我帮你，你又不是我的亲戚，其实是因为你骗了我。怎么说呢？我们发现有一种鸟，这种鸟非常坏，他们把自己的后代生下来以后，自己不会尽父母的义务，而是把自己的蛋生在其他鸟的巢穴当中，而其他鸟认不出来，那么其他鸟会帮忙抚养。其实这是被骗了。所以这种帮助行为其实是一种被欺骗的行为，是一种被操纵的行为。还有很多的例子，比如说黑纹石斑鱼之间的繁殖行为，还有吸血蝙蝠的反哺行为，以及灵长动物的一些结盟行为，在这里就不细讲了。

现在来讲第三种，解释非亲缘个体的利他行为的一个理论，叫作囚徒困境法则。这里有一个案例：有一对纵火犯，是一对盗贼，他们放火，然后被警察抓了。警察将这两个盗贼分开审讯，并且跟他们说了这样一个警察局的规定。如图 5－1 所示。

罪犯B ＼ 罪犯A	保持沉默	承认犯罪
保持沉默	1年 1年	3个月 10年
承认犯罪	10年 3个月	5年 5年

图 5－1　囚徒困境

警察局的规则是：如果两个囚犯都保持沉默，不认罪的话，那么每个人将被判处一年的有期徒刑。如果你认罪，而你的同伴不认罪的话，那么你认罪态度良好，你只要关三个月就可以放了，但你同伴的态度很不好，他就要被关十年。反过来，如果两个人都同时认罪的话，那么每个人要判五年。

这样一个法则会带来什么样一个后果？经过实验发现，在这样的法则下，两个囚犯都会选择认罪。如果你是罪犯 A，你的对手就是罪犯 B 了，当他保持沉默的时候，如果你也保持沉默，那么你将被判一年。如果你承认犯罪的话，你只被判三个月。所以很清晰，如果你的对手保持沉默的话，你应该认罪，这是对你最好的结果。

我们再来看下面一种情况，如果你的对手承认犯罪的话，那么你保持沉默，你会被判十年，如果你承认犯罪，你只会被判五年，在这种情况下，你最好的选择就是承认犯罪。所以我们最后发现，通过分析，无论你的对手选择什么，那么对于你来说，最好的方式就是承认犯罪。

这个逻辑是对称的，完全一样的，作为罪犯 B 的话，如果他足够聪明的话，他也会进行这样的一个推理，最后两个人都会选择承认犯罪。但是反过来我们再想，其实两个人这样一种行为，并不是对于他们两个人最好的一种结局。对于他们两个人来说，最好的结局是两个人都保持沉默，都不承认自己有罪，这样的话，每个人只要判一年就可以了，但是这样的事情永远不会发生。

这是为什么？因为他们没办法去相信自己的同伴会合作，他们都觉得同伴会背叛自己。最后这种合作关系没法达成，这种互帮互助的局面不会产生。当然这是一个理想的模型，在实际生活中有很多罪犯，他们会订立这种攻守同盟，对吧？事先统一口径是另外一个问题。在这种情况下，合作如何产生？如何走出囚徒困境？要想走出困境，要想不被同伴所背叛，一定要出现多轮博弈才可以。

这样的博弈，这样的一个局面一定要有很多次。什么意思呢？就是说，如果我们这样的一个博弈可以进行多轮而不是只进行一轮的话，那么我就在想了，如果这轮我背叛了你，那么下一轮，你肯定要报复我，那么我会获得更坏的结局，为了避免下一轮不被你背叛的话，我这一轮就不能背叛你。如果这种互动可以发生多次的话，这个时候人就要考虑了，我这一轮是不是要合作。

大自然就是这样一个环境，同一个区域中生活的这些群体、这些动物它们不止见一次面，可能会经常发生一些互动，在这种情况下，这些没有亲缘关系的个体之间，为了避免在下次见面的时候自己被出卖，被惩罚欺骗，从而会选择这次见面的时候大家互相帮助。另外一个问题，就是更聪明的动物会想，这轮假装合作，下轮背叛你，然后下一轮再合作，再下轮再背叛你。或者我选择前两轮都合作，迷惑了你，第三轮再背叛你，从而获得最大的利益。这种在多轮相遇中有一个策略可以让你在首次相遇时获得最大的利益？什么样的策略可以获得最大的利益。美国的一个非常聪明的科学家艾克斯罗德，他利用机器人做了这样一个实验，每一个机器人在多轮相遇中都采取一种策略，比如说先背叛后合作，或者说三轮背叛一轮合作，或者说两轮背叛三轮合作，很多种策略。

最后发现有一种策略是最聪明的策略，这种策略叫作一报还一报策略。什么叫作一报还一报策略？这个程序的特点就是在每一轮的行为，我是背叛还是合作，都根据你上一轮是怎么对待我的。如果你上一轮对我不好，你背叛了我，那么在这一轮这一回合我就要背叛你。如果你上一轮选择合作对我好的话，我这一轮会相信你对你好。所以我每一轮对待你的方式方法，都取决于你之前是怎么对待我的。我们可以说这也是一种处世原则，在大自然中其实是最合理也最正确的处事原则。

简单来说，如果人不犯我，我也不犯人，但是人若犯我，我必犯人，这样一种行为方式，可以让我们在这种多轮的互动中获得最大的收益。一些动物学家在一些鱼类中，发现这些鱼类在采用同样的策略：一报还一报的策略。而且这些鱼类彼此之间并不具有亲缘关系。所以说这样一种策略可以导致非亲缘个体之间的一种互帮互助。而我们再反过头来讲，这种一报还一报的策略，其实也正是我们的一种最佳的处世方式。

二、人类利他行为的解释

这里我们给人类的利他行为下一个定义，它指的是不期望日后报答，而出于自愿的一种利他行为。什么叫作不期望日后报答？这里有两方面含义，我们简单来说，一种叫作助人为乐，一种叫作知恩图报。一种是助人为乐，这是因为我天生就喜欢帮助别人，所以我不希望你日后报答。那么另外一种是因为之前我得到了你的帮助，或者得到了其他人的帮助，所以我心存感激，我要帮你，这叫知恩图报或者我愿意传播善行。这两种行为的背后都有一种文化，可以从中国的传统文化中找到根源，这种行为是一种被文化所驱使的一种利他行为。那么后续有很多研究发现，人类在做出利他行为的时候，它是有动机的并且有比较明显的动机。比如说我做利他行为最终是为了帮我自己，我是为了获利。比如说有一些企业家，他们做慈善行为，其实是为了自己的品牌产生广告效应，说到底是帮自己。还有一些动机是个人的一种微妙的利己行为，就是当我做这个行为的时候，我是为了自己内心得到安慰，说到底还是为了自己。再有一种就是生命文化的利他行为，指的是我真正为了他人幸福着想的一种利他行为。

利他行为的产生因素，包括外部因素和内部因素。刚才讲到企业的时候，其实是一种外部因素，因为利他行为可以提升企业的一种形象，那么对于个人来说的话，可以获得社会荣誉。我们经常会发现，当你愿意帮助人的时候，有两个人让你选择，你会愿意帮助平时形象分数比较好的一个人。反过来说，如果你经常帮助其他人的话，你在圈子里边会获得很好的声誉，那么你也很容易被人帮助。这里举一个例子就是王老吉在汶川地震的时候捐了一个亿，但事实证明它最后所获得的收益要远远超过这一个亿。当一个企业将自己的经营理念自觉地跟社会责任挂在一起的时候，其实对于他自己来说是有巨大优势的，会对它产生一个非常良好的外部影响。比如说比尔盖茨，他们夫妇拿出了自己54%的资产去做慈善，然后人们进行研究发现，比尔盖茨每投入慈善一美元，所获得的收益是1.2美元到2美元。最终来说，当企业对社会做出贡献的时候，他的收获往往会更大，所以这个社会才会有那么多人去做慈善。另外一个是内部回报，这不是指一个群体，而是指单个个体。当这个个体做出利他行为的时候，往往在自己的内心中会有一种情绪。这种情绪的影响有四点：第一是内疚感。当一个人有很强烈的内疚感的时候，他往往会做出帮助行为。比如说当你看到一个小孩子落水的时候，你觉得你如果不救他的话，那么你内心会非常的难受。这个时候这个人就会做出利他行为去救这个小孩子。这是内疚感。第二就是消极心境。其实也是类似于一种内疚感，当你觉得不帮助别人的时候，自己心情会变得很不好，当然这种很不好还没有到达“内疚”，但是你能感觉到自己心情很不好，这个时候为了缓和你心情的不好，你会去做出利他行为。这种利他行为是跟人的年龄有关的。当孩子从小长到大年龄的时候，对于这个世界认识越来越多，那么这样的一种行为就随之发展起来。还有两种情绪，我们发现当一个人愤怒的时候，对社会充满着不满的时候，他很少会做出利他行为。当一个人非常开心的时候，对世界充满感恩，他往往会做出很多的利他行为。在这里我们最后总结一下，我们所说的两种利他行为的取向，第一种是从自我利益出发的，叫作自我利他行为取向。那么我做出这样的利他行为，是为了减轻我内心的不安，是为了让我自己的社会声誉得到提升，或者是为了获得某种奖励。另外一种利他行为取向指的是生命文化的利他行为取向，这种利他行为是为了他人幸福。我们发现在一些宗教中往往会产生一种纯利他主义行为。比如说在战场上，邱少云为了掩护自己的队友而牺牲这样的一种行为。

这种行为，基本上对于自己的生命适合度没有任何帮助，但他依然会去做。这个背后是一种信仰，有一种文化在驱使。这样就是一种纯粹利他行为，因为他没有给自己带来一点的好处。这里边还有一个例子，讲的是内部因素对利他行为的影响。1977年纽约地铁站有一个男人跳下路轨救了一个四岁的小女孩。他事后说，如果我没有办法救她的话，而是像其他人一样，那么我一辈子都会良心不安。所以说产生利他行为，是由于自己心里边的一种消极心境。利他行为的影响因素，除了文化认知之外，还有一个重要因素叫作移情。当我们把自己放在他人所处的环境中，体会他人的感受，比如说我们看到一个人不小心碰伤手，我们也会感觉到非常疼，但其实并不是真正因为你自己碰伤了手疼，而是你把自己放入到对方的环境中。你感觉到如果自己是他的话，此时应该会非常疼。这就是一种移情。把自己放入到对方的情境之中，那么这种移情如果用我们通俗用语讲，就是所谓的同情心，我们为什么会帮助需要帮助的人，是因为同情和移情有很大的相似之处。就是说你会设身处地地把自己置于对方的那种环境，你觉得对方很辛苦，很痛苦，所以你要帮他。你觉得对方生活得很艰难，所以你要帮她。而最新的发现，我们发现动物其实也可以移情。在芝加哥的一个动物园，有一个三岁的小男孩不慎掉进了一个围栏里边，然后有一个八岁的猩猩，立刻把小男孩抱起来，并且把他放到一个安全的地方，还轻拍他的背来安抚小男孩的情绪。我们经常讲忠犬救主，就是狗经常会保护自己主人的孩子。这样的例子有很多，我们认为这些举动也是动物的一种移情。动物发现有同伴处于危险境地的时候，会设身处地地为他着想，从而帮助他。这是进化所带来的一种情感系统。

我们一定要认识到这一点。这种行为叫作病态利他。病态利他主义并不仅限于表现出自我牺牲的举动，比如说将自己的肾脏或者部分肝脏捐献给其他人。还有一种人喜欢养很多小动物，但是养了小动物以后他又不去照养，也不去关爱这些小动物，很多小动物都饿死了。表面上想体现一种爱心行为，其实内心并没有真正想去照顾这些小动物。这样的一种行为，其实并不是一个非常正确的利他行为。还有一些女性愿意忍受自己伴侣的虐待，有一些女性愿意容忍喜欢的男性酗酒等行为，表面上都是在照顾其他人，其实是一种非常不合理的利他行为。处在虐待关系中的人们会常有这样类似的特征。他们说服自己认为只要做到自我牺牲、宽容，对方就会浪子回头，这显然是一种非常错误的想法。我们发现还有一种病态利他是在护士当中，在学校培养护士的时候，经常告诉这些护士要具有很高的同情心，要照顾病人等。但是很多时候过分宣扬这一点也会产生一些不良的后果。因为经过研究发现，在医院里边很多主动辞职的护士，往往都是那种在平时表现出来非常高的、乐于帮助其他人的那种情怀的护士。因为他们每天从早到晚都完全牺牲自己，帮助这些病人、患者，甚至要忍受一些患者的责骂。在这种高压下生活，他们自己其实会变得很不开心。你会发现他们的屋子里边，他们自己住的家里边会一团乱，环境很糟，很多衣服不洗，并且很多垃圾，包括食物的垃圾。

那么这样的情况持续下去的话，这个人会变得很不开心，最后会选择辞职。而往往那些平时看上去与病人保持一定距离的护士，反而可以工作得更持久。所以我们说这种病态的利他行为在一定程度上要得到重视，从而加以控制。我们要很清楚自己为什么要帮助他人，我们帮助他人是出于自己自愿的，而不是迫于某种压力的，那么这样的一种帮助行为才会持久，才不会对自己造成非常严重的影响。那么除了以上这些，我们说由于人类的这种利他行为是被文化所影响的。所以说人类的文化也是值得我们研究的一个方面。我们发现有两种文化有利于产生利他行为。那么这两种文化是互惠文化和社会责任文化。互惠文化是刚才我讲的知恩图报的一种文化。这种文化告诉别人，如果有人帮助过你，那么你就要回报他。如果有人帮助你，你就要帮助其他人把这种精神的发扬光大，传播开来，这是一种互惠文化。另外一种叫作社会责任文化，人们应当也有必要帮助那些需要帮助的人，而不是考虑一些利益的交换。这是一种社会规范，助人为乐应该是社会所存在的精神，是社会所发展的支柱和动力。

我们经常会发现一些反生命的行为，在美国有一个青年男子乘地铁回家的时候，被歹徒用刀捅伤了腹部。在歹徒下车以后，其他 11 名乘客眼睁睁地看着男年轻男子因为流血过多而致死，没有一个人上来帮。还有许多相同的案例，比如说很多围观不救的案例，所以我们需要建立一个充满生命文化的社会。建立这样的社会应该分三步走，第一步通过社会教育、学校教育和家庭教育，形成良好的社会风气，尊重生命，爱护生命，珍惜生命，挽救生命。第二步，我们需要树立榜样来宣传生命文化。因为经过研究，提供一个好的榜样，往往比提供对于坏榜样的惩罚宣传效果会更好。第三步，是要让更多的人了解生命文化所缺失的主要原因。人们一旦理解了，当生命文化缺失的时候，这个社会将会到达一个如此糟糕的境地，就会主动去推动生命文化的建立。最后来总结一下，通过生命文化的建立，最直接的后果可以使人们的助人行为发自内心，使人们在帮助他人的同时，自己内心也获得快乐。比如说被要求去捐款和你自己主动捐款。很明显，后者的快乐度要高一些。这里举一个例子：有一个复旦大学的教授叫黄有光，他提出来说，我们怎么样去避免雾霾所造成的灾害和去治理雾霾，他说与其从源头上边去治理，要花很多钱，还不如每一个人出门的时候都带着防毒面罩，带着净化器，这个成本更低。

应该说黄有光写的这本书有很多合理的地方，有很多精彩的论点，但是也有很多谬误。比如说，环境问题来自于人口带来的压力，中国最大的难题是人口压力太大。上海师范大学的陈荣霞教授提出一个反驳的观点，他认为你说中国人口多，所以造成了这样一种困境。那么日本人口也很多，但是人家每一个环境问题都可以得到良好的解决，每个人都活得很开心。如果你觉得人口多是造成中国环境困境的话，那么为什么日本正好是相反的一个情况；如果我们每个人出门都要带空气净化器、戴面罩的话，那么表面上环境问题得到了最好的解决，而且花的钱也是最少的。但是每个人的快乐从何而来？当你每天带着净化器出门的时候，一定不会感觉到快乐的。所以政府应当倡导这种生命文化。我们应该爱护人的自然生命，完善人的文化生命，尤其是要传播对于大自然的一种热爱，对于地球的一种热爱。当你每一个行为，你每一个对于环境爱护的行为都是发自内心的，而不是通过经济的或法律的手段来执行的，我们就会营造一个绿色的生命文化家园，所有的文化问题，所有的环境问题，才能得到最根本的解决。

从生物学的角度来讲，人类应该是自私的。按照达尔文进化论，每个人都应该为了自己的利益，去做每一件事情。但是，我们不应该忘记，在人类天性中还有另外一种特质，而这种特质是把整个人类凝聚在一起，去对抗恶劣的环境。今天，这种特质可能正在慢慢流失，我们需要通过生命文化来唤起这样的一种特质，以应对今天我们所面临的各种环境问题。正如奥巴马在芝加哥西北大学毕业典礼上所言：我们应该更多地看到社会仍然缺乏信念，我们需要把自己的小马车绑在一个马力更强的机车后面，才能明白自己究竟有多么大的一种潜力。

第三节 利他解释的新视角

理查德·道金斯以达尔文的进化论为出发点，对生命起源、遗传机制进行了论证，并以众多的动物行为和生态为实例，确认基因既是遗传的基本单位，也是自然选择的基本单位。但在种群选择、群体选择甚至个体选择方面，却与达尔文的进化论有相悖之处。其认为在地球上出现了一种新型的复制基因——谜米（meme）。如果说基因是通过遗传进化的机制发挥作用的话，那么谜米则是以模仿的方式进行自我复制。文化的传播就是借助谜米的复制得以实现。

道金斯在“谜米：新的复制基因”一章中，谈到文化的传播有一点和遗传类似，即它能导致某种形式的进化，尽管从根本上说，这种传播是有节制的。还谈到了语言看来是通过非遗传的途径“进化”的，其速率比遗传进化快几个数量级。更为新颖的是，道金斯提到了文化传播并不是人类所独有。这个观点的启发应该来自于詹金斯。在《自私的基因》一书中，道金斯提到了詹金斯对于鸟类的研究工作。詹金斯发现在新西兰附近的一些海岛上栖息着一种叫黑背鸥的鸟。这些鸟经常唱的是九支曲调完全不同的歌曲。詹金斯对“父子”两代所唱的歌曲进行了比较之后，发现歌的曲式不是遗传的。年轻的雄鸟往往通过模仿，将邻近地盘的小鸟的歌曲学过来。这种情况和我们人类学习语言一样，在詹金斯那儿的大部分时间里，岛上的歌曲有固定的几首，它们构成一个“歌库”（song pool）。每一只年轻的雄鸟都可以从这个歌库中选用一两首作为自己演唱的歌曲。詹金斯有时很走运，他目睹耳闻过这些小鸟是如何“发明”一首新歌的，这种新歌是由于它们模仿老歌时的差错而形成的（令人好奇的是，这一叙述，与波普尔在他的自传中谈到清教徒“误唱”而发明复调音乐的情况惊人的一致，而后者竟成为波普尔哲学思想形成的巨大启发）。詹金斯写到：“我通过观察发现，新歌的产生是由于音调高低的改变、音调的重复、一些音调的省略以及其他歌曲的一些片断的组合等各种原因产生……。新曲调的歌是突然出现的，它在几年之内可以稳定不变。而且，若干例子表明，这种新曲调的歌可以准确无误地传给新一代的歌手，从而形成唱相同歌曲的新群体。”詹金斯把这种新歌的起源称作“文化突变”。

道金斯得到的启示是黑背鸥的歌曲确实是通过非遗传途径进化的，但这种鸟类的文化进化不过是趣闻而已。他断定只有人类这个物种才能真正表明文化进化的实质。语言、时装、饮食习惯、仪式和风俗、艺术和建筑、工程和技术等，所有这一切在历史的长河中不断进化，其方式看起来好像是高速度的遗传进化，但实际上却与遗传进化无关。与遗传进化一样，这种变化可能是渐进的。从某种意义上说，现代科学事实上比古代科学优越，这是有其道理的，随着时间一个世纪又一个世纪的流逝，我们对宇宙的认识不断改变，而且逐步加深。我们应当承认，目前科技不断取得突破的局面只能追溯到文艺复兴时期，在文艺复兴以前是一个蒙昧的停滞不前的时期。在这个时期，欧洲科学文化静止在希腊人所达到的水平上。道金斯接着陈述说：“遗传进化也能以存在于一种稳定状态同另一种稳定状态之间的那一连串的突发现象而取得的。”

道金斯承认自己是一个热心的达尔文主义者，同时却对其他热心的达尔文主义者的方法感到不满意，道金斯认为他们试图在人类文明的各种属性中寻找“生物学上的优越性”。在这里，他举了一个例子，部落的宗教信仰一向被认为是旨在巩固群体特征的一种手法，它对成群出猎的物种特别有用，因为这种物种的个体依靠集体力量去捕捉大的、跑得快的动物。进化论之前形成的这些理论常常含有群体选择的性质，不过我们可以根据正统的基因选择观点来重新说明这些理论。在过去的几百万年里，人类可能大部分时间生活在有亲缘关系的小规模群体中。亲缘选择和有利于相互利他行为的选择很可能对人类的基因发生过作用，从而形成了我们的许多心理特征和倾向。这些想法就其本身而言好像是言之有理的，但道金斯总认为他们还不足以解释诸如文化、文化进化以及世界各地人类各种文化之间的巨大差异等这些深刻的、难以解决的问题。它们无法解释特恩布尔描绘的乌干达的艾克那种极端的自私性或米德的阿拉佩什那种温情脉脉的利他主义。

道金斯认为，我们必须再度求助于基本原则，重新进行解释。道金斯提出的论点是，要了解现代人类的进化，我们必须首先把基因抛开，不把它作为我们进化的唯一根据。道金斯认为基因的特殊性来源于宇宙中可能存在的一条基本原则，即一切生命都通过复制实体的差别性生存而进化的定律。基因，即 DNA 分子，正好就是我们这个星球上普遍存在的复制实体，也可能还有其他实体。道金斯接着说，在地球上最近出现了一种新型的复制基因，它就在我们眼前，不过它还在幼年时代，还在它的原始汤里笨拙地漂流。但它正在推动进化的进程。速度之快已为原来的基因所望尘莫及。

道金斯说，这种新汤就是人类文化的汤。我们需要为这个新的复制基因取一个名字。这个名字要能表达作为一种文化传播单位或模仿单位的概念。道金斯创造出“meme”这个词，道金斯的理由是，“mimeme”这个词出自一个恰当的希腊词词根，但是他希望有一个单音节的词，听上去像“gene”（基因）。道金斯很幽默地调侃道，我们既可以认为“meme”与“memory”有关，也可以认为与法语“meme”（同样的）有关，如果这样能使一些人感到慰藉的话。这个词念起来应与“cream”合韵。

那究竟什么是谜米呢？道金斯接着陈述道，调子、概念、妙句、时装、制锅或建造拱廊的方式等都是谜米（这里不精确的定义为其理论的缺陷埋下了伏笔）。正如基因通过精子或卵子从一个个体转到另一个个体，从而在基因库中进行繁殖一样，谜米通过从广义上说可以称为模仿的过程，从一个脑子转到另一个脑子，从而在谜米库里进行繁殖。一个科学家如果听到或看到一个精彩的观点，会把这一观点传达给他的同事和学生。他写文章和讲学时也提及这个观点。如果这个观点得以传播，我们就可以说这个观点正在进行繁殖，从一些人的脑子散布到另一些人的脑子。道金斯的同事汉弗莱对谜米进行概括时精辟地指出：“谜米应该看成是有生命力的结构，这不仅仅是比喻的说法，而是有其学术含义的，当你把一个有生命力的谜米移植到我的心田上，事实上你把我的脑子变成这个谜米的宿主，使之成为传播这个谜米的工具，就像病毒寄生于一个宿主细胞的遗传机制一样。

道金斯作为世界知名的无神论者，认为上帝不存在。他通过对上帝这个谜米进行分析，进一步阐述了他关于谜米的理论体系。他认为我们不知道上帝这个概念最初是怎样在谜米库中产生的。它大概经过许多次独立“突变”过程才出现。上帝这个概念，确实是非常古老的。它通过口头的言语和书面的文字，在伟大的音乐和伟大的艺术的协助下，进行复制传播。它具有非常高的生存价值。这里的生存价值不是指基因在基因库里的价值，而是指谜米在谜米库里的价值。上帝谜米在谜米库里的生存价值来自于它具有的巨大的心理号召力。

上帝这一概念对于有关生存的一些深奥而又使人苦恼的问题提供了一个表面上好像是言之有理的答案。它暗示今世的种种不公平现象可以在来世中得到改正。上帝伸出了“永恒的双臂”来承受我们人类的种种缺陷，宛如医生给病人开的一味安慰剂，由于精神上的作用也会产生一定的效果。上帝这个偶像之所以为人们乐于接受并一代一代在人们脑子里复制传播，其部分理由即在于此。我们可以说，在人类文化提供的环境中，上帝这个形象，通过具有很高生存价值或感染力的谜米形式是存在的。

道金斯提到，他的同事觉得道金斯关于上帝谜米的生存价值的说法是以未经证实的假设作为论据的。归根到底，他们总是希望回到“生物学上的优越性”上去。

对于道金斯的同事来说，光说上帝这个概念具有“强大的心理号召力”是不够的。他们想知道这个概念为什么会有如此强大的心理号召力。心理号召力是指对脑子的感召力。他们企图找到这种脑子促进基因生存的途径。道金斯承认，我们就现在这个模样的脑子确实具有遗传学上的优越性。但他认为，他的同事和他没有什么区别，都在用未经证实的假设。

从根本上说，我们试图以基因的优越性来解释生物现象是可取的做法，因为基因都能复制。三十多亿年以来，DNA 始终是我们这个世界上值得一提的唯一的复制基因。但它不一定要永远享受这个垄断权。新型复制基因能够进行自我复制的条件一旦形成，这些新的复制基因必将开始活动，而且开创自己的一种崭新类型的进化进程。这种新进化发生后，它完全没有必要从属于老的进化。原来的基因选择的进化过程创造了脑子，从而为新一批谜米的出现准备了“汤”。能够进行自我复制的谜米一问世，他们自己所特有的那种类型的进化就开始了，而且速度很快。遗传进化的概念在我们生物学家的脑子里已根深蒂固，因此我们往往会忘记，遗传进化只不过是许多可能发生的进化现象中的一种而已。

广义地说，谜米通过模仿的方式得以进行自我复制。但正如能够自我复制的基因也并不是都善于自我复制。同样，谜米库里的有些谜米比另外一些谜米能够取得较大的成功，这种过程和自然选择相似。道金斯认为，有助于提升谜米生存价值的特性和复制基因是一样的：长寿、生殖力和精确的复制能力。道金斯说，相对而言，任何一个谜米能否长寿可能并不重要，这对某一个基因拷贝来说可能也是一样。“美好的往日”这个曲调拷贝萦绕在他的脑际，但在他的生命结束之日，也就是他脑子里的这个曲调终了之时。印在《苏格兰学生歌曲集》里的同一首曲调的拷贝会存得久些，但也不会太久。但是可以预期，萦绕于人们脑际或印在其他出版物上的同一曲调的拷贝就是再过几个世纪也不致湮灭。和基因的情况一样，对于某些具体的拷贝而言，生殖力比长寿更重要。如果说谜米是一个科学的概念，那么它的传播将取决于它在一群科学家中受到多大的欢迎。它的生存价值可以根据它在连续几年的科技刊物中出现的次数来估算。如果它是一个大众喜爱的调子，我们可以从街上用口哨吹着调子的行人的多寡来估算这个调子在谜米库里扩散的程度。如果它是女士鞋样，我们可以根据鞋店的销售数字来估计。

其实，每一个学者都有其自己解释达尔文学说的方式。他很可能是从比较近代的著作里读到达尔文学说的，而并没有读过达尔文本人在这方面的原著。道金斯说，达尔文说过的东西，就其细节而言，有很多是错误的。如果达尔文能看到道金斯的著作，他或许辨别不出哪些是他原来的理论。尽管如此，每一个理解达尔文学说的人的脑海里都存在一些达尔文主义的精髓。

第六章 生命的文化和伦理向度

《荀子·王制篇》有云："水火有气而无生，草木有生而无知，禽兽有知而无义。人有气、有生、有知，亦且有义，故最为天下贵也。力不若牛，走不若马，而牛马为用，何也？曰：人能群，彼不能群也。人何以能群？曰：分。分何以能行？曰：义。故义以分则和，和则一，一则多力，多力则强，强则胜物；故宫室可得而居也。故序四时，裁万物，兼利天下，无它故焉，得之分义也。"在这段话中，"义"被视为人的本质性特征，成为人之为人的最高根据。"义"属于伦理的范畴，伦理则是文化的产物。从这个角度而言，人的存在与文化的关联是有根基性的。

生物性的生命是我们生命的基础，但也仅仅是人类生命的一个面向。我们人类的生命只有在文化中才能得以知性地生成，只有在文化中才能得到人道地理解。在文化中知性地生成生命和在文化中人道地理解生命，我们才能以敬畏之心切己地体悟生命，以仁爱之心伦理地对待生命。切己地体悟生命和伦理地对待生命，人类才能成为因理性而自由和自律的主体。

第一节 生命的文化和伦理属性

一、生命的本质在于文化及其伦理内核

关于生命的文化性和伦理性特征，古今先贤有许多卓越的论述。令人崇敬的康德有一段话广为传诵。康德说："有两样东西，人们越是经常持久地对之凝神思索，它们就越使内心充满常新而日增的惊奇和敬畏：我头上的星空和我心中的道德律。"

在康德看来，作为生物性和物质性的存在，我们是渺小而短暂的，终究归于物质性的死寂；因此，人只有作为道德性和目的性的存在才能超越自然限定，才能与永恒和自由联结起来。

生命值得敬畏，不仅仅在于生命的道德担当，还在于生命本身的神秘性和神圣性。另一位大哲雅斯贝尔斯认为："大全是那样一种东西，它永远仅仅透露一

些关于它自身的消息——通过客观存在着的东西和视野的边际透露出来，但它从来不成为对象。”这里的大全从一个角度来讲，就是我和我们的生命本身，这一生命本身在另一面就是一般性的意识存在。一般性的意识给人超越自然走向自由、突破有限达致无限提供了可能。

生命的道德性以及它的神秘性和神圣性在文化中得到了统一。文化是人与自然以及人与人之间从对立和斗争逐渐走向亲善与合作的结果，文化的创造、传播及其历史性承续也同时促进了人与人以及人与自然之间不断走向深度和解。文化的终极目的就是促成道德完善和精神自由的最终形成。

只有拥有了文化，人类才能最终走出动物式的对抗、敌视、排挤和麻木，走向社会性的合作、互助、包容和理解。因此我们说，文化及其伦理内核才是生命的本质。

人来到这个世界上，如此地赤裸裸和如此地凄凉无助，我们甚至不如虫鱼鸟兽，它们尚有毛皮甲壳的佑护。只有文化，才给人穿上了华美的衣装。没有人的生命，就没有文化，而没有文化也就不能成就真正意义上人的生命。我们把这个观点概括为“文由命所生，命为文所化”。

首先，我们回顾一下生命的历程。在大约130亿年前，宇宙诞生；在大约50亿年前，太阳系诞生；在大约40亿年前，最早的生命出现；在大约5亿年前，海底DNA开始复制；在大约400多万年前，灵长类动物出现；在大约4万年前，智人出现。回顾宇宙和生命的历程，我们可以看出，从宇宙诞生到最早的生命出现，用了从人类文明的尺度来看长得不可思议的90多亿年；而从最早的生命出现到智人的出现，又用了大约40亿年。在这40亿年间，基因进化是生命进化的几乎全部内容。

到了大约5000年前，人类才开始学会书写。学会书写是人类文化史进化中的一个大事件。人类，只有人类才能创造自己所需要的环境，这环境就是文化本身。可以看出，智人产生以后，文化进化开始取代基因进化成为决定性的因素。文化对人类进化的作用在于它给我们提供了完全不同于动物世界的范畴。从此以后，人们开始逐渐地在善、应当、正当、正义、真理等范畴下进行选择，进行理论活动和实践活动。因此我们说，拥有一种文化就拥有一种超感性的生命力。

二、东方古典文明在轴心时代对文化及其伦理内核的基本贡献

雅斯贝尔斯从文化的角度把人类历史分成四个时期。

第一时期为文明萌芽时期，人类开始使用语言、工具和火。第二时期为古代

高度文明时期，也就是在公元前5000年至公元前3000年间，在尼罗河流域、底格里斯河和幼发拉底河流域、黄河流域出现了最早期的文明。第三个时期就是被雅斯贝尔斯称为“轴心时代”的人类文明发展的核心时期，这个时期存在于公元前800年到公元前200年间，其中以公元前500年左右为中心。在轴心时代，东方文明出现了中国的诸子百家、印度的佛陀、伊朗的查拉图斯特拉；在中东地区出现了犹太教的先知；在希腊出现了巴门尼德、赫拉克利特、柏拉图、阿基米德等一大批哲学家、思想家和科学家。正是轴心时代奠定了我们今天仍在其中进行思考和实践的范畴，给我们提供了不断向前推进文明程度的理念。第四个时期就是我们生活于其中的科学技术时代。科学技术对于人类的发展影响深远，但具有两面性：一方面是指它具有精神性和物质性的双重影响；另一方面还指它具有正面和负面双重的影响。

在这四个时期中，轴心时代是核心时代。在轴心时代，思想家的思考已经把生命的内在自由作为世界澄明的基础。这一思想充满了高贵的超越论的成分。轴心时代产生了我们今天依然要借重的基本范畴和基本理念，比如说善、恶、美、丑、真、假等，创立了人们至今仍然生活在其中的世界宗教和文化类型。有了轴心时代的奠基，人类在超越于生物性和物质性的发展根基上又进了一步。

从上述讨论可知，文化进化是人类生命进化的核心动力。文化所造就的物质、制度、法律、道德等客观－主观复合体可以被统称为文明。文明进化的关键节点是以伟大的思想家为坐标的。

我们现在就瞻仰轴心时代的东方先哲。首先，我们看中国的老子和孔子。其中孔子被雅斯贝尔斯认为是文化范式的创造者。老子和孔子基本上生活在同一个时代。

我们看老子和孔子关于生命的思考。老子说，“道生一，一生二，二生三，三生万物”。老子的这一思想，超越了人们对具体物质的执着，达到了人们从抽象层面上对世界作为一个统一体的认识，是人类思维的重大进步。老子还说，“人法地，地法天，天法道，道法自然”。老子的这一思想对中国的思维方式、生活方式和生产方式，乃至政治方式，都产生了深远的影响。老子还有一句话广为人知，他说，“道大，天大，地大，人亦大。域中有四大，而人居其一焉”。老子的这个思想是古典人文思想的重要表达。老子通过把生命与道关联起来，而超越了人的生物性，彰明了人的精神性。

孔子是儒家学派的创始人，孔子所开创的儒家学说是中国文化在世界上最有影响的一脉。孔子说：“克己复礼为仁”，孟子解释说：“仁者爱人，有礼者敬人”。所谓“克己”，就是我们要克制自己的欲望，超越一己的私利，容于社会，达到与天理的合一。孔子还说“兴于诗，立于礼，成于乐”。这是孔子对完整人格的一个追求和概括。人在成人的过程中，我们首先从文化中汲取力量，在伦理中确立方向，在审美中达到升华。孔子的学说告诉我们，生命只有通过与他者的关联才能突破个体性获得社会性。这都是我们人类超越生物性、物质性和自然性的重要人文积淀。

另外一个文化范式的创造者就是佛陀即释迦牟尼。释迦牟尼是公元前六世纪到公元前五世纪的古印度人。我们把释迦牟尼关于生命的思考概括为两点：一点是觉悟，一点是解脱。所谓觉悟，就是摆脱无明、盲目和对有限事物的依附与执着。所谓解脱，就是指消除一切徒劳的欲念，从而摆脱诸般幻觉，超越自我。摆脱无明，超越自我，这既有认识论的意义，也有本体论的意义。它表现出人类早期对生命的精神性和超验性的觉悟和理解，是人类超越生物性和物质性的又一个重要人文积淀。

三、西方古典文明在轴心时代对文化及其伦理内核的基本贡献

下面，我们从拉斐尔·桑西绘就的一幅名为《雅典学园》的著名画作谈起，把目光转移到西方古典文明的先哲。《雅典学园》描述了苏格拉底、柏拉图和亚里士多德师徒以及那一个时期之后众多的哲学家、思想家和科学家在一个穿越时空的文化盛会上相聚而谈的动人场景。

处于画面中心的是整场辩论的两位裁定者：以手指天的柏拉图和以手指地的亚里士多德。在画面中其他的著名人物还有毕达哥拉斯、苏格拉底、亚历山大、欧几里得、托勒密等。拉斐尔·桑西即画作者本人也在其中。拉斐尔·桑西通过《雅典学园》歌颂人类对真理和价值、存在和意义、道德和审美这些生命重要关切的不断自觉。这幅画的本质意象在于，人类文明在超越物质性、生物性和自然性的过程中又向前迈进了一大步。

我们首先了解古希腊哲学家柏拉图的思想。在画面中柏拉图以手指天。这个动作象征着以天启获得永恒存在的一种思维方式，柏拉图意欲通过这种思维方式观照人类的心灵。

柏拉图最广为人知的就是他的理念论，其中“善”是柏拉图理念论的核心。柏拉图认为善是一个绝对前置的理念，善既应当呈现为实践的动机，也应当设定为实践的目的。根据善进行思考和生活，人的存在和世界的存在才被赋予意义。只有善的概念作为绝对和终极的目的确立下来，所有的其他目的才能够建立在不会被诘难和质疑的基础上；只有善的概念确立下来，存在者的单纯的实在性才成其为真，而每一个事物的至善取决于对它自身使命的完成。柏拉图的上述思想对

整个西方乃至整个世界的思想影响深远。柏拉图通过观照永恒存在本身，达到关怀人的心灵之目的。他在思考生命与文化之间的关联上做出了重大突破。

上述思想家给我们提供了丰富的生命智慧，这些生命智慧蕴含在特定类型的文化当中，我们下面对之做简单概括。

第一，人类对生命本真的追问及随之而来的自我意识的鲜明化历程得以开启。对生命本真的追问及自我意识的鲜明化是人所特有的本质。人之外的存在者不会追问，也没有鲜明的自我意识。正是文化让人有了对本真的追问并在追问中逐渐获得了鲜明的自我意识。

第二，为人类对生命基本境况的体验提供了范畴，为追问人类终极价值的多种可能性提供了思想宝库。在今天，我们常用的爱与恨、痛苦与快乐、真与假、善与恶等范畴在轴心时代就得到了探讨，其思想影响延续至今。

第三，提供了塑造人类存在形态的基本思想典范。轴心时代源远流长，在东方和西方都造成了非常重大的影响。无论时代如何变迁，我们离开了轴心时代都无法建构自己的精神家园。

第二节　生命具有超越性的意义和价值

一、生命的终极价值是日常意义和价值的来源

我们知道，文化及其伦理内核作为人超越物质性、超越生物性和超越自然性的重要进化资源，在智人产生以后对社会的发展起到了决定性的作用。文化进化通过引入新思想、新工具和新制度而改变了整个社会。文化本身虽然不是充当手段的科学、技术、工具和制度，但它是价值的起跳点。拥有一种文化，人才配得上一种终极目的和终极自由。

由于生命在根本上具有文化和伦理的属性，我们即使每天忙于日常事务，也无法逃避对人生意义和价值的思考。这种思考虽然永远也不能消除我们的迷茫和无助，甚至有时还徒增痛苦；但它更多的时候还是能够让我们清醒和振作，让我们努力活在当下或眺望远方，让我们在困境中坚持不懈或调整方向，让我们透过经验的黑暗瞥到超验的光芒。

对人生的意义和价值进行思考，根本目的在于从终极价值那里找到我们的精神支撑。轴心时代的思想巨人给人类提供了关于信仰与理性、实践与理论、价值与真理的思想资源，我们迄今仍然生活在这种思想资源给我们提供的价值框架当

中，籍此超越来源于动物本能的生存斗争。

轴心时代以后，人类世界进行了非常复杂的演变。人在善与恶、真与假、美与丑之间不断徘徊。选择善还是选择恶，选择美还是选择丑，选择真还是选择假，这会给我们人类造成两种对立的命运。这两种对立的命运奠基于两种对立的选择。令人悲伤的是，我们人永远也不能达到绝对的善、绝对的真和绝对的美。我们永远在追求真善美的路上。在这个过程中，我们一定要舍弃一些东西才能得到一些东西。

在人类发展的另外一些关键节点，文化巨人以他们多元的思想为人类对生命基本境况的体验提供了范畴，形成了塑造人类存在的基本思想典范，建构了追问人类终极价值的多维路径。

与包括轴心时代的思想巨人在内的伟大思想家相呼应，康德认为作为道德本体的人的存在就是世界的终极价值。进一步说，使我们配得上“终极价值”这一称号的，是我们作为道德本体而存在；假使我们只是作为自然现象——被自然欲望所决定——而存在，我们是无法成为终极价值的。

人作为一个类，永远走在成为终极目的之路上，尽管我们无法通过成为终极目的而获得永恒的价值和意义，但是我们可以通过意志把超越自然的自由赋予现实，不断地接近一个由作为道德本体的人所组成的“目的王国”。这就是我们生命的价值。

二、生命的意义和价值在近代和现代社会的悖论性处境

近代以来，人类历史上发生了数起重大的文化事件。14—17 世纪以意大利为中心蔓延到整个欧洲的文艺复兴运动试图在意识形态上把人和人性从神圣权力和世俗权力的双重束缚中解放出来。17—18 世纪以法国为中心同样覆盖整个欧洲的启蒙运动则试图通过重构新的信仰体系和政治制度，把作为个体的人的独立性、人的思维和行为由于其理性导向而具有的主体性确立为现代性的永恒根基。文艺复兴和启蒙运动过程中的宗教改革、政治革命和科学革命唤醒了生命本身的人性和个性，揭示了生命本身的内在价值和德性意义，虽然没有取消但极大地贬抑了作为外在力量的神性和宇宙总体性。由此，生命的主体性逐步得以建立。

进入现代社会以来，人类生命的内涵不断丰富。风起云涌的文化运动属于新思想的引进，极大地改变了西方和东方的社会面貌；而历次工业革命和科技革命，特别是 20 世纪中叶以来的新科技革命对新工具的引进，改变了人们的思维方式、生活方式和生产方式。由上述运动所引导的社会制度的革命更是影响深远。

然而近现代社会以来，生命的意义和价值在不断丰富其内涵的同时，也面临悖论性的处境。植根于人的生命本能和社会文明中的辩证法揭示出重大文化运动、政治变革、经济发展和科技进步固然孕育出了人的主体性和能动性，使人在更大程度上获得自由和自觉成为可能，但它们在提升人之为人的生命价值的同时，也不可避免地在另外的层面上不断使人对象化和物象化，从而贬损人之为人的内在完整性、神秘性和神圣性。

工业和技术确实给人提供了丰富多样的物质和精神生活，极大地延长了人的生物性生命，前所未有地拓展了人的活动空间，而这一切都让人的生命存在样态和生命体验更加多姿多彩。但是，文艺复兴和启蒙运动中的科学革命除了把立足于经验的实证方法认定为获得知识确定性的主要路径外，人的生命和其他物种的生命乃至与无机物一道，成为实验科学和分类科学界定与分析的大规模客观素材。文艺复兴和启蒙运动中的政治革命及其所建立起来的民主制度或新的霸权制度既把提升社会的福利水平和保障人的自由作为昭告天下的旗帜，又把对生命过程的总体管制作为统治的重要手段，把对个体生命的理性掌控作为国家治理的重要目标。

20 世纪两次世界大战的爆发、奥斯维辛集中营和古拉格的出现，集中展示了主体性与奴役性的相辅相成，理性还原为计算理性和工具理性的不可逆转。主体性的重要蕴含即使在微观领域也被欲望所转换：极端自私被认同为个性，精于算计被等同于理性，以本己利益最大化为目的之我行我素披上了自由的外衣。随之而来的是，在文化领域中意义的丧失、认同危机和传统的断裂；在公共准则领域中合法化的丧失、规范的混乱；在个性结构中的方向危机、教育危机以及由之造成的人的异化和心理疾病等。

三、现代思想家对人类走出价值和意义困境的思考

面临悖论，就是面临选择。对此，诸多思想家有令人印象深刻的论述。

首先，我们看这么一段话：“‘生命的价值’——但生命只是一个个案，人们必须为一切而辩护，而不仅仅是为生命辩护——这个辩护原则是生命据以说明自己的东西……生命本身不是达到某种目的的手段，它是权力之增长形式的表达。”这是近代著名的非理性哲学家尼采的一段话。尼采告诉我们，生命不仅仅是一个笼统和虚无的概念，它还表现为一个个鲜活的个体。社会的价值就在于为个体的存在辩护，而不是为一个虚假的概念辩护。尼采认为，生命不是被用来达到某种目的之客观的、物质性的、生物性的和自然性的手段，生命本身就是目的。生命的价值在于它的丰富性和多样性的不断增长，在于生命本真力量的不断

强化。这里的权力不同于我们平常所说的政治权力，它是指生命力量的本真绽放和生命完整性的强力自我持存。尼采在此表达了对生命被规训为一种标准化产品和手段的批判。

我们再看另外一位非常著名的德国哲学家胡塞尔对生命的价值和意义危机的理论确认与破解。胡塞尔批判了实证主义泛滥从而淹没了世界的价值和意义本质这一现象。胡塞尔认为，世界的一切实在的统一体都是“意义的统一体”。意义统一体预先设定一个给予意义的意识，此意识是绝对存在的，而且不再是通过其他意义给予程序得到的。在这里，我们思考一下谁才能够给统一体提供意义。我们知道，动物、植物和物质财富都没有设定意义框架的能力，至多能够成为意义框架中的内容。只有人才是意义框架的建构者、意义的创造者和意义的承载者，只有人才是意义的最终归宿或者成为终极价值。胡塞尔对人的生命意义和价值的强调，是对康德“人为自然立法”和“人是终极目的”之命题的当代回应。

另外一位著名的德国哲学家海德格尔认为，在当今，科学技术颠覆了生命的质朴方式和丰富性，这是值得批判的一种现象。科学技术使自然对象化，但科学技术所取得的统治和进步只是一种假象，因为科学技术遮蔽了自然本身的质朴及其所具有的无限丰富性。从而，在科学技术面前，自然只能以被分析、被肢解和被剥夺的对象的形式出现，人所应当具备的对自然的审美和伦理的向度被极度压缩，生命的完整性、神圣性和神秘性被大大削弱。海德格尔认为，大地的存在应当作为本质上不可展开的东西被保护和保持，只有到那个时候，大地才真正得以敞开，才能够澄亮地作为自身而完整地显现出来。

上述先哲的思想真实地描述了人类在历史进化过程中两种从未消失的趋势。这两种趋势其中一种是诅咒，一种是福音。可以说，今天我们已经拥有必要的知识，有摆脱千百年来灾难的潜力。过去人类的不同文化使种种进步成为可能，但为什么还会出现灾难性的局面？我们不得不说，维持生命存在、敬畏生命尊严、促进生命福祉才是文化的真正意义；阻碍生命发展、破坏生命进化、压制生命成长是反文化的表现。人类社会的命运取决于人类将过去文化中积累起来的知识与价值用于社会建设，而社会建设的本质目的在于敬畏生命尊严，创造生命意义，提升生命价值。

第三节　生命文化指向“人是终极目的”的永恒命题

一、人类曾经的蒙昧及黑暗历史

回顾人类的生命史和文化史，我们可以看到生命只是宇宙的短暂窗口期。如果把整个宇宙的生命压缩为 4 年，智人的存在仅仅是这四年中的一秒。如果把整个宇宙的生命压缩为 32 年，人类五千年的文明史只是这 32 年中的一秒，可谓一瞬间。因此我们说，人的生物性的生命是如此短暂而渺小，终究归于物质性的死寂。但正是因为有了文化，在这个窗口里人类就向宇宙绽放出了温柔的光。文化虽然不能改变窗口最终将要关闭的命运，但它可以让窗户里的生命向宇宙投射或者柔美或者壮美的姿态。因此我们说，文化是需要我们惊叹和珍惜的生命体。

在 20 世纪，我们曾经面临令人绝望的反文化和反生命的事实。在第一次世界大战期间，共有约 850 万战斗人员和 1000 万非战斗人员死亡，总伤亡人数达到了约 2840 万。第一次世界大战延续了四年零三个月，可谓旷日持久。而第二次世界大战中，由于新技术的应用以及新武器的制造和使用，共造成了 5000 多万人的死亡，其中有约 1000 万人是被残忍杀害的。这个事实已经过去，但并不意味着绝望的可能性已经消失。

在 1985 年的时候，由 30 个国家的科学家组成的国际科学联盟理事会报告称，仅将现存核武器中的一小部分引爆，其造成的冲击波和辐射效应就会直接夺走几亿人的生命；全世界 50 亿人（彼时的人口总量）中，有 10 亿～40 亿人将死于全球范围的粮食歉收引起的饥荒。这是因为核武器爆炸所引起的风暴性的大火和大量的浓烟、油烟以及灰尘将遮住太阳，引起“核冬天”，至少会引起“核秋天”，全球大部分植物和动物将会消亡，人没有了食物来源，不排除消亡的可能性。值得指出的是，这里的全部的统计数字都是在 1985 年做出的。如果同样的爆炸发生在今天，伤亡的数目将会更为可怕，因为今天全球人口已经超过了 70 亿人。

进入 21 世纪，我们也就同时进入了一种对人类文明具有挑战性的 4C 时代：人口拥挤（congested），资源争夺（contested），国与国之间、族群与族群之间以及个人与个人之间的竞争（competitive）加剧，整个世界的人、文化、生活方式乃至政治方式不断地趋同（copy），使我们正在面临更多的反文化的威胁。人类从没有像今天这样面临如此多的选择，但人类也从没有像今天这样面临反文化的威胁。

人类既然面临出现如此重大危机的可能性，我们的出路何在？正是文化使我们面对未来并非别无选择，我们可以选择光明的场景，这就是别样的4C时代。我们把新的4C时代概括为理解（comprehend）、宽恕（condone）、奉献（consecration）和雅致（concinnity）。只有进入这样的4C时代，人类才能够最终摆脱动物性的丛林法则的必然性，开创真正社会性的人类自由新时代。

二、带领人类走出蒙昧和黑暗的文化之光

通过对上述伟大思想家的理论借用及延伸，我们提出，未来人类的命运在于生命和文化的真实联结，这就是人类的出路。我们提出的命题是：弘扬生命文化，传播大爱情怀。

弘扬生命文化，我们必须了解生命具有文化的本质，文化具有伦理的本质，伦理具有敬畏生命的本质。古往今来，东方西方，人们对生命所进行的文化解读各不相同。但有一点是相同的，就叫作敬畏生命。我们首先看儒家的生命观。儒家生命观核心的三个概念是仁、义和天。儒家提出“仁者寿”。“仁者寿”的观点把德性生命与自然生命相融合，但儒家认为前者无疑要高于后者，也就是说，德性生命是高于自然生命的，因为世界万物如此繁复多样，只有人才具有德性。儒家还有一句话广为人知，叫作“杀身成仁，舍生取义”。可以看出来，人们的身与生有限，但是仁与义永恒。这都表明了人生命本身的超越性。超越性就表现在对德性和理性的持有和应用。儒家还说，“君子有三畏：畏天命，畏大人，畏圣人之言”。这告诉我们，作为生物性的存在，我们如此有限，如此渺小。人应当在边界内活动，而不能无所畏惧。这个边界就是由文化所规范的价值边界。

康德提出了“人是终极目的”的永恒命题。我们要想理解这一命题，无疑要借助于“生命文化”这一概念，揭示生命作为文化-伦理复合物的向度。

康德讨论了人类理性感兴趣的四个话题：我能知道什么，我必须做什么，我被允许希望什么和人是什么。我能知道什么，这是人面对自然所发出的询问，它是一个理论问题。我必须做什么，这是人面对自身所发出的询问，探究道德给我们提出的义务，是我们作为道德性本体给自己设定的存在方式；这是由实践哲学，或者说是由伦理学来解决的。我被允许希望什么，这是对信仰的追问，它是由宗教来解决的。在康德看来，前三个问题都可以归结为一个问题，这个问题就是第四个问题：人是什么。

人是什么？康德对此做了复杂而影响深远的论述。康德认为，人就是创造的终极目的，但配得上“终极目的”的人，不是作为现象的人。作为自然的一部

分的人或被欲望支配的人。相反，作为终极目的之人必定是作为道德性主体而存在的人，因为唯有道德性的主体才能进行绝对的、无条件的和目的性的立法，也有唯有这种立法才使人有能力成为终极目的。理性、德性是人的生命本身可以成为目的之前提和条件，也是自由的真正内涵。人生活在自由之下，同时也就意味着生活在理性和德性的自律之下。自由、自律、德性、理性，可以说这是康德对人的生命进行反思所得出的最重要的范畴。

三、构建世界意义、敬畏人性尊严

哲学家提出了构建真正人格生命的路径。第一条路径可以被概括为“构建世界意义”。

刚才我们讲到，世界的存在如此丰富多彩，但只有人才能赋予自己的存在和赋予外物的存在以意义。胡塞尔认为，如果人成了形而上学的问题，特别是成了哲学的问题，那么人就是作为理性的存在而被考察的。我们一定要知道，这里的理性不是灭掉人欲的理性，这里的理性不是我们对自己利益的计算和最大化，不是人自私自利的本能。恰恰相反，这里的理性是人的丰富性、德性和超验性的基础，是人本身配得上终极目的之前提。

胡塞尔还认为，如果考察人的历史，那么所涉及的就是历史中的意义和历史中的理性。人的问题和历史的问题都可以称为“形而上学”问题，它们都超越了“纯粹事实的世界”的范畴，占有比“事实的世界”更高的地位，赋予世界以“意义和价值”的内涵。所谓事实的世界，就是无意义和无价值的世界；所谓人的世界，就是有意义、有价值的超越性的世界。我们每天都必须面对这个事实的世界，但是我们人本身不是事实的一部分。我们是这个世界的意义和价值的赋予者和承载者。

第二条路径就是“敬畏人性尊严”。

康德认为，一切道德概念都完全先天地在理性中有其位置和起源，无论是在最普通的人类理性中还是在最高级的思辨理性中都是如此。这就是说，无论我们是普通人还是思辨性的哲学家，道德概念都植根于我们的理性当中，即是说我们的理性都能够创设普适的道德概念或与道德概念相契合。这也正是人值得敬畏的最重要原因。

相应地，道德概念不能从任何经验性的和纯属偶然的知识中抽象出来。什么是经验性的和纯属偶然的知识呢，就是关于这个世界的事实的知识。关于这个世界的事实的知识不是文化，关于这个世界的价值和意义的知识、关于这个世界的超越性以及关于人本身的终极目的之知识才叫作文化。道德概念的尊严正在于其起源的这种纯粹性，使它们能够充当我们的最高实践的原则。

康德通过上述思想赋予人极大的尊严、价值和地位。这巨大的尊严、价值和地位正在于人持有文化，而唯有人能够从文化中抽象出德性、价值和意义。

通过对人学思想史的简单梳理，通过对人类生命史的概要回顾，我们提出“生命文化”概念。生命文化本身不是一种特定的文化类型，而是对人类文化之本质的提炼和弘扬，这种本质就是敬畏生命。生命以世界为存在依托和进化舞台。与敬畏生命并列的理念就是肯定世界并最终赋予世界意义。因此，生命文化指向一种根本价值，这种价值就是“人是终极目的”；生命文化弘扬一种积极态度，这种态度就是“建构世界意义，敬畏生命尊严”。生命文化倡导一种准则，这种准则就是“仅当技术、思想和体制有利于生命价值创造、生命意义弘扬及生命目的达成时，它才是值得拥有的”。生命文化还提供一种媒介，在这种媒介之下，不同的文化类型虽然有不同的内容、不同的特征和不同的文明表现，但是它们都可以在“建构世界意义，敬畏生命尊严”这一点上相互沟通和相互认同。

在本章，我们讲到生命与文化－伦理的根基性关联。我们阐述了生命的文化本质，文化的伦理本质和伦理的敬畏生命本质。所谓伦理的敬畏生命本质就是指伦理本身敬畏生命和以人为目的之终极价值取向。

第七章 儒家的生命观

生命是中国传统文化最核心的概念，从某种程度上可以说，整个中国传统文化都围绕着生命这个主题展开。儒家思想作为中国传统文化的重要组成部分，其蕴含的重视生命的特点尤为突出。要理解中国传统文化，要建立文化自信，我们就不得不对儒家的生命观加以重视。

“生命”在现代汉语和传统文化中的意义差异很大，在现代汉语中，生命主要指的是生物层面上的机能与存在；而在中国传统文化中，“生命”是个词组，是“生”和“命”两个概念的组合，这两个概念分别指向两个维度。

儒家思想是中国传统文化的重要组成部分，传统文化对“生命”的定义和儒家思想有直接的关系。在儒家思想中，对“生”和“命”的论述非常丰富，这些论述大多朴实又深刻，这些思想不仅对传统中国人的日常生活有巨大的影响，对他们思考人生真谛、追求生命价值亦有深刻的启发。从这个角度我们可以说，儒家的生命观是传统中国人安身立命的思想基础，对现代人追问人生意义、反思生活状态亦有参考价值。

儒家很早就开始思考生命问题，而引发儒家去思考生命问题的直接原因则是日常生活中的最普通事务，在《论语·先进》中，孔子和他的弟子子路的一段对话很能说明儒家对生命、生活与人生的态度：

> 季（子）路问事鬼神。
> 子曰：“未能事人，焉能事鬼？”
> 曰：“敢问死？”
> 曰：“未知生，焉知死？”

事鬼神即是祭祀，对先民们而言，鬼神是一种普遍的信仰，服侍鬼神是他们日常生活中最重要的事务之一，而儒家就是掌管这种祭祀仪式的人群，作为这样一个群体，儒家对鬼神的态度却颇具理性。从上面的对话中我们可以看到，孔子虽然认为服侍鬼神很重要，但其重要性是相对于“人”而言的，也就是说，服侍鬼神的目的是为人们的生活服务的；在先民们的信仰中，神掌管着人的福祉，鬼是人死后的存在状态，因此，祭祀的问题也是人们对生命之来龙去脉的思考，对于这样一件严肃的事情，孔子的理性态度也很有启发性，在孔子看来，死固然是难免的，但其重要性则不如“生”的问题，而“生”指的便是生活、人生的问题，即如何过一种有意义的生活，如何选择一个好的生活方式。

在对生命问题的思考方面，孔子所展现的理性态度和所关注的内容奠定了儒家生命观的基础，后世儒家基本围绕着这两类内容展开探索。

第一节 孔子的生命观

上文谈到儒家对生命的理解中包含着对生活的态度、对人生的感悟，但儒家对生命的观点并不单指人生观，儒家对生命的理解超出人生观的范围，有着一些更加高远的指向，这一特点从孔子这里便能呈现出来。在一般意义上，人生观指的是我们对自己生活状态、生活方式的看法和反思，而儒家对于生活和人生的看法是建立在他们对人的本质、社会环境乃至整个宇宙的思考的基础上的。从这个角度可以说，儒家的生命观是儒家思想家们形而上思考的结果，是一种非常深刻的哲学观点，这种建立在思辨的、抽象的、形而上的思考的生命观，显然不同于一般意义上的人生观，它有着更加长久的影响力和启发性。

作为儒家学派的创始人，孔子对“生命”的态度对后世思想家们的生命观影响很大，不论是先秦的孟子、荀子，抑或汉唐儒学、宋明理学，乃至现代新儒家，孔子的生命观都始终是一个核心主题。

一、生命的向度

孔子对生命的理解有一个重要的特点，即重视“生”。如何是重视？孔子有很多论述，他的这些思想来自于日用伦常，又影响着日用伦常。由于孔子的这些思想和传统中国人生活的关系如此地契合，这种生命观就渐渐地成为中国传统文化的基础，逐步渗透在传统中国人的精神深处，成为传统中国人的性格特征。

那么，究竟怎样才算是重视生命？孔子从三个角度做了探讨：

首先，孔子将生命分成两类，一是人，二是物。人和物有着本质的不同。所谓重视生命，需要从重视“人”的生命开始。在《论语·乡党》中有这样一段记载：

> 厩焚。
> 子退朝，曰：“伤人乎？”
> 不问马。

在孔子看来，人和畜有着本质的不同，畜属于物的类别，而人是一种更为特别的生命。人为何是一种更高层面的存在？依据何在？孔子认为之所以更值得重视的原因是“仁”，孔子说：“仁者，人也”。《说文解字》说：“仁者，从人从二”，意思是人不仅是一种生物性的存在，还包含着一种群体性的特征，即人还是一种社会性的存在。关于“仁”，孔子论述很多，在《论语·阳货》中，孔子回答宰予的一段话很有启发性：

宰我问：“三年之丧，期已久矣。君子三年不为礼，礼必坏；三年不为乐，乐必崩。旧谷既没，新谷既升，钻燧改火，期可已矣。”子曰：“食夫稻，衣夫锦，于女安乎？”曰：“安”，“女安则为之。夫君子之居丧，食旨不甘，闻乐不乐，居处不安，故不为也。今女安，则为之！”宰我出，子曰：“予之不仁也！子生三年，然后免于父母之怀，夫三年之丧，天下之通丧也。予也有三年之爱于其父母乎？”

孔子认为宰我不仁是因为宰我对礼的漠视，而宰我漠视“礼”的原因则是他对“礼”所抱有的功利性态度。在宰予看来，“礼乐”应当是出于人的利益而设定的，礼的规定如果不利于人们的生活，礼乐就应该改变以适应人们的社会生活。这种观点在现代人看来已然无可厚非，而在孔子看来，礼乐在本质上是人类情感的表达。各种礼仪风俗，在大多数的时候与人们追求高效、便利的生活是背道而驰的，但人们为何还需要这些“礼乐”呢，这是因为这些制度体现了人的情感，体现了人的特殊性，使得人能够从“利或不利”的狭隘的价值观念中挣脱。以“为父母守丧三年”为例，虽然三年之丧会让人承受经济上巨大的损失，不利于人们的生活，但这种明知无益却依然去践行的做法，恰恰显示了在功利主义面前，在利益的锁链中，人依然有选择的自由，人不只是受生物自然摆布的事物，而是一种自由的、有尊严的生命。

礼乐是人的情感的外在表征，这种情感从本质上说即是“仁”，这种情感人人都有，但并非人人都愿意去实践它，因为实践“仁”便意味着要去克服众多人的生物性的本能。基于此，孔子说：“子欲仁，斯仁至矣！”是否成为一个真正意义上的人，并不是一个“能不能”的问题，而是一个愿不愿意的问题。孔子说宰我不仁，便是看到宰我不愿意承担起“人之为人”的崇高使命，而甘愿屈服于功利主义的摆布，这种人显然不能说是一个自由的人，更谈不上崇高。

从表面上看，礼是规范，而在孔子看来，礼是理，是仁，是人的本质性特征，知道了这一点，面对种种困难仍然选择去践行它的人，才是真正意义上的人，才是崇高的生命，这类人，孔子许之以“君子”。对于君子，孔子是很推崇的，因为孔子对君子的推崇，后世儒家都努力去当君子，以至于君子在中国文化中成为一种象征性的人格，即君子人格。

在《论语》中，有两个故事可以很形象地说明君子的特征，一则出现在《论语·雍也》中：

子曰：质胜文则野，文胜质则史。文质彬彬，然后君子。

在《论语·微子》中则有一段言论描述那种与君子人格不相同的避世之徒，与上文相比较，则会发现孔子对君子的期许。

长沮、桀溺耦而耕，孔子过之，使子路问津焉。长沮曰："夫执舆者为谁？"子路曰："为孔丘。"曰："是鲁孔丘与？"曰："是也。"曰："是知津矣。"问于桀溺。桀溺曰："子为谁？"曰："为仲由。"曰："是鲁孔丘之徒与？"对曰："然。"曰："滔滔者天下皆是也，而谁以易之？且尔与其从避人之士也，岂若从避世之士哉？"耰而不辍。子路行以告，夫子怃然曰："鸟兽不可与同群，吾非斯人之徒与而谁与？天下有道，丘不与易也。"

在孔子看来，人与人之间因为选择的不同可以导致巨大的区别，选择做君子则需要接受日用伦常，要内外一致，要彬彬有礼，做这样的人不仅要与那种以功利为导向的诱惑做斗争，还要警惕极端的自由主义——避世之徒。这些避世之徒，亦即中国文化中的隐士，他们宁可选择一种无政府主义的生活，追求原始的自由。在孔子看来，君子不仅是人对自己的期许，也需要通过实践获得他人的认可，君子是一种思想和行为相一致的人格，而这种特征显然不是隐士们只追求内心的自由不注重实践生活所具有的。那种避世之徒，孔子认为他们要么是懦弱的理想主义者，要么是因为无知而沦落为禽兽之流的"物类"。通过上述材料，可以感受到，孔子推崇的那种崇高的生命是一种兼具生物性和社会性的"人"，而在孔子看来，人并非天生是人，人是一种形成中的存在，人在成其为人的过程中，必须承担起相应的责任和使命，在履行责任和使命的过程中，人才最终成为"人"。

二、生命的深度与高度

孔子认为人的最终指向应当是"君子"，因此，是否愿意成为君子是人成其为人的起点，是生命是否站立在一个更高层面上的关键。那么，如何在这个更高的层面上展开生命历程，如何建构起生命的尊严则是一个更加具体也更加深刻的问题。作为一个思想家，孔子显然不能毫无根据地畅想这样的问题，面对"生命"这样一个崇高的对象，为之建构一种值得拥有的存在方式，首先必须对"生命"的根本问题有客观的了解，这些了解还必须有站得住脚的依据。

对于生命问题，最根本的问题有两个：一是其"为何如此"的问题，也就是生命如何就成了现在这个样子；二是"目的性"的问题，即生命存在的目的是什么？要探究这两个问题，不但要涉及事物的变化发展的原因，也关系到这个世界是如何形成的问题，而这两个问题都是哲学的基本问题。哲学的基本问题必然需要用哲学的方式加以分析。

对于这两个哲学问题，孔子则从儒家最重要的经典——《易》中寻求解决，《易》是儒家的哲学经典论著，被誉为六经之首，孔子自然也非常重视，在《论语·述而》中记载这样一句话：

“子曰：加我数年，五十以学易，可以无大过矣。”

而在《史记·孔子世家》司马迁也说孔子：

“孔子晚而喜《易》，序《彖》、《系》、《象》、《说卦》、《文言》，读《易》，韦编三绝，曰：“假我数年，若是，我于《易》则彬彬矣”。

《易》向来被当作卜筮之书，但儒家却认为《易》是包含着关于世界之本质的看法，《易》的作者是圣人，是哲人，他将世界上的万事万物看作一个有机联系的整体，《易》的理论是一种系统的世界观，这个世界观不仅包含对世界的看法，也包含对生命的看法，将生命和世界相互联系的观点，可以为人们如何看待自己的生命，如何重视自身的价值和意义，如何过一种正确的生活提供帮助，也就是说，《易》可以解决“人何以为人”的问题。

基于此，孔子在晚年致力于研究《易》，并为《易》作了许多解释，据说《易》的十篇《传》都为孔子所作，而《易》今天的读者要理解《易》的思想，都必须通过这十篇《易传》，孔子在《易·系辞传下》中提出：

古者包羲氏之王天下也，仰则观象于天，俯则观法于地，观鸟兽之纹，舆地之宜，近取诸身，远取诸物，于是始作八卦，以通神明之德，以类万物之情。

《易》被认为是上古圣人伏羲所创造，在历代传承过程中不断改良，在周文王时得以完善，而《易》的内容包罗万象，与神明相通，与万物的本质情况相符合，因而，《易》可谓正确地反映了整个世界的变化发展规律，已经揭示了这个世界的本质。那么，这个世界的本质究竟如何呢？

《易·系辞下》中提出：

天地氤氲，万物化醇，男女構精，万物化生。

《易·序卦传》则提出：

有天地，然后有万物；有万物，然后有男女；有男女，然后有夫妇；有夫妇，然后有父子；有父子，然后有君臣；有君臣，然后有上下；有上下，然后礼义有所错。

这个世界以这样一个方式在发生演化，因为它是受自身规律的支配，这个规

律是什么呢?《易·系辞上》解释说:

一阴一阳之谓道,继之者善也,成之者性也。

道是这个世界的原因,也是这个世界的规律,天地万物秉承着阴阳之道,阴阳之道变化不息,无穷无尽,因而,天地万物也变动不居,这种变动前后相续、生生不息,因而,万事万物都处在生生不息的变化过程中。

变化即是生生不息的过程,但变化并非一成不变的前后更替,而是以“元、亨、利、贞”的节奏在不断演化,万事万物在形成中走向毁灭,在消亡中产生新的事物,生命也是如此,从出生的那一刻开始便走向死亡,在消亡的过程中孕育出新的生命,代代传承、推陈出新。

前文中提到,孔子认为人在本质上有不同于其他生命的特征,人是要高于其他生命的,那么,人的这种独特性来自哪里呢?在《易传》中,孔子这样解释:

富有之谓大业,日新之谓盛德。生生之谓易。成象之谓乾,效法之谓坤。

变化意味着推陈出新,推陈出新才是“易”,才是生生不息。“生生不息”的来源是天地之本性,是“道”。在万事万物中,为何独有人才秉承“推陈出新”的属性,孔子则认为这是一个客观事实,不需要论证。而孔子之所以肯定这个客观事实,乃是通过最直接的观察和体悟得来的。在这个世界上众多的生命中,唯有人能够跳出自然锁链的束缚,能够与“天地参”,而众多的事实也印证了这一点,如文字的创造、各种器物的发明,乃至礼乐制度等,毫无疑问是一种人为的结果,因而,在孔子看来,人是唯一有创造力的生命,但天地赋予人创造力,并不是毫无原因的,因为,天地希望人能够帮助他推动并维护世界的发展变化,能够让世界上的万事万物变得更和谐。《中庸》中提出:

天命之谓性,率性之谓道,修道之谓教。……致中和,天地位焉,万物育焉!

生命来自天地,生命的本性与天地的本性是相一致的,因此,人与天地宇宙有着共同的终极目标,人只要尽自己的本性便能发现这一点,便可以实现这一点。但并非每个人都能够真正认识到这个使命,并付诸实践。儒家认为,只有那些圣人可以发现并知道这个使命,在圣人的教导下,一部分人可以觉醒并认识到自己的本性,孔子将这些人称之为“君子”。在《论语·季氏》中孔子说:

生而知之者上也;学而知之者次也;困而学之,又其次也;困而不学,民斯为下矣。

人一旦了解了自身的本性,那么他就应当去实践,将本性展现出来,因而《易》所强调的便是如何展现人的本性。在《易·乾·象》提出:

大哉乾元，万物资始，乃统天。云行雨施，品物流形，大明终始，六位时成，时乘六龙，以御天。乾道变化，各正性命。

天地生化万物，这是乾元之道使然，天地的本性乃是一种推陈出新的“乾健有为”之精神，人应当乘六龙以御天，以这种乾健有为之精神来使万物“各正性命”。使万物各正性命是如此重要，又如此困难，因而《易》一开始就提出了两个非常重要的观点，一是《易·象传》提出的：

天行健，君子以自强不息。

另一个是《易》的爻辞所谓：

君子终日乾乾，夕惕若，厉，无咎。

人要实现自己的使命需要克服无穷的困难，“自强不息”的精神是克服这些困难的内在动力，而面对神圣的世界，“终日乾乾，夕惕若”的谨慎态度是另一个必要的条件。

从以上论述可以知道，孔子的生命观的理论基础是《易》，其前提是对这个世界有系统深刻的认知，这种认知是对生命有客观的、思辨的依据，这种认知还能够对生命的实践给予指引。两千余年的历史证明，孔子的生命观不仅指引传统中国人创造了光辉灿烂的文明，对当代乃至未来的人类生活也可以产生深远的启示。

第二节　孟子的生命观

孟子是战国时期的思想家，学宗子思，被誉为亚圣，在儒家中的历史地位仅次于孔子。孟子关注的重点是社会、政治问题，面对战国时期动荡不安的社会环境，孟子试图在理论上建构一个有可行性的理想社会，以解决这些社会问题。作为一个严谨的思想家，孟子意识到社会或政治的基础是人，社会结构和政治制度只有和人的本性相互适应才能得到良好运行，如果制度和人的本性相互扞格的话，那么，不是生活于其中的人不堪重负，就是制度被破坏，因而，孟子在提出自己的政治设想之前，必须对人的本性进行研究。通过自己的思考和探索，孟子认为人的本性是“向善”的，追求德行、追求合理、追求完善，这都是人的基本需求，社会制度需要和这些倾向相一致，社会制度的设计必须以人的本性为依据，而非反过来人的本性要被修正以适应社会制度。

在探索人之本性的过程中，孟子探索的内容涉及各种生命的特性，这些内容虽然不能构成系统的生命观，但他对人这种生命的本性的见解却对后世理解人、理解生命、理解这个世界有深远的启发。

孟子的思想基础是孔子，而引起孟子去思考这些问题的直接原因则是当时的社会现实。孟子师从的是孔子的后人子思，因而，孟子对生命的观点基本上与孔子相一致，但社会的剧烈变化让孟子意识到孔子的“克己复礼”的制度设想已经不具有可行性了，因而，孟子试图对人进行更加深入的分析，希望找到一个更加坚实的基点，以作为制度建设的依据。从这个角度出发，我们可以说孟子对生命、对人性的看法比孔子更加具体，更加深刻，而孟子看待生命、分析人性的方法则是通过比较的方式展开的。

一、人禽之辨

为了发现人的本性，孟子首先比较了人与禽兽的区别，他试图通过比较，找到人区别于禽兽的特征，并证明这个特征就是人“成其为人”的依据。

孟子认为，人和禽兽的确具有一些类似的生物性特征，这些特征使得人和禽兽一样要服从自然的召唤，做出一些类似的行为。但孟子同时也敏锐地意识到，在人与禽兽的行为中，禽兽的行为是出于自然的支配，是一种不自觉的行为，对禽兽而言，它们不得不如此行动；而人的行为则不同，这种不同表现在支配人行为的原因更为复杂，人会出于某些目的刻意地去抗拒甚至违背自然的意志，这些“目的”虽然各有不同，但综合起来看却有一致性，那就是都朝着“善”的方向发展。这种朝着善的方向发展的倾向以一种隐而不显的方式支配着人的行为，如同“水往低处流”一般，向下是水的本性，而非自然的本性。《孟子·告子章句上》中有过这样一段话：

告子曰：“性犹湍水也，决诸东方则东流，决诸西方则西流。人性之无分于善不善也，犹水之无分于东西也。”

孟子曰：“水信无分于东西。无分于上下乎？人性之善也，犹水之就下也。人无有不善，水无有不下。今夫水，搏而跃之，可使过颡；激而行之，可使在山。是岂水之性哉？其势则然也。人之可使为不善，其性亦犹是也。”

在孟子看来，各种事物的产生、各种生命的行为之所以发生，其原因都是两方面的，一是事物自身的原因，即其本性；二是自然的规律，这个世界上所有的事物都受自然规律的影响。无生命的事物受自然规律的支配，也受自身本性的驱使，如同水往下流一般。有生命的禽兽也受自然规律的驱使，虽然他们的本性有时候会与自然规律相扞格，但禽兽无法违背自然的意志，而人则不同，人虽然也受自然规律的影响，但人有时候可以抗拒甚至违背自然的意志，这是因为人的本性与这个世界上的所有事物都有所不同。在《孟子·告子章句上》中有这样一段对话：

告子曰："生之谓性。"

孟子曰："生之谓性也，犹白之谓白与？"

曰："然。"

"白羽之白也，犹白雪之白；白雪之白，犹白玉之白与？"

曰："然。"

"然则犬之性，犹牛之性，牛之性犹人之性与？"

在孟子看来，本性的确是与生俱来的，但人的本性与兽的本性是不同的，这是类的差别。人与生俱来有着"向善"的本性。他引用《诗经》的话说："天生蒸民，有物有则。民之秉夷，好是懿德。"意思就是这个世界上的万事万物都是有规定性的，人的本性就是趋向于善。而这种善则表现为恻隐之心、羞恶之心、辞让之心、是非之心，这些内在本性在实际生活中表现为仁、义、礼、智等行为。为了证明这些属性确是人的内在属性，孟子举了一个例子来加以证明，在《孟子·公孙丑章句上》中讲到：

人皆有不忍人之心。先王有不忍人之心，斯有不忍人之政矣。以不忍人之心，行不忍人之政，治天下可运之掌上。所谓不忍人之心者，今人乍见孺子将入于井，皆有怵惕恻隐之心，非所以内交于孺子之父母也，非所以要誉于乡党朋友也，非恶其声而然也。由是观之，无恻隐之心，非人也；无羞恶之心，非人也；无辞让之心，非人也；无是非之心，非人也。恻隐之心，仁之端也；羞恶之心，义之端也；辞让之心，礼之端也；是非之心，智之端也。人之有四端也，犹其有四体也。

从这个角度我们可以看出，孟子对人性的理解比孔子更加具体、更加深刻，孔子认为人称其为人的起点在于"愿不愿意"，而在孟子这里，他为人类的特殊性找到了依据。

长久以来，孟子的性善论饱受争议，这与人们对孟子的误解有直接的关系，首先，孟子的性善论是针对人的社会性而言的，因为"善恶"并非一种自然的本性，善恶是指对他人所造成的影响，如果没有和他人共处，那么便无所谓善恶。独立于社会的善是不存在的。孟子清楚地认识到了这一点，因而他所提出的恻隐、羞恶、辞让、是非等属性也都是建立在与他人的相互关系之中。

通过这一转换，人的本质属性被孟子从自然属性转移到了社会属性，从这个角度，孟子对"人性善"的观点，如同古希腊哲学家亚里士多德所说的"人是政治性的动物"。而人一旦在社会中存在，那么其行为所造成的结果必然有善，有恶，有不善不恶，有非善非恶，而孟子为何将人性定义为善？这与孟子对孔子以及《易》中所建构的形而上学本体论有直接的关系。

《易·系辞上》提出：

一阴一阳谓之道，继之者善也，成之者性也。

《易·系辞下》则提出：

天地之大德曰生，圣人之大宝曰位。

可以看出，《易》提出整个天地宇宙在不断变化，但这种变化不是简单的循环往复，不是单纯的前后相继。世界的变化是在更替中朝着更加合理、更加完善的方向发展。作为一种哲学思想，《易》的这种目的论色彩是很明显的，毫无疑问，孟子受到这种思想的影响。

孟子把《易》的“目的论”思想运用到其社会理论之中，整个世界在朝着更好的方向发展，那么，社会系统作为世界的一个部分，其发展方向必须与世界保持一致，而社会要朝向一个更好的方向发展，那么必然要求社会中的个体都展示出“善”的本性，唯有个体从其善的开端出发，将善的意愿当作实践的基点，以此展开善的实践，那么，整个社会才可能变得更加美好。

从以上论述我们可以知道，孟子生命观的核心是人的本质，而这种本质指的是人的社会性。从思想发生的顺序我们可以看到，孟子对人之本的定义是建立在一种形而上思辨的基础上的，而非对外在现象的描述。孟子的“人性善”观点是将儒家对整个世界的美好未来的愿景倒置过来，当作社会进步发展的起点。

第三节　荀子的生命观

荀子是战国时期的儒家大学者，荀子，名况，字卿，战国末期赵国人。人称荀卿，曾三次出任齐国稷下学宫祭酒，是当时思想界的领袖。

荀子是首先发现孟子性善论之片面性的人，荀子从一开始就发现了人性的善恶是一个判断性的问题，判断性的问题是后天的、经验性的问题，孟子却将善恶当成了本质属性来加以探讨，荀子认为这是一个逻辑上的错误，孟子错将后天的特点当作先天的属性来分析，这是前后倒置，因此，他试图纠正这个错误，将人的自然属性当作本质属性，于是他在《荀子·性恶》开篇就提出：

人之性恶，其善者伪也。

今人之性，生而有好利焉，顺是，故争夺生而辞让亡焉；生而有疾恶焉，顺是，故残贼生而忠信亡焉；生而有耳目之欲，有好声色焉，顺是，故淫乱生而礼义文理亡焉。然则从人之性，顺人之情，必出于争夺，合于犯分乱理而归于暴。

故必将有师法之化，礼义之道，然后出于辞让，合于文理，而归于治。用此观之，然则人之性恶明矣，其善其伪也。

荀子将人性定义为恶，那么，首先就要对什么是“恶”进行解释，他认为恶就是好利、疾恶、喜欢声色。从荀子的言论可以看出，他对人的本性的分析遵从这样一个逻辑脉络：人生而好利、好声色、好争夺，这些是人的自然属性，是生物性的本能。这些特点都会导致对他人不利的结果，对他人不利就是所谓的“恶”，因而，人的本性是恶的。

同样从逻辑的角度来分析，我们知道一个事物可能会引发不好的结果，并不能证明这个事物本身就是不好的，如同毒药会毒死人，但不代表毒药本身是“恶”，生物性的本能会引发争夺、淫乱，并不能证明这些本能是恶。显然，荀子在这里试图用逻辑的方式推翻孟子的性善论，但自己却犯了同样的错误；其次，荀子虽然指出了人的生物性本能中的一些特点，但他忽略了人的本能中也会有自我节制的这种特征，而这个特征显然是孟子所谓的“义、礼、智”，从这个角度，我们会发现，荀子对孟子的反驳并没有击中要害，荀子说人性恶的时候，并没有办法否定人性中有向善的特点。

但荀子指出孟子观点的错误却有着非常重要的启发性，他让我们看到人类本性的复杂性。诚然，人的行为和其内在的思想、欲望、需求有直接的关联，但依据某一次的行为来给某一个人定性的方法，显然是非常片面的。

不论从逻辑推理的角度分析，还是从经验发生的事实看，善恶都只是行为的结果，而不是行为的根源。一种行为如果给某人或社会造成痛苦或有害的结果，那么这种行为被定义为恶；而一种行为对他人或社会造成某种快乐或益处，那么，这种行为被称之为善。因此我们可以说，善恶等属性是社会的特征之一，而非人的本质属性。

人与人相互共同组成了社会群体，那么为了更好地生存，还有欲望和需求得到满足，则必然要求人们对自己的需求和欲望进行克制，于是所谓的仁、义、礼、智就产生了。这些内容同样是由人之需求和欲望导致的，但荀子将这些称之为“伪”，殊不知其所谓的争夺、淫乱、声色等同样也是欲望的结果，在这个问题上，荀子和孟子犯了同样的错误。

由于儒家本身所带有的局限性，儒家对生命的理解始终以“人”作为最重要的主题，因而，儒家对生命之本质的理解也始终停留在行善或性恶的争执上，即使汉代的思想家董仲舒提出了“性三品说”，也始终局限在“善恶”的问题上，无法超越。

第八章 道家的生命观

道家的生命观，即道家对生命的看法。道家看待生命的角度和儒家有很大不同，这一点决定了道家主张的存在方式、生活方式与儒家截然不同。道家对生命的理解比儒家更宽泛，没有像儒家那样将生命分为人或物，道家一开始对生命所持有的态度就很开放。道家认为万物皆出于自然，皆按照自然的本性存在着，对于这些出自于自然的生命，人们不宜过分地干涉他们，因而，他们主张顺其自然，无为而治。

道家的这种开放的态度使得它更容易受到大众的接受，也更容易和普通人的生活融合在一起，随着时间的推进，道家的生命观愈发根深蒂固，成为传统中国人生存、生活的方式，这种生活方式追求的是人和自然的和谐统一，相辅相成。

与儒家不同，道家并不执着于“生命是什么”或者“本性是什么”等问题，道家更关注的是如何“对待生命”的问题。在道家看来，追问生命是什么的问题如同缘木求鱼，问错了方向，因为我们的思维必须依靠语言，而语言本身是有局限性的，语言不能把握“是什么”这样一些本质性的问题，因而这种追问注定是没有答案的，也是不会有结果的。为此他们转而面对一个更加实际的问题，即我们应当如何对待自己的生命？简单地说，就是如何度过自己的人生，如何让自己生活在一个合适的环境中，这个问题便是“安身立命”的问题。

安身立命是中国传统文化的核心问题，在中国历史上，几乎每一个学派都试图提出一种安身立命的设想。但在各种设想中，真正有影响力的却只有寥寥数家，而道家则是少数有影响力的思想中最出色的一家。道家在这方面提出的设想与其他学派有很大不同，正是这一点奠基了道家思想与众不同的特质，使得道家能够不绝如缕，滥觞数千年，滋养着传统中国人，乃至当代中国人的生命与生活。

道家生命观的形成并不是由某一个思想家独立完成的，而是由几个重要的思想家前后相继，逐步构建起来的，在这个建构过程中，老子、列子、杨朱、庄子将这个“生命观”逐步完善，最终构建起了一种顺时应物，坚韧超拔的“安身立命之道”，支撑着中华民族的浮浮沉沉。

第一节　老子的生命观

老子，字伯阳，谥号聃，又名李耳，春秋时人，担任过周朝的守藏室之官，是个历史学家。老子著有《老子》一书，又名《道德经》，是道家学派的经典著作，在《道德经》一书中，老子提出了“道”这一哲学概念，并将“道”作为理论上的依据，用以解释整个纷繁复杂的世界。“道”这一概念后来得到了诸子百家的接受，让早期的中国思想家们认识到，要解释这个世界，必须有一个理论上的依据，而老子提出的“道”，由于其所具有的合理性而得到大众的认可，成为中国文化中最重要的概念。

虽然诸子百家都接受了“道”这一概念，但“道”在各个思想家的理论体系中所指并不一样，而老子所提倡的这个“道”，一是指各种现象背后的规律，二是指各种事物的原理，三是指社会文化形成的原因，四是指整个世界的依据。由于这四个内涵涉及的对象无所不包，因而老子的“道”成为中国文化中应用频率最高的一个概念，而这个概念的影响也不仅限于道家。

由于“道”是整个世界的依据，因而，“道”也是解释生命的依据，如何对待生命的问题也必须与“道”相通，从这个角度，我们可以理解老子的生命观，亦即老子提出的“安身立命”之道，从本质上说，就是生命如何与道融合为一体的过程。在老子看来，生命与万事万物是互相联系的，与整个世界是互相联系的，要与道融合为一体也就是处理好与万事万物、与整个世界的关系，因而，老子的“生命观”是一个系统庞大、兼容并包的思想体系。

道字的本意就是道路（《说文解字》解释为“所行道也，达谓之道”）。道路是通向某个目的地的过程，可以说“通达”是道最基本的内涵。老子的“道论”也是在这个基础上做出的扬弃，他将整个世界的发展变化视为一个过程，认为世界是在时间进程中不断变化、通达于某处的，因而，“道”不仅是所行之道路，更是整个世界变化发展的进程，是这个进程所表现出来的某种规律、原始的动力。

在这个认识基础上，老子说：

“有物混成，先天地生。

寂兮寥兮，独立而不改，周行而不殆，可以为天下母。

吾不知其名，强字之曰道，强为之名曰大。大曰逝，逝曰远，远曰反。”[①]

① 《老子》第25章。

在老子看来，这个世界的发生必然是有原因的，虽然这个原因并不直接显示出来，但通过思考和观察，人们可以知道在这个原因的作用之下，整个世界处于循环往复的变化之中。现在这个世界便是这一些循环往复变化的结果，也是未来世界的原因。作为构成这个世界的万事万物也处在“道”的作用之下。“生命”，作为万事万物中的一环，毫无疑问，也是道运动变化的一个结果。

一、生命来源

作为中国历史上的第一位哲学家，老子是具备高度思辨和抽象思维能力的。因而，对于生命来自何处的问题，他一开始就放弃了发生论的描述方法，也不用形象类比的手段，虽然《老子》一书也有一些形象类比，但对于生命之来源的问题，他采取了一种形而上学思辨与逻辑推论的方式来阐释，这是老子在思维方面高于其他诸子的地方。

在《老子》第四十二章中，他说：

“道生一，一生二，二生三，三生万物。万物负阴而抱阳，冲气以为和。”

中国的先民们很早就朴素地感觉到气的无所不在，因而，早期的思想家们将气当作构成这个世界的基本质料，但气是如何构成这个世界的呢？数量的叠加显然不能够说明这个问题，因而早期的阴阳家们思辨地将“气”分为阴阳两种，因为不同的质料之间相互作用才能够产生不同性质的万事万物。而这构成世界的两种质料之间，显然也需要一种基本的性质，那就是能够互相作用，能够“相生”。基于此，老子扬弃了气论和早期的阴阳思想，抽象思辨地描述了世界的发生过程。

而万物最终之成形，也就是万事万物的现存状态，则是阴阳之气达到了“和”的状态，也就是说是内在矛盾达到了平衡，当然这种平衡是一种暂时的、动态的平衡，因而，万事万物在道演化的过程中既在生成，也在毁灭，生成中有毁灭，毁灭中有生成。

二、生命的种类

老子认为世界上的事物可以分成四类，分别是道、天、地、人，而各种生命在其中分属不同的类别，但人在老子看来是一种独特的存在，这种独特性并非是等级上的区别，而是一种类型上的差异。在《老子》第二十五章中有这样一段：

“故道大，天大，地大，人亦大。域中有四大，而人居其一焉。”

在老子看来，道是规律的范畴，天是阴阳、四时、六合等认知的范畴，地是各种客观存在的范畴，而人则是一种独立的类别。但人与其他三种事物并非决然不同，其中也有共通的本质属性，这种本质属性就是道的作用，因而，老子总结说：

“人法地，地法天，天法道，道法自然”。

万事万物受道的支配而产生变化，道以一种“自然”的方式在起作用，促使万物发生、形成、毁灭。而这种“自然”的方式也是生命存在的基本状态。

那么，究竟是什么使“人”从众多的生命种类中脱颖而出呢？是什么原因导致老子在论述生命的时候将着眼点放在人类的身上呢？在《老子》第三十九章中，他提出：

“昔之得一者，天得一以清，地得一以宁，神得一以灵，谷得一以盈，万物得一以生，侯王得一以为天下贞。”

事物之所以称其为事物在于得一，即得气之正，而人之能够称其为人，其关键也在于得气之正，得“中和之气”，而从这个角度，我们也可以看出，老子之所以将人从其他生命类型中区分出来，是因为人身上所具有的“和气”，一种和谐的状态。

而这种“和谐”的状态是“道”演化的结果。老子说：“大道泛兮，其可左右，万物恃之以生而不辞，功成而不名就。衣养万物而不为主，可名于小；万物归焉而不为主，可名为大。”意思是大道广泛啊，万事万物都离不开它，万物产生、成长、毁灭都依靠它，但却又感觉不到它的存在，道大到无所不包，小到无所闻见。

在这里，老子将道与气作为区分人与其他生命的依据，这个依据显然不是对某种现象的描述，也不是简单的感悟和类比，而是通过对客观世界的考察，进而通过抽象思辨和逻辑推论所得出的结论。

与其他思想家相比，老子的看法显然深刻很多，因为他在思维上实现了一次飞跃，这次飞跃是以整个世界作为思考对象而实现的。生命作为构成这个世界的重要部分，也在老子这里被抽象化和思辨化了。生命不仅仅是各种质料的组合，也不仅仅是某种生物的生存、活动和消亡的过程，它还具有形而上的意义。

三、如何安身立命

在老子看来，整个世界是从道演化创生的，万物的出现也在某些程度上秉承了道的特征。生命是万物中之一种，也是由道所创生的，因而，生命的出现、发展变化也必然蕴含着道的基本特征，即：自然。

“自然”这一概念在老子的思想体系中，乃至整个道家的思想体系中，都是非常重要的。老子说“道法自然”，人生活在自然界之中，自然界之大者是天地，而天地又来源于道，人、地、天、道递相效法，而道所效法的乃是“自然”。这个自然并非自然界的意思，而是自己如此，自然而然。“自然而然”，河上公注云：“‘道’性自然，无所法也。”王弼注则说：“法自然者，在方而法方，在圆而法圆，于自然无所违也。自然者，无称之言，穷极之辞也。”自然有自己如此和自然而然的意思。

道法自然，一个意思是说“道”纯任自己而然，不效法别的东西，无所法也；另一个意思是说，“道”纯任自然而然，即“道”是无意识的、无目的的，于万物之自然或本然“无所违也”。

既然道的本性是自然无为的，因而生命的本质属性也是自然无为的，也就是说，从内在本质上看，生命的过程应该是纯任自然的过程。这个纯任自然的生命历程便是老子和道家所主张的“安身立命”。

在老子看来，要想让生命的过程成为一个纯任自然的过程，那就必须保证存在的环境尽量少受外在的干扰，基于此，对适合安顿生命的理想社会提出了几点设想，而这几点设想便构成了传统中国人对乌托邦最美好的想象。

在《老子》第八十章中，他提出：

“小国寡民，使有什伯之器而不用，使民重死而不远徙；虽有舟舆，无所乘之；虽有甲兵，无所陈之；使民复结绳而用之。甘其食，美其服，安其居，乐其俗。邻国相望，鸡犬之声相闻，民至老死，不相往来。”

理想的社会是适合人性伸张的社会，能够让人纯任自然地生活于其间的社会，这样的社会显然不能有过于复杂的社会关系，国家权力的力量不能过于强大，各种社会规范不能压制人性的伸缩；值得注意的是，老子提出小国寡民的理想，并不意味着国越小越好，民越少越好，理想的社会或国度既不是各种关系错综复杂的大国，也不是野蛮的原始社会，而是一种大小恰当，既能维持人的生存生活需要，又不过于压制人性伸张的社会。在这样的社会中，统治者不能过于频繁地干涉人的生活，各种社会风俗、人伦道德也不被过分地提倡，而成为束缚人的规范。

基于此，在《老子》第十七章中，他提出：

“太上，下知有之；其次，亲而誉之；其次，畏之；其次，侮之。……功成事遂，百姓皆谓‘我自然’。”

理想社会的统治者不能过多地干涉民众的生活，统治者为社会营造一个自然宽松的生活环境，让百姓可以自如地生活于其间，让人感觉不到外在强制的力量，如同庄子所谓：“鲦鱼出游从容，是鱼之乐也”，人生活在这样的社会中，感受不到社会的压力，像鱼儿在水中从容悠游，感受不到水的存在一般。

在《老子》第十八章中他又说：

“大道废，有仁义；智慧出，有大伪；六亲不和，有孝慈；国家昏乱，有忠臣。”

在《老子》第十九章中说：

“绝圣弃智，民利百倍；绝仁弃义，民复孝慈；绝巧弃利，盗贼无有。此三者为文不足，故令有所属：见素抱朴，少私寡欲。”

在老子看来，社会风气、道德、法律都在一定程度上会对人的生活起到保护、辅助的作用，但这些内容如果被过于强调，则容易走向极端，从而变成戕害人性的事物。因此，在理想的社会中，风俗、道德、礼法等有存在的必要，但不能够被过分推崇。

四、小结

生命问题和整个世界的问题是联系在一起的，要理解生命的问题，就不能将其从这个世界中抽离出来，因为生命不仅仅是个体的存在，它时刻与社会、国家乃至世界和整个宇宙联系在一起。因此，要整体地理解并把握这样一个问题，显然不能简单地从发生学的角度去展望、去描述，而通过推论的、思辨的形而上学的方式显然可以更加直观地看到这个问题的本质。

通过这种方式，老子认为世界是由道推动而产生的，世界的变化发展也蕴含着道的本质特征，这种特征是“自然”，生命是构成世界的一部分，其本质特征也是自然，生命的产生、变化乃至消亡也是道运行演化过程的体现。因而，生命的过程也应当是一个“自然而然”的过程。

人是一种特殊的生命，也是构成这个世界的内容之一，人要想“自然而然”地展开自己的生命历程，就应当少受外在的干预和约束，要“我自然”，同时也应当少去干预外在事物的存在状态，要“无为”。

第二节　庄子的生命观

庄子，又名庄周，战国时宋国人，是道家在战国时期最重要的代表人物。庄子和老子并称老庄，两人的思想是道家理论的基础。老庄之所以并称，是因为他们的一些基本观点是互相一致的，这些观点包括世界观、生命观以及思维方式。

作为老子的后学，庄子不是亦步亦趋的思想家，他对问题的思考虽然受到老子的影响，但他同时也将这些问题的探讨推论得更深刻，也让老子提出的一些思辨抽象的命题变得更加形象具体。与老子相比较，庄子对生命问题更感兴趣，他不但从最本己的角度思考了生命的深层次问题，还多维度地考量生命。虽然庄子和老子一样都认为对语言要保持警惕，但庄子出色的文学才华使得他的思想和观点既有通俗易懂的一面，又有发人深思的一面。其著作《庄子》一书既是文学著作的典范，又是深刻的哲学性著作。其中所涉及的一些观点不但是道家生命观经典，也是中国古典文化的代表作。而影响更为深远的是庄子的睿见，不仅影响了传统中国人的生活，也对当代人思考人生有很大的启发。

一、关于生死

庄子活着的时候生活虽清贫简单，但却逍遥自在，践行着自己的哲学思想，他死后被誉为伟大的哲学家、思想家、文学家。这些称谓从来不是他有心想要的。比如说庄子被誉为文学家，是因为他的著作行文优美、耐人寻味又幽默风趣，但庄子本人却对语言文字非常警惕，他甚至刻意地避免用文字来表达自己的思想，因为他认为文字无法准确表达他的思想，会误导读者，出于不得已，他用“寓言”、重言、卮言来表达自己的看法，没想到他所用的语言文字却还是使得他的作品备受关注。

庄子之所以担忧语言会对他的思想造成感染，是因为他认为修辞本身不是重点，真正的重点是找到一种“安身立命”的存在方式，过于注重行文会造成对问题本身的忽视，因为“生命”对每个人而言是最本己，是唯一值得关心的内容。

庄子对生命问题的关注开始于一个沉重的话题——生死。人之所以会关注自己的生命，最直接的原因便是人的生命是有限的，人自从一出生便面临死亡的威胁，正是因为死亡，才会激发人去思考人生价值、人生意义等问题，而死亡对人而言，却又是一个永恒难解的问题。古往今来，所有的人都在追问这个问题，但从未有人真正给出一个能够令众人满意的答案，在众多看法中，庄子的看法是富有启发性的。

在《庄子·至乐》中，他讲述了这样一段寓言故事：

庄子妻死，惠子吊之，庄子则方箕踞鼓盆而歌。惠子曰：“与人居，长子老身，死不哭亦足矣，又鼓盆而歌，不亦甚乎！”

庄子曰：“不然。是其始死也，我独何能无概然！察其始而本无生，非徒无生也而本无形，非徒无形也而本无气。杂乎芒芴之间，变而有气，气变而有形，形变而有生，今又变而之死，是相与为春秋冬夏四时行也。人且偃然寝于巨室，而我噭噭然随而哭之，自以为不通乎命，故止也。”

妻子的死去，引发了庄子对生命之谜最深刻的思考。一般人面对死亡的时候，感受到的便是痛苦，但庄子更深刻地想到了痛苦的根源，难道死一定是令人痛苦的事么？显然，死亡是一种限度，对生命的限制，是生命无法跨越的限度，它如同一个天堑一般横亘在所有人的面前，所有活着的生命无法用已有的认知穿透它。因此，人们面对死亡的痛苦，从本质上说是对死后状态无能为力、无法了解的痛苦。

智慧的庄子换了一个方式来思考这个问题，他去考察生命是怎么来的，进而反观死亡的问题。一个生命出现之前的状态是“无”，一无所有，无生、无形、无气，一片混沌，因为气的运动而形成了形体，有了形体便渐渐有了生命，这种观点是承接这老子的气论而来的，即生死问题从物质的层面来说，是气的聚散问题，这个过程是个自然而然的过程，如同春夏秋冬，四季变化一般。但形体只是生命的一个部分，生命是道演化的结果，其最内在的精神依然存在。而脱却形体束缚的精神，并不必然是痛苦的，恰恰相反，它可以不受肉体欲望的制约，更加自由了。

在《至乐》篇中，庄子借一副骷髅来阐述这种死后的自由状态：

庄子之楚，见空骷髅，髐然有形，撽以马捶因而问之，曰：“夫子贪生失理，而为此乎？将子有亡国之事，斧钺之诛，而为此乎？将子有不善之行，愧遗父母妻子之丑，而为此乎？将子有冻馁之患，而为此乎？将子之春秋故及此乎？”于是语卒，援骷髅，枕而卧。

夜半，骷髅见梦曰：“子之谈者似辩士。视子所言，皆生人之累也，死则无此矣。子欲闻死之说乎？”庄子曰：“然。”骷髅曰：“死，无君于上，无臣于下；亦无四时之事，从然以天地为春秋，虽南面王乐，不能过也。”庄子不信，曰：“吾使司命复生子形，为子骨肉肌肤，反子父母妻子闾里知识，子欲之乎？”髑髅深矉蹙？曰：“吾安能弃南面王乐而复为人间之劳乎！”

从髑髅的角度来看，生命在这个世界上能够享受到的快乐无非是骨肉肌肤，以及父母妻子闾里知识，亦即所谓物欲需求、情感的满足、求知的快乐，这些是凡人能够感受到的最大的快乐，庄子以此作为条件，问髑髅愿不愿意回到人间享受这些幸福的感觉，而髑髅直接拒绝了庄子的提议，因为在他看来，这些快乐都不是真正的快乐，都是有条件的，都是暂时的甚至虚妄的感觉而已。

对髑髅而言，所谓至乐乃是“无君于上，无臣于下；亦无四时之事，从然以天地为春秋，虽南面王乐，不能过也。”即最大的快乐乃是一种不受社会等级制约，超越时间障碍的绝对的逍遥。

庄子通过髑髅之口表达了对那种绝对逍遥的理解，这是因为他深刻地感受到人世间的任何理论、任何观点都是相对的，既是髑髅所表达的所谓的绝对的逍遥状态，也是一种相对的看法，因为生与死是相对的，大和小是相对的，多和少是相对的，这种辩证的思维方式亦是来自道家创始人老子，在《老子》第二章中有：

“天下皆知美之为美，斯恶已；天下皆知善之为善，斯不善已。有无相生，难易相成，长短相形，高下相倾，音声相和，前后相随。”

任何事物都是相辅相成的，任何看法也都是相对的，都是有条件的，因此，人对生命的看法亦只能是一种相对的看法，是人从自身的角度在有限的条件对这个世界中的各种现象的反应。

老子这种辩证的思维方式在庄子这里得到更加具体的展开，庄子运用这种思维方式来思考生命、思考人生，为后世留下了一系列富有启发性的思想。

在《齐物论》中，庄子提出：“毛嫱丽姬，人之所美也，鱼见之深入，鸟见之高飞，麋鹿见之决骤，四者熟知天下之正色哉？”

既然人的看法都是相对的，人的思维都是有局限性的，那么我们究竟应当如何来面对我们的生命呢？我们有没有办法摆脱这种相对性的状态呢？

二、如何看待生命的局限性

庄子认为，如果生命要想逃离相对主义之陷阱，那就必须对生命会陷入相对主义的原因进行追问，即人是从什么时候陷入这个陷阱之中的，这个陷阱是由哪些因素构成的？如果我们能够洞察到这些问题，那么生命就可以脱离这个相对主义的泥潭，从而实现逍遥的状态。

在《齐物论》中，庄子讲到：

“非彼无我，非我无所取。亦是近矣，而不知气所为使。若有真宰，而特不得其朕，可行已信，而不见其形，有情而无形。百骸，九窍，六藏，赅而存焉，吾谁与为亲？汝皆悦之乎？其有私焉？……一旦受其成形，不亡以待尽。与物相刃相靡，其行尽如驰而莫之能止，不亦悲乎！终身役役而不见其成功，茶然疲役而不知其所归，可不哀邪！人谓之不死，奚益！其形化，其心与之然，可不谓大哀乎？人之生也，固若是芒乎？其我独芒，而人亦有不芒者乎？”

在庄子看来，人之所以会陷入这种相对主义的遮蔽之中，首先便是生存和生活的环境造成的，我们会迷于各种不同的事物，不同的形状、不同的颜色、不同的性质，要与他们接触，就必须对他们进行区分，这种区分之心一旦起来，人就会陷入无穷无尽的现象之中，其次便是各种情感，亲疏、贵贱、真伪、仁义等亦是使人沉迷的事物，这些东西犹如一个个陷阱，无处不在，使人无法躲避，只能不停地从一个陷阱跳出而掉入另外一个陷阱。

现象的遮蔽是生命局限性的直接原因，现象遮蔽着事物的本质，或者说现象阻碍了生命通向事物本质的道路，在生命和外在世界之间划出了一道鸿沟，让人无法逾越。生命既然无法直接洞察到事物的本质，而只能直接面对这个复杂易变的现象，这个现象的世界就是相对主义的直接原因，也是生命局限性的直接原因。

造成生命局限性的原因除了现象的复杂多变外，庄子还从内在的角度分析了这个问题。

庄子认为，语言是造成我们困惑，让我们掉入相对主义泥潭的内在原因，因为生命要和外在世界相刃相靡，要去感受、认知外在世界，就必须依靠感觉器官和思维，而感觉和思维把握世界的工具是“语言”，但“语言”本身是有很大局限性的，如其任意性、多变性、滞后性等。如果人们过分地依靠语言，让语言在某种程度上僭越出其应有的领域，那么，它不但不能为我们认识世界、把握生命本质提供帮助，还有可能将人引入歧途，成为孤独的存在。庄子在《天道》篇中说：“世之所贵者，道也，书也。书不过语，语有贵也。语之所贵者，意也，意有所随。意之所随者，不可以言传也，而世因贵言传书。……则知者不言，言者不知，而世岂识之哉。”

庄子的这一观点出自老子，老子认为语言本身是有局限性的，语言无法把握事物的本质，也不能道出生命最内在的本意。但人们却把语言所表达的内容当作本质，这是生命之谜不能得以究竟的内在原因，在《齐物论》中，庄子说：

“以指喻指之非指，不若以非指喻指之非指也；以马喻马之非马也，不若以非马喻马之非马也。天地一指也，万物一马也。”

思维必须通过语言来把握世界，语言所把握的世界与真实的世界之间必然有差异，如若以语言所指称的世界为标准，那么那个真实的世界必不成其为世界，如同“白马非马”的道理一般。如果说语言所指的世界是“能指”，真实的世界是“所指”的话，那么，在“能指”和“所指”之间，语言总是在给我们造成困扰。

在《天道》篇中，庄子讲述了这样一个寓言故事：

桓公读书于堂上，轮扁斫轮于堂下，释椎凿而上，问桓公曰：“敢问公之所读者，何言邪？”公曰：“圣人之言也。”曰：“圣人在乎？”公曰：“已死矣。”曰：“然则君之所读者，古人之糟粕已夫！”桓公曰：“寡人读书，轮人安得议乎！有说则可，无说则死！”轮扁曰：“臣也以臣之事观之。斫轮，徐则甘而不固，疾则苦而不入。不徐不疾，得之于手而应于心。口不能言，有数存乎其间。臣不能以喻臣之子，臣之子亦不能受之于臣，是以行年七十而老斫轮。古之人与其不可传也死矣，然则君之所读者，古人之糟粕已夫！”

语言和对象之间无法画上等号，这是因为语言构建的事物和实在的事物之间是不同质的；但同时语言和生命主体内在的“本意”也有巨大的差异，虽然语言是属于主体的，但主体的本意毕竟不是语言本身，语言需要对“本意”进行重新建构才能将其表现出来，而语言的这种建构需要以某种逻辑为框架，因而，语言在建构的过程中必然对“本意”进行扬弃，这种扬弃的结果便是以本意的丧失为代价的。基于此，庄子在《齐物论》中提出了这样一个命题：“道隐于小成，言隐于荣华。”唐朝的成玄英解释说：“荣华，浮辩之辞，华美之言”，语言为了清楚地表现出本意，就需要引入越来越多的对象来辅助说明，而附加的内容越多，则越会遮蔽“本意”，因此，道家的老子和庄子，都对语言的使用非常的谨慎。

现象的复杂易变和语言的有限滞后等特征使得生命在一个个相对主义的陷阱面前没了立足之地，因而，作为一种存在，生命总是从一个相对陷阱出来又掉入另外一个相对主义的陷阱之中。如同庄子在《齐物论》篇最后一段所谓的庄周与蝴蝶的关系一般：

“昔者庄周梦为蝴蝶，栩栩然蝴蝶也，自喻适志与！不知周也。俄然觉，则蘧蘧然周也。不知周之梦为蝴蝶与，蝴蝶之梦为周与？周与蝴蝶，则必有分矣。此之谓物化。”

庄子梦为蝴蝶，逍遥适志，并不知道还有一个庄子的存在，梦醒之后则怀疑究竟是庄子做梦变成蝴蝶，还是蝴蝶做梦变成庄子。这个怀疑是古往今来生命最难解的“谜”，但庄子发现，之所以会有这个“谜”，乃是因为生命的本性——“分”，即自觉地区分各种不同的现象。生命存在于这个世界，必然要去认识外在的世界，认识外在的世界就必须区分各种不同的现象，并给不同的现象命名，而这才是各种相对主义的根源所在，庄子将这种区分万事万物主体称为“成心”。

成心的形成便意味着生命开始走向衰亡，成心先是成己，建构起一个自我来，以之来区分物我，一旦“物我”两分，那么，“成心”便开始“物物”，即区分物和物的不同。一旦世界被区分为各种不同的事物，那么，世界便也不存在了，世界不存在了，那么，所谓的“我”或者“成心”，便也失去了存在的依据，因为“我”和“世界”之间是相互依存的，一方的存在是以另一方为条件的。

庄子在《应帝王》篇中说了这样一则寓言故事：

“混沌之死：南海之帝为倏，北海之帝为忽，中央之帝为混沌。倏与忽时相与遇于浑沌之地，混沌待之甚善。倏与忽谋报混沌之德，曰：‘人皆有七窍，以视听食息，此独无有，尝试凿之。’日凿一窍，七日而混沌死。”

混沌是世界最初的样子，一旦世界被区分为各种事物，那世界便不复存在了。生命作为一个整体也是如此。在庄子看来，这是一个很清楚的事实，人有了成心，会分你我，才会有是非对错，才有长短黑白，在所有这些观念形成之后，生命反而为这些观念所束缚，这些观念本来是生命用来认知这个世界而建构起来的网，但这个网反过来也将生命本身束缚了，生命便在这个网之中逐渐走向衰亡。

庄子认为，生命在这样进程中并不是无能为力的，而是有回旋的余地的，挣脱这个网的束缚，最好的方式便是：“以明”。在《齐物论》中，庄子一再强调：“以是其所非而非其所是，欲是其所非而非其所是，则莫若‘以明’。”

以明，郭象解释说：“反覆相明，则所是者非是，而所非者非非矣。非非则无非，非是则无是。”有是非是因为有成心，“以明”便是对成心的纠正。以“是非”为例子，“是非”是判断的标准，而“是”与“非”都是成心的表现，都是人主观的看法而已。也就是说，是与非都是一种相对的判断，而事物或事实本身并没有是非之分的，以此类推，一切有“成心”产生出来的“成见”与事物或事实本身没有直接的联系，因而，各种问题、各种观点都是“虚妄”[①] 的。

困扰着生命的诸多问题从本质上看，都是虚妄的，都不成其为问题。之所以会如此，一是现象的杂多易变，二是因语言的局限性。因此，对待各种现象，我们要去甚、去泰、去奢，要“无为”，要“少私寡欲”。

对语言，我们也应该保持足够的警惕。语言是生命理解和把握世界的工具，生命不应该过度地依赖语言，让语言误导生命的本质。这一点，庄子和老子一样，主张“信言不美，美言不信”，庄子更是提出：“言者所以在意；得意而忘言。”[②] 作为工具，语言应该在使用者双方目的达到后即隐而不见，这才是我们对待语言应有的态度。

庄子本人对语言的使用更是非常谨慎，因此，他提出用“寓言、重言、卮

---

① 成玄英说：“世皆以他为非，用己为是。今欲翻非作是，翻是作非者，无过还用彼我反覆相明。反覆相明，则所非者非非则无非，所是者非是则无是。无是则无非，故知是非皆虚妄耳！”

② 《庄子·外物》：“筌者所以在鱼；得鱼而忘筌；蹄者所以在兔；得兔而忘蹄；言者所以在意；得意而忘言。吾安得与忘言之人而与之言哉！”

言”来表达自己的意思，即希望人们领会他所要表达的意思，而忘掉他所使用的语言。

一旦现象被厘清，语言不被误用，那么生命的种种问题便不再成为问题，那么生命便可以进入自然的状态，庄子将这种自然的状态称为：“逍遥”。

三、率性逍遥

庄子对生命问题的探索是多维度的，也提出了许多影响深远的观点，而他提出的“逍遥”之道是最吸引人的，庄子认为生命存在的最理想状态应该是“逍遥”。在《逍遥游》中，庄子提出：“彷徨乎无为其侧，逍遥乎寝卧其下”，逍遥并非一种与世隔绝或者无所牵绊，而是一种能够和周围的环境和谐共处、互不相逆的状态。那人们究竟如何才能实现逍遥呢？庄子认为这不仅要超越现象和语言，更要超越人自身的一些属性，因为现象的迷惑和语言的干扰虽然会阻碍我们与外在世界融合为一，而一些内在本性的遮蔽却会让我们在起点上沉沦，这些本性便是生命的生物性，对名利的贪欲、对感官欲望的无法节制等，唯有克服了这些生物性的特点，人才具有追求逍遥的资格。在《秋水》篇中，庄子讲述了这样一个寓言：

“庄子钓于濮水，楚王使大夫二人往先焉，曰：‘愿以境内累矣！’庄子持竿不顾，曰：‘吾闻楚有神龟，死已三千岁矣，王巾笥而藏之庙堂之上。此龟者，宁其死为留骨而贵乎，宁其生而曳尾于涂中乎？’二大夫曰：‘宁生而曳尾涂中。’庄子曰：‘往矣！吾将曳尾于涂中。’”

在庄子看来，每一种事、每一种生命都有其独特性，每一个个体都有其本质属性，对于各种生命来说，最好的存在便是被放置在适合其本性展开的环境之中。当然，违背其本性，生命也可能会产生其他的作用，但这种做法是不可取的，因为它以戕害生命为代价。如同楚国庙堂之上的那只神龟一般，被当作供奉，无疑是极为贵重且让人羡慕的，但未必是最好的、最适合它本性的选择，因为这要以戕害其性命为代价，对神龟而言，在泥潭中曳尾才是最好的归宿。人同样也是如此，当官发财是人人羡慕的事，然而当官发财与生命之自然本性的内在需要之间必然会有冲突。

在道家看来，万事万物都由道而生，应道而成。老子说：“长之育之，亭之毒之，养之覆之”，道的本性是自然的，因而，万事万物也应该处于自然的状态之中，即顺应自然的规律而存在，而以天下为己任，出仕当官的职责便在于改变事物本来应有的状态，改变人民百姓的生活，不但要将他们从原来那种“日出而作，日落而息”的自然状态中驱赶出来，自己也要改变生活的状态，克己分工，勤政爱民，这些都需要以违背自己的本性为代价。

庄子积极地主张人应该回归到这种本真的状态，他将此称为“归真”，而这种能够回归到本真状态的人，庄子将他们称为“真人”、“至人”、“神人”，他们的存在状态便是一种逍遥自在的状态，能够应时顺世，不逆于物，不违于时。

在《逍遥游》中，庄子说：“彷徨乎无为其侧，逍遥乎寝卧其下”，对于人而言，逍遥的状态是和万事万物处于一种和谐而不紧张的关系之中，因为这是我们的本性使然，因而，逍遥和顺乎本性是直接联系在一起的，只有率性才能逍遥，违背本性的结果便是掉入虚妄的陷阱之中。

除了人之外，万事万物也都有自己的本性，对他们而言，顺乎本性地处于一个自然的状态之中，才是他们最好的状态。在《逍遥游》中，庄子认为鲲鹏能够水击三千里，扶摇而上九万里，而鷃与学鸠只能翱翔蓬蒿之间，都是他们的本性使然，都是率性逍遥的表现；以三千岁为春、三千岁为秋的大椿和朝生暮死的蟪蛄之间，也都按照自己的本性活，并没有谁比谁更高明或高贵的说法。

四、小结

在庄子看来，生命存在的理想状态是率性逍遥，要实现逍遥，一是要少私寡欲、无为而行，挣脱杂多易变之现象的迷惑；二是要返璞归真、得意忘言，不要被语言所误导，而沉迷与虚妄的语言世界之中。

生命直接面对的是现象，杂多易变的现象给我们的生活提供了五彩缤纷的资料，同时也让我们的生活变得光怪陆离，但现象毕竟不是我们生活所需要的资料。生命在杂多易变的现象世界中，要回归本真，就必须对现象的本质有所了解，这是生命实现逍遥的第一步。值得注意的是，庄子虽然主张我们要了解现象的本质，要崇本息末，但并不主张我们要摆脱现象，因为他深知这是不可能的，现象和生命之间的关系，犹如“形体”和影子的关系，挣脱现象的想法就如同形体与影子赛跑一般愚蠢①。

其次，语言也是构成生活世界的重要内容，生命必须通过语言来重构这个世界，但语言构成的世界毕竟不是真实的世界，语言在重构这个世界的过程中，赋予了这个世界一些特殊的性质，如“主体”与“客体”、真伪、是非、贵贱、美丑等，正是这些概念在某种程度上左右着生命对外在世界的看法、对自身的看法，进而将这些概念当作生命自身的内在构成因素。基于此，庄子对语言展开了反思，他主张：“为是不用而寓诸庸，此之谓‘以明’。”即揭开语言的遮蔽，直

① 《庄子·渔父》讲述了这样一段寓言：“人有畏影恶迹而去之走者，举足愈数而迹愈多，走愈疾而影不离身，自以为尚迟。疾走不休，绝力而死。不知处阴以休影。处静以息迹，愚亦甚矣！”

面事物之本然[1]，从而像宋荣子："举世誉之而不加劝，举世非之而不加沮。"面对各种语言建构的看法，淡然视之，这是实现逍遥的第二步。

总而言之，庄子认为生命要回归本质，要率性逍遥，第一，要在杂多易变的现象中泰然处之，在浮华不实的语言面前要淡然视之。这一点庄子和老子的观点一致，如同《老子》第十九章所谓："绝圣弃智，民力百倍；绝仁弃义，民复孝慈；绝巧弃力，盗贼无有；绝学无忧。"

① 庄子在《逍遥游》中说："故夫知效一官，行比一乡，德合一君，而征一国者，其自视也，而宋荣子犹笑之。皆举世誉之而不加劝，举世而非之而不加沮，定乎内外之分，辩乎荣辱之境，斯已矣。"

第九章 宋明道学的生命观

传统中国人是非常重视自己的生命的，这种观念的形成除了人性本能使然，与儒家和道家思想的文化影响亦有很大关系。儒家讲尽性、知命乃至于天，道家讲“修心养性，复归于朴”这两种观点相互激荡又相互补充，对传统中国人认识世界和认识自我产生了巨大的影响。

在感悟生命、认知自我的过程中，儒家开始偏向于探索人性问题，即区分人性善恶的问题；而道家则偏重养性，因为善恶问题是人之“成心”的看法，是由语言建构起来的主观问题，“自然”才是人的本性，维护这一本性，才是合适的。因而，道家一再强调反璞归真，回归自然。

随着社会的发展，儒家的生命观和道家的生命观都在实践过程中碰到了困难，这些困难迫使儒家和道家对自己的观点进行修正。在历史上，儒家和道家都数次对自己的理论进行了扬弃，而最彻底的一次是宋明时期的一批思想家们发动的一次思想运动，即宋明道学或宋明理学。这些思想家们综合了儒家和道家生命观的优缺点，并吸收了佛教的生命观，重新建构了一种适合新时代的生命观，这次思想运动不仅对传统中国人认识生命、认识自我有划时代的影响，对宋明以来的传统中国人的生活亦有非常巨大的影响。

在这次思想运动中，由于思想家们所探讨的问题依然是以“生命”为核心的，从表面上看，他们讨论的问题和早期儒家、道家是一样的，但认真去分析他们的著述，会发现他们已经在一个更高的平台上讨论这些问题，探索生命的本质，他们的观点和前人相比，更加系统深刻。

宋明理学这次思想运动之所以会发生，与唐末五代以来佛教及道教的过度兴盛有直接关系。唐末以来，由于战乱，社会变得动荡不安，人人过着朝不保夕的生活，而佛教和道教由于统治者的支持，有力量为百姓的生命提供庇护，因此，各自发展了很多信众，但佛教和道教庇护信众并非无条件的，他们要求信众在精神上皈依他们，从内心深处认同他们的生命观。

佛教和道教的信徒区别于普通人的直接特点在于他们与众不同的生活方式，他们过着这样的生活是因为他们认为唯有这种生活才适合人的本性，才是生命应有的本真状态。因而，佛教和道教要求信众们从根源上、从精神上认同他们的生命观。随着佛教和道教影响力的增强，佛教徒和道士的人数增加让整个社会的经济生产受到巨大冲击，人口数量锐减，这些因素不仅让统治者感到危机，也威胁到整个社会的稳定和发展。

为了社会的发展，一批有责任感的知识分子们开始反思这些社会问题，他们认为要让社会回归正常，就必须建构起一种新的社会生活方式，让生活在这个社会中的各种生命能够感受到真实的“存在感”。因此，他们要批判佛教和道教的生活方式，前提就必须要批判佛教和道教的生命观，只要证明了佛教和道教对生命的认识是错误的，那么，以此为指导的生活方式便是一种不值得过的生活；其次，批倒了佛教和道教的生命观后，还必须为社会建构一种新的生活方式，这种新的生活方式也要有站得住脚的生命观作为理论依据，因而，宋明时期的道学家们经过几代人的努力，建构了一种新的生命观，以此为基础，提倡一种新的生活方式，因而这次思想运动从发生学的角度看，是一次自上而下的思想运动。

由于这次思想运动是与当时的社会状况密切相关，波及了社会各个阶层，整个社会中各个阶层的精英们都参与其中，经过数百年探索、争辩，最终形成了中国历史上影响最为深远的“生命观”。

第一节　生命本体论

形而上的思维方式是古代思想家认识世界、认识自我的最基本的方式。由于从因果论的角度无法对“世界为何如是”给出一个合理的说明，因此，古代思想家们就必须对“世界为何如是”进行形而上的思考。

通过直观可以知道，“世界如是”只能被当作一个现象来处理，既然有现象，那就必然有一个本体来支撑这些现象，这个本体不仅是现象的原因，亦是现象的依据。道家将这个本体称为“道”。这是古代中国思想家认识自己、认识世界最重要的一个概念，宋明道学家们继承了这个概念。

一、周敦颐的《太极图》与《太极图说》

宋明道学的生命观之所以影响深远，最根本的原因便是在“本体”方面的创造性改变。在历史上，不论是儒家还是道家，在阐述“道”这个本体的时候，都将道理解为某种具有实体性质的事物，这个“道”如同高悬在天空的太阳一般普照着整个世界，这种思维在古代东西方是相似的，而在宋明道学这里，道学的创立者之一“周敦颐”，对这个概念进行了创造性的改良，从而为宋明道学的发展奠定了坚实的基础，对中国传统文化的继续发展起了重要作用，也对传统中国人的生活方式产生了极大影响。

周敦颐（1017—1073 年），字茂叔，谥号元公，世称濂溪先生。北宋五子之一，是宋明道学创立者之一，他将中国思想史上非常重要的一些概念：无极、太极、阴阳、五行、动静、主静、至诚、无欲、顺化等理学融合为一个体系，初步建构了宋明道学的理论基础。

由于佛教和前期中国思想家们对“生命”和“本体”的讨论已经非常周遍，许多问题早已被推论至极为深刻的地步，要批判或推翻前人的观点非常困难，因此，周敦颐融合了道家、道教与佛教思想，并以儒学的思想为基础重构了生命本体。

周敦颐结合道士陈抟的先天太极图创作了“太极图”（见图 9－1），并用这个太极图来解释自己的哲学思想，他解释太极图的思想被称为《太极图说》。

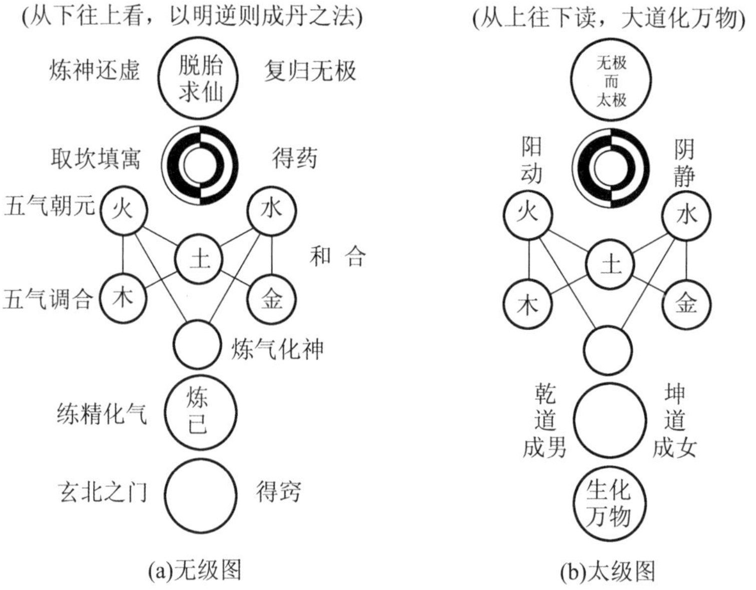

图 9－1

在《太极图说》中，周敦颐提出：

“无极而太极。太极动而生阳，动极而静，静而生阴，静极复动。一动一静，互为其根。分阴分阳，两仪立焉。阳变阴合，而生水火木金土。五气顺布，四时行焉。五行一阴阳也，阴阳一太极也，太极本无极也。五行之生也，各一其性。无极之真，二五之精，妙合而凝。乾道成男，坤道成女。二气交感，化生万物。万物生生而变化无穷焉。唯人也得其秀而最灵。形既生矣，神发知矣。五性感动而善恶分，万事出矣。圣人定之以中正仁义而主静，立人极焉。”

周敦颐认为无极是这个世界的本源。所谓“无极”，意即没有规定性，无法定义；从这个没有规定性的无极，必然有一个规定性与之相对，从无极向太极演化的过程中包含着阴阳，有阴阳则有五行，阴阳五行互相生化的过程中，万事万物由此产生，这万事万物的生成与变化本身也是阴阳变化的过程，意即“无极而太极”的过程。周敦颐这个《太极生化图》理论上解释了世界的演化过程，他的这个解释融合了中国传统文化中最重要的一系列概念，如：道、无极、太极、阴阳、五行、动静、乾坤、男女等，从这个角度我们可以说周敦颐对中国传统的道学理论进行了一次整合，使中国古典形而上学走向完备，也是中国人对“生命本体论”进行了首次建构。

从形而上学的角度看，周敦颐的这个“生命本体论”基本上能够完整地解释世界的本源、生命的本体等问题，这其中，他对传统中国文化的创造性理解是关键，早期儒家、道家在这个问题上的探索和佛教对生命问题的深刻理解是基础。但由于中国传统文化中的这些概念本身就相对模糊，因而，周敦颐的这一理论体系中，太极本身就是个含混的概念，太极与老子的“道”在某种层面上是相通的，道作为世界的本体，本身是无法解释的，而周敦颐为了解释这个本体，在其前面加一个“无极”，然而“无极”本身却更加含混，所谓的没有规定性，如同西方哲学所谓之“虚无”。

古典形而上学在中国和西方有一个共同的特点，那就是对本源问题的无能为力。西方的形而上学将本源分为水、火、数、原子等，这些概念都与物质联系紧密，这一特点也导致了西方文化在历史进程中与科学鼎足共进；而中国古典形而上学将这个本源称之为“道”，“道”自根自本，独立运行，与构成世界的物质截然隔绝。周敦颐显然认识到这个问题，为了解决这个问题，他将五行和阴阳结合，试图解决精神和物质的联系问题。将“道”转换为“无极”和“太极”，将“阴阳”和“动静”阐释为性质和过程，表明了他为调和生命本体之“形上”和“形下”的矛盾在作努力。

二、二程和“天理”

二程指的是程颢和程颐两兄弟，两人都是周敦颐的学生。程颢，字伯淳，学者称其“明道先生”，后世尊之为“大程子”；程颐，字正叔，世称“伊川先生”，后世尊为“小程子”。兄弟二人祖籍河南，为此，二人所创学问也称“洛学”，二人合称二程。

二程自小就受学于周敦颐门下，因此，他们对周敦颐的理论优缺点也洞若观火，为了纠正周敦颐理论上的缺陷，二程对“太极”、“无极”等概念进行了扬弃。

首先，二程认为道家将“道”作为世界的本源，并不是一个经过推理得出的结论，因为以现实的世界为起点，无论如何不能推论出“道”的存在，因而，道家的理论在某种层面上说是不合理的，道家的“道”与其说是推理的结果，不如说是一个假设，假设有一个“道”存在，然后以其为依据，推论出后面一整个系列来。既然“道”是假设性的前提，那么，这个理论就有极大的问题，因为假设性的事物与现实的事物之间，无论如何都不是一回事；而周敦颐的“无极”、“太极”等概念和道家的理论异曲同工，因而，这个太极图理论的前提假设是有缺陷的。

鉴于此，二程提出了“天理”这个概念，试图以此来纠正这个缺陷。“天理”的提出并非灵光闪烁的突发奇想，而是思维经过前前后后、来来回回的反复推理、论证的结论，这种哲学思辨的成果绝非天才式的奇思妙想，而是一种对社会变革、文化变迁乃至大众心理变化进行了入微的体察而得出的结论，这个结论与见微知著的领悟能力和高屋建瓴的反思总结能力有直接的关系。

二程以“天理”来代替“无极”、“太极”等概念的过程并非一蹴而就的，既然他们认为周敦颐的太极图理论的思维模式是有问题的，那么，他们显然不可能去模仿或重复这种论证方式。

他们认为周敦颐的论证方式是：

无极→太极→万物生化→复归无极

（假设）→推理→（结论）

这种论证方式可以从假设推论出结论，但如果从结论反过来却推论不出那个假设性的前提，因而是不可取的。

鉴于此，二程认为解释这个世界的正确方式应当从现在的实际状况出发，从眼前的现象出发去往前追溯。而所谓“现在”，或者眼前的现象，应当是一个具体可靠的基点，经过再三斟酌，二程认为最具体可靠的基点应当是每个个体自己，更直接地说，这个基点应该是个体生命的“心”，唯有“心”，才有资格承担起整个世界之发展过程这条脉络的起点。

从“心”开始，往外可以推及万事万物，往前则可以推论到四季变化和四方上下，再往前可以推论到阴阳、乾坤，也就是天地，从“心”出发所能够追溯的最远的点便是这个天地，因此，程颢提出：“只心便是天，尽之便知性”，从“心”到“天”的推论过程便是整个宇宙的演化过程，在程颢这里，“天”象征的是物质意义上的“天地”，因而他强调说：“天地万物之理，无独必有对”，他认为万事万物都是互相依存的，没有任何事物是可以遗世而独立，可以单独存在的。

从客观的角度看，程颢对世界演化过程的推论的确更加符合事实，然而，

“心”是一种主观性的存在，从“心”到“天”的推论过程，也面临着一个从主观到客观的跨越，这个跨越是如何实现的，程颢无法给出合理的说明。

程颐解决了这个问题，他将形而上学的问题分为两个：一个是宇宙论，即对物质世界的演化过程的解释，二是本体论，即世界的本体的演化过程。程颐将世界的本体解释为“理”，万事万物之所以是万事万物，乃是其背后的理决定的，这个理并非一成不变的，理也在不停地演化，理的演化决定了世界的演化，两者是一个统一的过程，相互依存又相互矛盾，基于此，程颐将“天”和“理”结合起来，称为“天理”①。

“天理”中的“理”指的是形而上的本体、规律和事物的规定性，这些内容从某种层面上看，都是主观性的内容，因而，这些事物演化的结果便是现在这个世界各种有生命之事物的精神能力，包括认知、情感等，这是精神性世界演化过程的解释，在二程这里，世界被分为两个部分的内容：一是客观性的世界，二是精神性的世界，他们用“天”和“理”两个概念来解释这两个世界的存在，在理论上解决了前代哲学家们在理论上的困境，使中国古典形而上学踏上了一个更高的层次，也是古代中国人理解世界、理解生命的一次飞跃，自此，中国古代思想家对生命的理解和认知便开始从那种原始的、朴素的“具象思维”中解放出来了。“生命”开始真正地从整个世界之中站起来了，而“天理”正是传统中国人站起来的基石。

三、张载的“气”

二程用“天”来当作世界的物质本源，而“天”在中国传统文化的语境中也是一个抽象的概念，因而，“天理”在传播的过程中更多地强调“理”，而忽略了“天”。

与二程同时代的张载不满意二程的“天理”概念，他认为“天”的概念过于抽象，即使是客观性的天，也是一种无具体指称的事物，用“天”来作为客观世界的本源，显然并不比道、无极、太极等概念更好，经过反复推论，张载提出了一个新的概念——“气”，用“气”来当作客观世界的本源和质料，无疑比“天”、“无极”、“太极”更加形象和具体。

张载，字子厚，凤翔郿县（今陕西眉县）横渠镇人，北宋思想家、教育家、理学创始人之一。张载少年丧父，但他从小“志气不群，知虚奉父命”。当时西夏经常侵扰宋朝西部边境，宋廷向西夏“赐”绢、银和茶叶等大量物资，以换

① 程颐说：“吾学虽有所受，至于天理二字则是自家体贴出来。”

得边境和平。这些国家大事对“少喜谈兵”的张载刺激极大。宋仁宗庆历元年（1041年），张载二十一岁时，写成《边议九条》，向当时任陕西经略安抚副使、主持西北防务的范仲淹上书，打算组织民团去夺回被西夏侵占的洮西失地，为国家建功立业。范仲淹在延州军府召见了这位志向远大的儒生。张载谈论军事边防，保卫家乡，收复失地的志向得到了范仲淹的赞扬，但范仲淹说：“儒者自有名教，何事于兵？”劝他作为儒生一定可成大器，不须去研究军事，勉励他去读《中庸》，在儒学上下功夫。张载听从了范仲淹的劝告，回家刻苦攻读《中庸》，涉及佛学、道家之书，终于悟出了儒、佛、道互补，互相联系的道理，逐渐建立起自己的学说体系。

在苦学多年之后，学有所成的张载著了《正蒙》，他在《正蒙·太和篇》中提出：“太虚无形，气之本体，其聚其散，变化之客形尔；至静无感，性之渊源，有识有知，物交之客感尔。客感客形与无感无形，惟尽性者一之。”意思是宇宙从空间的角度看是没有规定性的，其中充满了气，气才是构成世界的本体，因而，气的形状便是宇宙的形状。气虽然不能直接被看到，但却可以被感知到。“气”和能够感知“气”的“识”或“知”共同构成了这个宇宙。

在张载看来，这个世界之所以能够成为世界，一部分是由“气”的聚散而形成的各种客观存在，而这个世界还有一个更重要的部分，则是能够感受到各种客观存在的“识”或“知”。因为，“气”的聚散所构成的事物都只是这个世界的部分，这些事物零零散散地存在于相应的位置，这个时候的世界还不成其为世界，还只是“物”的堆积，也就是说，这种“物”的堆积状态还不能够成为世界。世界之所以为世界是因为它是一个整体的、系统的存在，而这种整体、系统必须由某个事物将其串联、建构起来，能够串联、建构这个世界的唯有“识”、“知”，有了“识”、“知”，才能与物交感，才能建构世界，才有这个世界的存在，而这个“识”、“知”便是生命的象征，也就是说，这个世界应当包含两个部分的内容：一是客观事物之存在，另一是有感知能力的生命，而客观事物的存在之本体是“气”。

张载说：“天地之气，虽聚散、攻取百途，然其为理也顺而不妄。气之为物，散入无形，适得吾体；聚为有象，不失吾常。太虚不能无气，气不能不聚为万物，万物不能不散而为太虚。徇是出入，是皆不得已而然也。然则圣人尽道其间，兼体而不累者，存神其至矣。彼语寂灭者往而不返，徇生执有者物而不化，二者虽有间矣，以言乎失道则均焉。”

在张载看来，世界不是一个一成不变的事物，世界是一个过程，这个按照自身规律在变化的过程，生灭变化都是必然的。而用“气”作为世界变化的本体，显然比天、道等概念更加具体，更容易理解①。

在这里，张载将世界分成两个层级的事物，第一个层级是普遍的、基础的部分，即“气”构成的客观存在；除此之外，构成世界的内容还包含一种更高级的存在，即具有“识”、“知”能力的生命，当然，张载并不认为各种生命所具有的“识”、“知”或感受能力是都一样的，而这种感受能力的不同也奠定了各种生命在这个世界中的位置。

值得注意的是，张载虽然为这个世界划分了层级，也为各种生命划分了等级，但他的这种等级区分的目的并非要显示出各种生命的高低贵贱来。在张载看来，高级的生命，具有更强“识”、“知”能力的生命，更有责任去关爱这个世界，让整个世界变得更有秩序。基于此，张载提出了：“民，吾同胞；物，吾与也。”因为人与人之间的关系，在某些层面上说就犹如同胞关系，所有的物都是同类，因为都是气的聚散而已。

既然生命等级的划分是为了让世界变得更好，那么，在张载看来，所有生命中最高级的生命便是人类，人类的存在不是为了统治这个世界，而是为了让世界变得更好；人类中“识”、“知”能力最强的则是圣人，圣人的使命便是：“为天地立心，为生民立命，为往圣继绝学，为万世开太平”，这是张载对时代发出的最强音，也是人对自己最高的期许。

宋明道学家们为了认识自己、追问生命、理解世界而不停地扬弃前人的观点，使得古代中国人对生命的认识，对人的看法达到了一个空前的高度，而他们的许多观点至今还在影响着我们的生活，对现代人追求有意义、有价值的人生仍有启发作用。

第二节　人生论

周敦颐、程颐、程颢和张载等北宋思想家不满足于佛教、道教对生命的解释，佛教、道教的生命观都有某种程度的厌世倾向，都推崇离群索居的生活，离群索居可以减少世俗事务的干扰，而更多地关注自己的内心。道学的思想家们认为这是一种重视精神生活而忽略世俗生活的思想，这种注重精神生活而压抑世俗生活的思想不仅是不可取的，还会在某种程度上威胁到社会的正常进程。他们认为唐末五代以来的国家实力衰弱、民生困苦与佛教和道教的兴盛有直接的关系，因此，这些以天下为己任的思想家们开始批判佛教的生活方式，批判佛教的生命

① 张载用气的变化来解释各种事物的运动，在《太和篇》中他讲道：“天左旋，处其中者顺之，少迟则反右矣。”钱钟书评论这段话说“其与现代科学神契也！”

观，更从根本上攻击佛教与道教的理论基础，从而建立一种新的生命观。

理学家们希望通过建立一种新的生命观，以此作为一种新生活方式的理论基础，这种新生活方式可以让整个社会回归到正常的秩序之中。

在周、程、张等思想家的努力下，一种新的生命观开始形成了，这种生命观认为，生命是整个世界发展演化的结果，整个世界的发展演化并非没有规律和目的的，而是按照自身的性质在演化，通过对世界之本质的理解，各种生命从中得到启发，可以认识自己，可以知道自己的使命，可以找到一种真正合适的生活方式。

一、朱熹论人生与意义

在北宋初期几个大思想家的呼吁之下，社会对一种新的生活方式的期许已经很强烈了，整个社会自上到下都在寻求改变，希望可以建立起更好的社会生活制度。这种思想的真正形成在理学的集大成者——朱熹这里实现了。

朱熹，字元晦，又字仲晦，号晦庵，世称朱文公。朱熹出生于南剑州尤溪（今福建尤溪），从小接受儒学教育，其父朱松是二程再传弟子罗从彦的学生，朱熹也尊父命就学于罗从彦弟子李侗，因此，朱熹可谓深受二程开创的洛学之影响。青年时的朱熹也深受佛教和道教思想的影响，一度怀疑过二程开创之理学的合理性，但经过刻苦冥思和实践的探索，终于意识到理学的深刻性，并将理学发扬光大，成为理学的集大成者。

朱熹对理学产生怀疑的直接原因便是人生意义问题对他的困扰。绍兴二十一年，朱熹在考中进士后，被授予泉州同安县主簿，在赴任途中，朱熹决定挂印而去追求真理，拜访延平李侗，在李侗的教导之下，朱熹在当年秋赴同安县任职。在同安县任职的过程中，朱熹以其“敦礼义、厚风俗、劾吏奸、恤民隐”的治县之法管理县事，排解同安、晋江两县械斗，整顿县学、倡建“教思堂”，在文庙大成殿倡建“经史阁”，主张减免经总制钱。四年后，朱熹任满罢归。

通过实践，朱熹认识到“妄佛求仙之风，凋敝民气，耗散国力，有碍国家中兴。”因此，他决定不求仕进，踏上求学之路，拜李侗为师。这次求学经历使得朱熹的思想走向成熟，自此，一种新的生命观、一种能够产生真实人生意义的人生观便开始影响宋代社会。

通过实践和反思，朱熹认为人生的意义的根源在于社会实践，脱离社会实践的空想、离群索居是无法产生有真实感的人生意义的，从这个角度，可以证明道士与佛教徒们不事生产，一味地以解脱为目的去钻研经典，这样的人生是缺乏实践基础的，是无法产生真实意义的，是一种错误的人生。

基于此，朱熹提出了一个关于人生意义的经典命题，即“知行问题”，朱熹说：“论先后，知为先；论轻重，行为重。”知识和实践的关系是我们思考人生意义时必须面对的问题，知识意味着对自己、对世界的一种反思性的认知，能够把自己、自己的行为、外在的世界当作对象来思考，因而，这种知识不同于一般意义上的科学知识，而是一种反思性的知识，朱熹非常强调这种知识的重要性，意即自我主体性的建立，这是产生人生意义的前提条件，如果没有自我产生，那么显然便没有“意义”的问题。而“行”，也就是“实践”则是产生人生意义的基础，没有“行”，一切的意义便是无所附着，如同镜花水月一般虚妄。

二、人生与实践

既然人生意义产生于社会实践，但并非所有的社会实践都能够产生意义，或者说并非所有的意义都是值得追求的。那么，什么样的实践才可以产生真实的意义？更进一步说，我们应该如何展开实践。

针对这个问题，朱熹提出实践必须遵从天理，遵从天理的规范，服从天理的要求。那么天理究竟是什么？我们又如何认识这个天理。朱熹说：“人人身上都负着许多理，尽得这个理，方成个人，方可柱天踏地，方不负此生；若不尽得这个理，便是空具形骸，便是空生空死的，空吃世间人饭”，这个天理是这个世界之所以产生的原因，也是世界的本质，它同时也存在于万事万物之中，而各种生命无疑也分有这天理，要感知这天理，便要从自我身上去发现，从自己身上去找寻，但每个生命体中，并非所有的内容都是天理，因为每个事物都包含着两个组成部分，一是由“气”构成的形体，另一个则是“理”，理是生命的主宰，这种主宰表现为“应当如何”，即每个生命从自我出发，本着一种良善的目的，会知道自己的实践应当如何展开，这个“知道应当如何”便是天理的表现。

朱熹的这个天理是和欲望相对而言的，欲望则表现为“我要如何”的要求，这种“我要如何”是一种未经节制的过度要求，欲望之所以会如此，乃是因为他本身是盲目的，因为欲望是出自物质性之感官的需求，物质性的感官不具有自我反思的能力，因而，它所表现出来的是一种盲目的、无节制的要求。[①]

那么，我们如何确证自己认为的“应该如何”的想法是天理呢？既然是天理，那他就必须是一种普世皆准的，人人都同意的看法，因此，如何确证自己的

① 朱熹受周敦颐、二程、张载的影响很深，尤其是二程，他将生命的本性分成两种：一种来自天理，这种本性他称之为“天命之性”，即听从上天的要求，我们应该做什么，从本质上说是上天要求我们做什么；另外一种本性来自“气”，朱熹将之称为气质之性，也就是肉体的本性，肉体是一种物质性的存在，因而，这种本性也表现为某种对物质的需求，但肉体本身，以及感官本身缺乏那种反思的、节制的能力，因而，人在很多时候会表现出贪婪、残暴等特征。

应然想法是天理的要求呢？

关于这一点，朱熹提出："格物、致知"[①]，即通过实践和观察，去比较、体会，学会扬弃、总结，那么，我们不但可以感知到天理的存在，还能知道天理的要求，更能够自觉地服从天理，让天理内化为自己的行为准则。

通过一系列的论证，朱熹认为有意义的人生是以天理为标的的人生，因此，要展开我们的生命历程，首先要去认识这个天理；要认识这个天理就要从自己出发，去格物、致知，去正心、诚意，也就是去展开实践。在朱熹这里，他虽然将"知"和"行"分开论述，但在实践的过程中知和行是同一个过程，是不可分开的。也就是说，懂得反思，善于行动，这是建构我们人生意义的前提和基础。

① "格物、致知"是《礼记》中之一篇《大学》内的一段文字，朱熹觉得《大学》这一篇非常重要，于是将其与《中庸》从《礼记》中抽出来，与《论语》、《孟子》并列，成为四书，这四书便是宋代以后的经典必读著作。在修订《大学》的时候，朱熹将"格物、致知"这一段整理为："正心、诚意、格物、致知、修身、齐家、治国、平天下"，朱熹将这个序列作为展开生命实践的次第。

第十章 生命之美

第一节 生命的本真

一、生命，你懂了吗?

（一）你是人吗?

从一个哲学小故事说起。

苏格拉底在人来人往的雅典大街上东寻西找，有人问他找什么?他说：“找人。”“你找谁啊?”“我谁也不找，就找人。”

什么意思?在人来人往的大街上找人，这个哲学故事告诉我们，尽管满大街熙熙攘攘都是人，但是又有多少人真的已经成为一个人。

人是一种寻求意义的动物。因而，文明的人不仅需要肉体的温饱，而且需要精神的慰藉。

精神的慰藉首先得认识自我。你究竟是为“人”而活，或是为“角色”而活?你喜欢被当成一个有血有肉的“人”，还是喜欢被当成一个在社会权力机制中的“角色”?

1. 你是谁?

你认识自己吗?

这里所谓的“人”，简单说就是第一人称的“我（本我）”，也就是每一个人的自己。“我”是一种无可取代的自觉。

虽然我们在社会之中与人相处，社会“角色”其实无可避免。然而最悲哀的是刻意把自己变成“角色”去迎合社会，渐渐自己会沦为社会关系中的棋子、一个人群中的“角色”，随波逐流，失去自我。

告诉你们，陶渊明就不是这样的人。

陶渊明在中国文化史上是一位非常独特的人物，以他平淡无奇的一生，赢得身后与日俱增的名声，成为中国历代的后人尤其是仕人无比敬仰的一位文化伟人。苏东坡对陶渊明非常崇拜，他说：“欲以晚节师范其万一也。”就说晚年非常想学陶渊明那样的生活态度。南宋的辛弃疾对陶渊明也非常敬仰，他评价陶渊明说：“须信此翁未死，到如今凛然生气。”清代的龚自珍甚至说：“渊明酷似卧龙豪，万古浔阳松菊高。”就是说陶渊明的这个豪气，跟诸葛卧龙是一样的。陶渊明家乡浔阳一带的普通植物：松树、菊花都成为一种高尚气节的象征。陶渊明为什么受到如此高的评价，被如此敬仰。

陶渊明所处的社会门阀制度根深蒂固，当时决定人们社会地位的既不是德行，也不是才能，而是门第，造成了所谓的“上品无寒门，下品无世袭。”整个社会都争先恐后地趋附权势和财富，整个社会弥漫着虚伪、浮躁、放纵的风气，陶渊明却以真诚、笃实、纯朴的行为鹤立鸡群。他彻底看穿官场的黑暗之后，不改本心，回归自然，归隐田园。

2. 陶渊明帮助你认识了自己吗？

陶渊明的一生对于个体人生的意义：踏入仕途也好，追求财富也好，都是人生的正当选择，但是假如你除此之外别无所求，假如你为了达到这些目的，不择手段，那么你就会在人生道路上迷失方向，从而丧失自我，用一句比较时髦的话来说，你就会被异化，你这个人的生命被身外之物异化了。你就不是你自己了。

陶渊明本来是心怀壮志的，他年轻时候也盼望在政治上有所作为，有所贡献。但是他尽管心怀壮志，可惜他生逢乱世。他本人又是一个社会地位低下的读书人，根本不可能有所作为，所以最后只好放弃兼济天下那样的雄心。他转过头来追求独善其身，他没走极端。但是他始终坚持原则，决不放弃。他看透官场的黑暗以后，就义无反顾地辞官归隐。在长达30多年的隐居生涯中，实际上是一种精神的抗争，是高洁的品节战胜荣华富贵诱惑的人生记录。

因此，只有当人离开了自然的怀抱，并且挣脱了世俗的束缚之后，才能以一个独立的个体身份成为真正意义上的人。这时，你才成为你自己。

思考题

你如何理解先成为一个“人”，再成为一种“角色”？

3. 别让自己不见了！

马克思指出：人的生命与动物的生命有着根本的不同。人的生命是“有意识”活动的产物，人把自己的生命活动变成自己意识的对象，使自己与自然的生命活动区别开来。人，别让自己不见了，要按照自己的本心、理想来自由地行动。

“以尊严的方式承受苦难，在困顿中成长，彰显人性的高贵。”

——弗兰克尔

“人所拥有的任何东西，都可以被剥夺，唯独人性最后的自由，也就是在任何境遇中选择一己态度和生活方式的自由不能被剥夺。”

——弗兰克尔

其他的东西我们无法决定，但是我们有自由选择自己在这个世界当中的这种态度和相应的一种生活方式。这种自由，这种选择态度的自由，是任何人无法剥夺你的。这种态度的价值是最深刻的价值，因为这不是人人都能做到的。在苦难当中，一般的人会表现出怨天尤人，表现出得过且过，表现出能够回避就回避，然后为自己的不幸福、不快乐或者不能进一步发展自己的潜能，找出很多的理由，无法面对，想到死。

但是也有人在绝境中，选择另一种态度，来展示生命的美和人性的高贵。

在这方面，陶渊明是我们的良师益友。

人应该树立远大的人生目标，为国家、人民多做贡献。但是毫无疑问，事业上真正能够建功立业的人是极少数的。因为建功立业需要个人德才方面有足够的条件，同时需要环境和机会。如果你是一个普通人，没有那样的环境和机会，怎样才能让平凡的一生过得愉快、充实、有意义，陶渊明的人生历程说明了这一切。

隐居生活虽然艰苦，但他在生活上保持着平和、安宁的心情，生活得充实、愉快，他用非常优美的诗句描写了乡村生活的方方面面，他洋溢着对生活真挚的热爱和对平凡人生的热情歌颂。陶渊明追求心理距离上的远离红尘，“结庐在人境，且无车马喧，问君何能尔！心远地自偏。”在闹市中实现自己内心境界的宁静，抵御外在物质世界的诱惑。他诗文的最大特色是真淳、自然，它的感情是真诚的，毫无虚饰的。它的形式是平淡的，毫无雕琢，如他所说的：“常著文章自娱，颇示己志。”他吟诗也好，作文也好，只是为了自娱，而不是想在文学史上留下名声，更不是为了取悦他人。他有一把无弦琴，每当他心中有情思需要用音乐来排解时，就抱着琴抚弄一番，因为他追求的是内心的一种旋律，他是弹给自己听的。古人弹琴多半是弹给自己听的。

陶渊明用实际行动阐释了人生的意义，他证明了与功业建树毫无关系的平淡人生，同样可以达到超凡入圣的境界，他也证明了朴素乃至贫寒的平凡人生，也可以具有浓郁的诗意。让我们来品读柳宗元的《江雪》，来感悟柳宗元在生命逆境中执着理想的精神境界。

江　雪

柳宗元

千山鸟飞绝，万径人踪灭。
孤舟蓑笠翁，独钓寒江雪。

（二）学会“感动”

“感动”需要学吗?

如何定义“感动”，也许我们真的很难给感动下一个明确的定义，但似乎又没有多大的必要去理性地追究这一问题，因为生活本该是感性的，在活生生的现实中，感动不需要理由，感动也不需要定义。当我们谈到“感动”的时候，应该是真真实实发自内心的触动，是别的什么无可取代的触动。

然而，当今日渐多样的社会活动中，我们好像越来越难静下心来好好去“体会”一件事情，更别说感动了。这个现象在时下年轻学生身上特别明显：好像总是有许多精彩活动等着我们去参加，生怕如果不去会被认为不够朋友；“青春不要留白”的口号不时在提醒我们不要错过什么好玩的事。大家都好像很忙的“样子”，但是忙碌背后又好像不太充实、乏味。

社会上纷纷扰扰的人事，忙忙碌碌的工作，来去匆匆的脚步，使人们似乎没有闲暇驻足下来仔细品味生活的甘苦，更谈不上被生活所感动。再加上光怪陆离的物质生活，形形色色的利益诱惑，太多的人们已经很快地适应了这种快节奏的生活氛围，看惯了丰富多样的生活方式，太多的人们似乎感情麻木，思想贫乏，只会享受而不会或不愿去感受生活，火热的生活似乎只能令他们产生瞬间的激动，而不会激起他们长久地去感动、回味和感念。

说说令你感动的一件事!

我非常尊敬而且钦佩那些真正在辛苦中生活的人，如同米勒笔下的“拾穗”，也如同梵高笔下的“吃马铃薯的人”，他们用自己粗糙的双手，剥开由这双粗糙的手所亲自种的东西。存在的感觉真实无比，让我“感动”。梵高并不是为了要成为伟大的艺术家而绘画的，他只是执着地画出他用心所体会的世界；他被人嘲笑辱骂，作品不被接受，一个人孤单面对画布。百年之后他的“星空”被挂在美术馆墙上，前面装上防弹玻璃，他被誉为“伟大的艺术家”或“现代艺术大师”，俨然被塑造成艺术学子要努力“效仿的对象”……除了鼓励学生排除万难享受孤单之外，我无言以对，只有感动。

（三）学会“感觉自己”

尼采说过一句话：“知道为什么而活着的人，什么样的痛苦，他都能够忍受。”在这个时代中，“认识自己”或“感觉自己”是需要勇气的。人是一种寻求意义的动物。人如果寻求不出存在的意义，那么这个人就不堪忍受。每个人都是独特的，每个人与世界具体的关系都是与他人不同的。寻求意义的过程就是“感觉自己”的过程，就是要在生命中体悟，在生活中体味，在社会中体察。

弗兰克尔说：“人在苦难甚至在绝境当中，仍然还有生命的意义。”在现代，所谓的苦难可以理解为我们日常生活中受到的种种挫折。

这个意义来源于什么地方呢？因为在你“感觉自己”的过程中，苦难为你的成长提供了契机。

你哭了，没人哄你，你学会了坚强。

你怕了，没人陪你，你学会了勇敢。

你烦了，没人问你，你学会了担当。

你累了，没人可依靠，你学会了自立自强。

这就是苦难给人的成长带来的财富，也是生命成长当中彰显出来的一种光辉。

人只要没有被苦难击倒，那么苦难带来的就是再一次成长，它会让你变得更加深刻，它也会让你变得更加睿智。这时，你感觉到了自己的坚强、勇敢和担当。

“感觉自己”的过程就是寻找生命的意义感的过程，生命的意义感是一种来源于内心的感受，需要认真接纳、投入和体验“现在”。

课堂讨论

回顾日常生活中令你怦然心动的画面，你觉得这些画面昭示着什么？

下面为分享生命结构的理论、自主学习、自我实现的内容，同学们可自主学习。

1. 个人“需求层次金字塔”理论

马斯洛名闻遐迩的个人“需求层次金字塔”理论认为，灵性才是人性的最高需求。如果缺乏超越的及超个人层面需求的满足，人就会生病，会变得残暴、空虚、无望，或者冷漠，酝酿成灵魂之病。他甚至认为现代人的痛苦，其实大部分都源自于灵性层面的空虚。灵性即人的精神层面，但不等同于宗教经验。

灵性是每个人的生命能量中心吗？

2. 冰山理论

弗洛依德最著名的主张是“冰山理论”。他认为一个人的人格有意识的部分只是冰山的一角，是露出水面上的尖顶，而人的心理行为中，最大部分是沉潜在水下面巨大的底部，是肉眼看不见的潜意识，因此决定人非理性行为的是这个看不见的隐藏部分。

海明威是美国最伟大的作家之一，1954 年度的诺贝尔文学奖得主，他的写作也得益于著名的“冰山理论”。他曾说，水底下的部分占整座冰山的三分之二，漂浮在海面上冰山的壮美，就在于它的三分之二体积在海面以下。

人都有座内容丰富的冰山，外在的行为是可观察的，即如冰山浮出水面的部分；但在水面之下，由上而下，由浅而深，还有感觉、想法、期待、渴望与自我存在，这才是个人内在的宝藏。

你如何发掘、了解自己内在的冰山呢？有能力吗？

3. 冰山之下的海底火山

每个人的内心世界也都有一座内在的冰山，冰山之下还有海底火山。生命能量的居处就像海底火山，虽然海面上看不见，一旦引爆时，威力可是猛烈呢！人是身、心、灵与社会的结合，总要以统整取向的自由意志，透过创造、经验、态度，去追寻生命的意义，才能让生命发挥最高的价值。

学习思考

《人是一根能思想的苇草》是法国哲学家帕斯卡尔所做的一篇哲理性文章。“人只不过是一根苇草，是自然界最脆弱的东西；但他是一根能思想的苇草，用不着整个宇宙都拿起武器才能毁灭；一口气、一滴水就足以致他死命了。然而，纵使宇宙毁灭了他，人却仍然要比致他于死命的东西更高贵得多；因为他知道自己要死亡，以及宇宙对他所具有的优势，而宇宙对此却是一无所知。

因而，我们全部的尊严就在于思想，正是由于它而不是由于我们所无法填充的空间和时间，我们才必须提高自己。因此，我们要努力好好地思想；这就是道德的原则。

能思想的苇草：我应该追求自己的尊严，绝不是求之于空间，而是求之于自己的思想的规定。我占有多少土地都不会有用；由于空间，宇宙便囊括了我并吞没了我，有如一个质点；由于思想，我却囊括了宇宙。人既不是天使，又不是禽兽；但不幸就在于想表现为天使的人却表现为禽兽。”

你是如何理解“人的全部的尊严就在于思想？”把人比喻成“苇草”，赋予了丰厚的内含。你又是如何理解“苇草”一词的呢？俄国作家契诃夫在小说《赌采》中讲述了这样的一个故事：

有一个很富有的年老的银行经理曾与一位年轻的律师辩论。辩论的主题是无期徒刑人道还是死刑人道。经理指出，死刑似乎显得更为人道，因为犯人不会因长期的囚禁而遭受没完没了的痛苦。而律师则认为，无期徒刑更人道，因为生总比死好，活着就是幸福。

两人各执己见，争执不下，于是双方都同意运用打赌的方法来定输赢，以十五年为限。如果十五年过后，律师可以健康地活下来，那么他就算赢家，经理的财产届时便悉数归律师所有；如果律师不能健康地活下来，那么经理就是赢家。根据规定，年轻的律师被禁闭在一间全封闭的小屋内，没有任何自由，但可以演奏乐器，可以阅读书籍。

第一年，律师在很烦躁的心情中以演奏乐器打发时日。但仍然感到很无聊，生活空虚，精神贫乏，没有自由的日子实在不容易打发。于是他选择了书籍作为自己的精神伴侣。开始无书不读，阅读范围很广泛，上至天文，下至地理。阅读范围涵盖了几乎所有的人文社会科学和自然科学的各个领域。

阅读给他带来了无穷的乐趣，虽然身陷囹圄，心灵仍然可以感受到无限的惬意和自由。他意识到，真正的自由不是外在的，而是内心的。人的躯体可以被外在的力量囚禁在有限的空间之内，但这却不妨碍人们依然享受精神的自由、思想的自由。随着时间的慢慢流逝，他的阅读范围在发生着巨大的变化，即他在最后的几年当中所阅读的全是关于哲学和神学的书籍。

至此，他已经充分地认识到，哲学和神学是可以把几乎所有的学科联系起来的学问。只有在关于哲学和神学的阅读和理解中，人才有可能达到最崇高的思想境界，达到一种最为自由的境地。于是他由缺乏运动和缺乏营养的衰弱、消瘦，苍白的脸上逐渐地露出了安详、平和、悠然的神色，仿佛有了释迦牟尼当年在菩提树下悟道成佛的神采。

这时律师意识到，他打赌赢后应该得到的经理那份财产对于他已经没有任何意义，而且他也意识到为了防止经理因失去财产而丧失理智将会做出越轨的行为，拯救经理的灵魂使他免于犯罪，对于他本人而言也是义不容辞的神圣职责。于是，他趁经理不注意的时候，从窗口爬了出去，体面地结束了这场打赌。

问：契诃夫的《赌采》说明了什么道理?

记得黑格尔有这样的一个论断：一个国家没有哲学，就像一座雄伟壮观的庙中没有神像一样，空空荡荡，徒有其表，因为它没有可信仰的东西，可尊敬的东西。

案例分享

如何让金鱼快乐呢?

瑞典的小学教孩子如何养金鱼，是小学生的一堂必修课。老师让学生买一条金鱼带回家去养，然后每天问同学们养金鱼的体会和情况。

课堂上，学生问老师，如何让金鱼快乐呢？老师说："每天给金鱼换水，给它吃不多也不少的食物，食物太多，会涨死；太少，又会饿死。还有，在玻璃缸里放入水草，让它觉得自己在江湖里，最好还有一条小鱼陪伴它，让它不至于太孤独"。

瑞典的小学里教学生们如何养金鱼，其实是在教会孩子们懂得生命需要什么，生命如何获得快乐的道理。就像瑞典老师给同学们讲到的那样：生命需要物质来维持，但对物质的需要要适可而止，否则就会变得贪婪。贪多必失，甚至会因贪婪而丢失生命；生命也需要精神的水草，需要自由、空气和阳光，需要江湖、大海、天空，需要理想的放飞和梦的暖巢；生命需要同伴，需要亲情、友情和爱情；面对灾难，生命还需要坚强、勇气和信念……若懂得了这些生命的道理，生命就自然拥有了快乐。

二、生命是什么？

（一）人的生命：自然生命和文化生命

人的生命是一个二元复合结构，包括自然生命和文化生命两个方面。自然生命是生命的物质实体，也就是我们的血肉之躯，是生命的"硬件"。文化生命是生命的精神结构，也就是我们的知、情、意、爱等人文素养，是生命的"软件"。完整意义的人，就是这两方面的统一。没有自然生命，生命无从谈起；没有文化生命，人只是物种上的一类，而不是可以大写的"人"。自然生命是造化的产物，父母把我们生下来，我们就获得了自然生命，这是不以我们的意志为转移的。文化生命是文化的产物，不是自然生命的派生物，要靠我们自己去打造。有学者把文化称之为人的第二种DNA，这是不无道理的。人的活动创造文化，文化内化于人，形成文化生命；每一代人都生活在前人创造的文化环境里，他们必须学习，才能获得这些文化，形成自己的文化生命。我们将成为什么样的人，我们这一生将怎样度过，这取决于教育、整个社会环境和我们自己的努力。一句话，文化生命是我们自己在一定的文化境遇中自觉养成的。特别是在道德领域，为善为恶，完全取决于我们自己。孔子说，"为仁由己，而由人乎哉"就是这个道理。

（二）生命的双重意义

生命的意义，也可以从两个方面来考察："作为实体"的生命意义和"作为活动"的生命意义。"作为实体"的生命意义，是生命本身的意义；"作为活动"的生命意义，是生活的意义。

生命本身的意义，是先天的、绝对的、无条件的，从娘胎里生出来就有的。著名的美国精神科医师、《心的出路》的作者伊丽莎白女士说：“生命是一项了不起的成就，而死亡就是成就的完结。”这就是说，“作为实体”的生命意义，它的价值尺度不在外部，而在它自身。为什么呢？因为每一生命都携带着人类在几百万年进化过程中积累起来的独一无二的信息、禀赋和潜能。有这个实体，这些信息、禀赋和潜能就有可能发挥出来；没有这个实体，它们都将被毁灭。简而言之，生命本身的意义，就在于它是一个独特的信息载体。正因为如此，每一个生命，不管是男孩还是女孩，婚内生子还是非婚生子，健康的还是虚弱的，正常的还是有缺陷的，美的还是丑的，都是造化的结晶、大自然的花朵，都有生的权利。在古希腊的斯巴达，虚弱的婴儿经不起马背上的考验，是要被丢弃的。那是一种很残酷、很野蛮的行为。令人愤慨的是，现在还有一些地方，仍然存在虐杀女婴的现象，这是“触犯天条”的罪行，应该受到全人类同声谴责。

课堂讨论

“恻隐之心，人皆有之”。一位拾荒者从垃圾桶里捡回一个瑟瑟发抖的弃婴，有人问他，你自己生活都很困难，怎么还捡回一个孩子来？他冲口而出：“这是一条命啊！”你如何理解“恻隐之心，人皆有之”？

生活的意义，是后天的、相对的、有条件的。生活离不开他人和社会，因而生活的意义与生命的意义不同，它的价值尺度不在自身，而在外部。一个人的生活有没有意义，有多大意义，取决于他在发挥自身潜能方面所做的努力，取决于他对社会进步，对他人所作的贡献。简而言之，生活的意义，在于把生命的潜能发挥出来，造福社会，造福他人。一个人的能力有大小，只要努力了，只要对社会对他人有所贡献，并从中获得成就感和愉悦感，他的生活就有意义。努力越大，贡献越大，生活意义越大。

课堂讨论

你认为“关爱生命，打造生活”是口号，还是每个人一生都要思考和关注的问题？为什么？

“年轻的时候拿命换钱；年老的时候拿钱换命”，这句话反映了眼下相当部分人无奈的生存状态，其严重后果就是“过劳死”：拼搏无度，要钱不要命，生命活动伤害生命实体。当然，也有另外一种典型：为了保命，连力所能及的事情也不做，什么活动也不参加，结果弄得生活淡而无味，一点意思也没有，到头来生命不得不向生活亮出黄牌。生活是生命的活动，你都不活动了，生命还哪来活力？

课堂讨论

在生活实践中存在上述两种情况，你自己会如何避免？

（三）生命的幸福

1. 人要学会在生活中感受生命的幸福

在2012年10月前后，中央电视台“记者走基层”栏目推出一档“你幸福吗、什么是幸福”的采访节目，引起全国人民的关注和议论。幸福话题的采访，与近年来举国上下谈论幸福有关。

幸福没有统一的标准，幸福是人们的一种感觉，也是一种豁达的心态。幸福来源于生活的轻松与满足，以及对于未来充满无限的憧憬和希望。健全未必是幸福，残疾未必不幸福；有钱未必一定幸福，没钱未必一定不幸福。由此，幸福是一种信念、一种追求、一种精神、一种态度。

著名的人本主义心理学家马斯洛提出过一个广为人知的理论——需要层次论，也被人称为“人的需求金字塔”。在金字塔的底部，依次是生理的需求、安全的需求、归属的需求，再往上就是尊重的需求和自我实现的需求。自我实现在一定意义上就是幸福，是体会到成功、完美人生的幸福感，是一种情绪的巅峰体验。

快乐主义的开山鼻祖伊壁鸠鲁就曾明确指出：“快乐是生活的开始和目的。幸福是我们天生的善，我们的一切取舍都从快乐出发，我们的终极目的仍是得到快乐。”

亚里士多德曾说过：“幸福是生命的意义和目的，是人类生存的终极目标。”

追求幸福是人类永恒不变的主题，人类一切活动的目的不仅仅在于生存，其最终目的是享有幸福的生活。

《论语》开篇就是三句话：“学而时习之，不亦说乎？有朋自远方来，不亦乐乎？人不知而不愠，不亦君子乎？”这三句话都在讲快乐和幸福。（孔子说：“学习后经常温习所学的知识，不也很令人愉悦吗？有志同道合的人从远方来，不也很高兴吗？别人不了解我但我不生气，不也是道德上有修养的人吗？”）说明快乐和幸福源自日常生活。

在生活中要想快乐，有一个办法就是知足，要懂得适可而止。而如今，很多人恰恰不懂得适可而止，每个人表现得都那么张扬、那么跋扈，这是当今很突出的问题。马克思主义告诉我们，人类无非在做两件事，一个是物的生产，一个是人的生产。前者保生存，后者求发展。人在没有饭吃的时候想有饭吃就不错了，有饭吃了就想有衣穿，有衣穿就想有房子，欲望不断增加，没有止境，但是到最后应该回头想想所要求的东西是否正当，是否有度。人们应该学会珍惜自己所拥有的，可惜大家经常计较自己所没有的，并陷于这种计较所带来的烦恼中。人类生活中最大的智慧就是度，人生的度还需要每个人自己亲自摸索。白居易知足常乐的生活态度是值得我们学习的。

2. 事例分享

白居易在他人生最低谷——被贬江州时，写信告诉他的朋友说他在江州有三泰：一泰是全家人都在一起，二泰是能温饱，三泰是盖了一座草堂可以养老。这三泰对于唐代的一个官员来说，应该是最基本的一个生活标准，但是白居易觉得很满足了，知足常乐。他晚年写了一篇文章叫《醉吟先生传》，他自号醉吟先生，在其中跟五个古人相比，所以被称为五比："富于黔娄，寿于颜渊，饱于伯夷，乐于荣启期，健于卫叔宝。"白居易的这五种比法，基本上就像田忌赛马的方法。田忌赛马三局两胜，白居易一定是五局全胜，他专门挑人家不如自己的方面来比，这样左比右比，比来比去，白居易觉得自己比人家优越、比人家条件好，他很满意，知足常乐。白居易知足常乐的人生态度，善于比较是一个重要的因素。

当然，像白居易这样比上不足、比下有余，知足常乐的思想方法，仅仅是用在对个人的生活，尤其对于个人的物质享受这一方面。白居易的态度、观点是有相当大的参考价值的，因为不论在哪些方面，一个普通人，永远处于比上不足，比下有余的状态。只有你比下有余，你才能获得一种安宁、愉快、满足的心境。否则，就终日焦虑不安，终日闷闷不乐。现分享《富翁与渔夫的故事》：

一日富翁在海边散步，看见一个渔夫悠闲地躺在沙滩上晒太阳。

于是富翁问道："你为什么不出海多打几船鱼呢？"

渔夫懒懒地问道："我为什么要多打几船鱼呢？"

富翁说："你每天多打鱼，多拿些到市场上去卖，你就能挣更多的钱啊。"

渔夫问："我挣更多的钱干什么呢？"

富翁说："你挣很多的钱，就可以在海边盖间大屋子，然后躺在沙滩上晒太阳了啊。"

渔夫说道："可我现在不正快快乐乐地在沙滩上晒太阳吗？"

课堂讨论

你理解的幸福是什么？这个故事给你什么启示？

3. 善于在平淡中感受生命的幸福

生命的幸福感是一种来自于内心的感受，需要用心去体会，在平淡的日常生活中，在天伦之乐当中承接着传承希望与爱。

天伦之乐是一种幸福。与相爱的人牵着手，从容地走向人生旅途也是一种幸福。人生旅途中，这些令人怦然心动的画面无处不在，你是欣赏者，更是人生画卷里的主角。这一幅幅温馨的画面，都昭示着人生的意义和生命的幸福，我们只要有一双善于发现美的眼睛，就能感受到它的价值。

课后作业

请你去做一个采访，采访一位你认为是生命的“幸福”者，并写成一篇报导，告诉读者他（或她）为什么是你认为生命幸福的案例。

三、生命需要什么?

（一）生命感受

在现实生活中，每个人都会很自觉地享受并珍惜生命中的种种甜蜜、美好！但我们要强调的是，生命中值得珍惜的地方是多方面的，除了好好享受生命中种种美好之外，我们还应当促使自己去承受生命中的痛苦，善待生命中的缺憾，负起生命的责任。所有这些都要求我们要好好培养尊重生命的态度，学会感受生命的精彩！

生命感受是生命中不可缺少的一环，它在个体生命活动中生成，这种生成也将作为一种向往、追求、态度，引领着生命走向新的境界。

每一个人都渴望一生鸟语花香、阳光灿烂，然而磨难总是个不速之客，在不经意时，便叩响命运之门，当我们措手不及之时便轻而易举地将欢笑、幸福挤在一旁。但是也正是因为磨难，才唤醒了精彩的生命意义。正如巴斯德说：“生命在最危险的环境中，方是真正的生命。”小草生长在瓦砾之中，才显出它生命的精彩；苍松矗立于绝壁之上，才显出它生命的精彩；骆驼奔走于沙漠之中，才显出它生命的精彩。只有精彩的生命才能在宇宙之中永生不灭。

台湾的黄美廉女士，是一位先天性的脑性麻痹患者，全身布满不正常的肌张力，且无法言语。但是，黄美廉女士却靠着坚忍不拔的毅力和对人生无比的乐观，在人生的道路上取得了一个又一个的成功，她不仅在美国南加州大学拿到了艺术博士的学位，成为画家和作家，还到处办自己的画展，现身说法，告诉人们她对生命的热爱。

由于不能通过语言表达自己的思想，每一次演讲，黄美廉女士总是以笔代嘴，以写代讲，人们又亲昵地称她为“写讲家”，就是这位“写讲家”，在台南市的一次演讲中，向人们讲出了经典的语言：我只看我所有的，不看我所没有的……

一位学生问黄美廉女士说：黄博士，您从小就长成这个样子，您会认为老天不公吗？在人生的旅途上，您有没有怨恨？

黄美廉微微一笑，用粉笔在黑板上写道：

我怎么看自己？

（1）我很可爱！

（2）我的腿很长很美！

（3）我的爸爸妈妈很爱我！

（4）上帝会公平地对待每一个人！

（5）我会画画，我会写稿子！

（6）还有很多的生活方式让我热爱……

她一下子写出几十条让她热爱生活的理由，热爱得那样的理直气壮。看着黑板上写下的理由，整个“写讲会”上鸦雀无声，大家都感动得热泪盈眶，再也没有人多说话了！

黄美廉转过身来看了大家一眼，再次转过身去，在黑板上重重写下了她的那句名言：

我只看我所有的，不看我所没有的……

黄美廉对生命的热爱，使她实现了生命的丰富。

人类对于自己的生命所秉持的态度是回忆，有人对生命有正向的领悟，活得充满朝气和活力；有人的生命可能经常被困住，牵绊难以发挥。

你对生命的信念为何？你如何看待生命？

案例分享

你总会和我在一起

1989 年发生在美国洛杉矶一带的一次大地震，在不到 4 分钟的时间里，使 30 万人受到伤害。在混乱和废墟中，一个年轻的父亲，安顿好受伤的妻子后，便冲向他 14 岁的儿子上学的学校。他眼前的那个昔日充满孩子欢笑而漂亮的三层教学楼，已变成一片废墟。

他顿时感到眼前一片漆黑，大喊："阿曼达，我的儿子！"跪在地上大哭了一阵后，他猛然地想起自己常对儿子说的一句话："无论发生什么，我总会和你在一起！"他坚定地站起来，向那片废墟走去。

他知道儿子的教室在第一层楼的左后角处，他疾步走到那里，开始寻找。

当他在清理废墟时，不断地有孩子们的父亲急匆匆地赶来，看到这片废墟，他们痛哭喊着："我的儿子！""我的女儿！"哭喊过后，他们绝望地离开了。有些人上来拉住这位父亲说："太晚了，他们已经死了。"这位父亲双眼直直地看着这些好心人，问道："谁愿意帮我？"没有人给他回答，他便埋头接着挖。

救火队长挡住他："太危险了，随时可能起火爆炸，请你离开。"这位父亲问："你是不是来帮助我？"

警察走过来："你很难过，难以控制自己，可这样不仅不利于你自己，对他人也有危险，马上回家去吧。"

人们都摇头叹息着走开了。他们都认为这位父亲因失去孩子而精神失常了。

这位父亲心中只有一个念头："儿子在等我。"他挖了8个小时，12个小时，没有人再来阻挡他。他满脸灰尘，双眼布满血丝，浑身上下破烂不堪，到处是血迹。到第38个小时，突然，他听到底下传来孩子的声音："爸爸，是你吗？"是儿子的声音！父亲大喊："阿曼达，我的儿子！"

"爸爸，真的是你吗？"

"是我，是爸爸，我的儿子！"

"我告诉同学们不要害怕，只要我爸爸活着，就一定会来救我，也就能救出大家。因为你说过，'不论发生什么，你总会和我在一起'！"

"你现在怎样？有几个孩子活着？"

"我们这里有14个同学，都活着，我们都在教室的墙角处，房顶塌下来架了个大三角形，我们没有被砸着。"

父亲向四周呼喊："这里有14个孩子都活着，快来人啊！"

过路的人赶紧上前来帮忙。

这是对生命的信念和爱实现的奇迹！

课堂讨论

请针对以下问题作答：

如果发生了大灾难，一切知识都将销毁，我们只能留给后人一句话，用字最少却可以包容最多的信息的那一句话是什么呢？为什么是这句话？

推荐书籍

杨肖. 生命能创造奇迹：大灾难下的爱与真情 [M]. 哈尔滨：哈尔滨出版社，2008.

（二）生命责任

史蒂芬·威廉·霍金（Stephen William Hawking），英国剑桥大学应用数学与理论物理学系物理学家，著名物理学家、宇宙学家、数学家。

霍金毕业于牛津大学、剑桥大学，1979—2009 年任卢卡斯数学教授，后为荣誉卢卡斯数学教授（牛顿曾任此职，是人类历史上最伟大的教授职位）。霍金是继爱因斯坦之后最杰出的理论物理学家和当代最伟大的科学家，人类历史上最伟大的人物之一，被誉为“宇宙之王”。他的代表作品有《时间简史》《果壳中的宇宙》《大设计》等，获得的荣誉有总统自由勋章（2009 年）、科普利奖（2006 年）、沃尔夫物理奖（1988 年）、爱因斯坦奖章（1978 年）等。2015 年 7 月 20 日，霍金启动了人类历史上规模最大的外星智慧生命的搜索行动。2016 年 1 月，霍金获得卢德奖。

霍金患肌肉萎缩性侧索硬化症，全身瘫痪，不能发音。霍金是一个懂得感恩生活和乐观不屈的人。他说：一个人身体残疾了，决不能让精神也残疾。霍金的意志力是非常坚强的，对生活永远充满着乐观和幽默的态度。在他患病后，曾有 6 次非常近距离地和死神交手，他都顽强地活了下来。

一次霍金演讲结束后，一位女记者冲到演讲台前问到：“病魔已将您永远固定在轮椅上，你不认为命运让你失去太多了吗?”霍金的脸上充满了笑意，用他还能活动的 3 根手指，艰难地叩击键盘后，显示屏上出现了四段文字：

“我的手指还能活动；

我的大脑还能思维；

我有终生追求的理想；

我有爱我和我爱的亲人和朋友”

……

在回答完那个记者的提问后，他又艰难的打出了第五句话：“对了，我还有一颗感恩的心！”

现场顿时爆发出了雷鸣般的掌声

……

“我有终生追求的理想”，霍金说得好。霍金的传奇人生，不仅诠释了生命个体的生命信仰，引导人们深刻认识生命的宝贵，理解生命、认识生命，实现生命价值。霍金还告诉我们，要在责任中感受生命的意义。责任从本质上说是一种与生俱来的使命，它伴随着每一个生命的始终，是生命意义的体现。人可以不伟大，人也可以清贫，但不可以没有责任。扛起了责任，就是扛起了信念，扛起了生命的意义。这就是生命的责任。

用霍金自己的话来说，活着就有希望，人永远不能绝望。比大海更广阔的是天空，比天空更广阔的是人的胸怀。即使病魔把霍金关在果壳中，他也是无限空间之王。霍金的故事告诉我们，每个人都应该成为自己命运的主宰，都应该对自己的生活有自己的主见，拥有自己的梦想，并全力以赴为之奋斗。

霍金从小就拥有对自然科学的强烈兴趣，在大学时代（当时还没患病），他就意识到，肯定会有一套能够解释宇宙的万物理论，并陶醉于对其的思索之中，把之当作了自己的信仰，并具有极强的使命感。

一位哲人说："当我们竭尽全力，尽职尽责时，不管结果如何，我们都赢了。因为这个过程带给我们满足，使我们成为赢家。"坚守责任，是守住生命的最高价值，守住人性的伟大和光辉。我们每个人都应该正确地理解责任，让责任成为日常的生活态度和工作习惯，把责任贯彻于实际行动当中，这样我们才有机会获得成功。

你打算如何担起生命的责任？

下面这段话你认可吗？为什么？

印度思想家克利希那穆提在他的散文《生命在于创造》中做了一个很好的比喻：一条河流，宽而深，流长而平缓，焕发着勃勃的生机；一口池塘，与河流相邻，一塘死水，没有生命的迹象，当然更没有鱼的踪影了，淤泥满塘。作者以此来类比人类：人不能停留在一成不变的生活里面寻求安逸，停滞不前。待久了必让人失去斗志和锐气，生命也变得如死水一般。因此，作者告诫我们：生命在于创造，应当让生命如河流一般流动起来。只有这样，心才会快乐，生命才充满生机。而这种创造性的生命活动，又源于有高度的社会责任感，以及担当责任的勇气和能力。

课堂讨论

你如何理解"生命比生命更多"和"生命超越生命"？举例说明。

（三）生命关怀

在遇到天灾人祸的时候，人们对遭遇不幸的人说得最重要的一句话，往往是

“要好好活着”，或“要好好活下去”。这句话朴实无华，却体现了深刻的生命意识和对生命的关爱。

下面这些名言名句、成语俗话，说的都是对待生命的态度。

“生命诚可贵，爱情价更高，若为自由故，二者皆可抛”，“富贵不能淫，贫贱不能移，威武不能屈”，“人固有一死，或重于泰山，或轻于鸿毛”，“生于忧患，死于安乐”。

怎样认识生命，怎样对待生命，不仅关系我们的人生历程，而且是一个人、一个民族是否文明的最重要的标志。文明与野蛮的区别，最根本的在于对待生命的认识和态度不同。一个不尊重珍惜自己生命，尤其是不尊重珍惜他人生命的人，绝对不是一个文明人。

如何培养尊重生命的态度？

一封信的警示

有一位在集中营生还的犹太人吉诺特写了一封信给老师们：“亲爱的老师，我是集中营的幸存者，我看到了一般人未见之处。瓦斯房是由博学的工程师建造，儿童是由受过教育的医生所毒死，婴儿被训练有素的护士谋杀，妇女和婴孩被知识分子射杀、焚烧。所以，我怀疑教育。我的请求是，希望你们帮助学生做一个有人性的人，永远不要让你们的辛劳制造出博学的野兽、身怀绝技的精神病人或受过教育的怪人。读、写、算等学科只有用来把我们的孩子教得更有人性时，才显得重要。”

多么令教育者深思啊。

人类正面临着严重的生存危机，其根本原因就是人缺乏真正的生命关怀意识。因此消除危机需要人自身的革命，拓展道德对生命关怀的广度与深度，才是解决人类危机的重要途径。

如果高等教育被窄化成只有专业知识的教育时，将可能在“偏颇的教育”下，造就一些所谓的“失落的人”、“知识的巨人，品格的侏儒”。这种基于学生职业人生的外在关注，缺乏内在灵魂的根基，缺乏对学生个体生命的深层引导与关注，对个人或社会都将造成莫大的伤害，更非全民所乐见。高等学校的生命教育应从珍惜生命着手，学术求真、人性求善、人生求美。生命价值观教育必须挣脱工具层面，深入到生命的本体层面；必须关注学生之作为人的生命的完整性存在，让大学生反思生命的意义，挣脱“物化”洪流，解除工具理性枷锁，成为一个真正意义上的“人”，达到对生命意义、生命价值的关怀，懂得生命的宝贵，珍惜和尊重所有生命。

（四）尊重生命

每个人的生命都源于自然界的造化，都是自然的产物。大家生而平等，具有同等的生命价值，人人都应珍爱自己的生命，珍爱他人的生命，同时也应得到他人与社会的尊重。

故事分享

在暴风雨后的一个早晨，一个男人来到海边散步。他一边沿着海边走着，一边注意到，杂沙滩的浅水洼里，有许多被昨夜的暴风雨卷上岸来的小鱼。它们被困在浅水洼里，回不了大海了，虽然近在咫尺。被困的小鱼，也许有几百条，甚至几千条。用不了多久，浅水洼里的水就会被沙粒吸干，被太阳蒸干，这些小鱼都会晒死的。

男人继续朝前走着。他忽然看见前面有一个小男孩，走得很慢，而且不停地在每一个水洼旁弯下腰去——他在捡起水洼里的小鱼，并且用力把它们扔回大海。这个男人停下来，注视着这个小男孩，看他拯救着小鱼们的生命。

终于，这个男人忍不住走过去："孩子，这水洼里有几百几千条小鱼，你救不过来的。"

"我知道。"小男孩头也不抬地回答。

"哦？那你为什么还在扔？谁在乎呢？"

"这条小鱼在乎！"男孩一边回答，一边捡起一条鱼扔进大海。"这条在乎，这条也在乎！还有这条、这条、这条……"

在生活中，我们都是小鱼，碰到困难的时候都在乎是否会有人伸出援助之手，换言之，当每个人力所能及地帮助身边碰到困难的小鱼的时候，那么这个世界的生命也会多一份温馨和快乐。

冰心说过："爱在左，同情在右，走在生命的两旁，随时撒种，随时开花，将这一径长途，点缀得香花弥漫，使穿枝拂叶的行人，踏着荆棘，不觉得痛苦，有泪可落，却不是悲凉。"人与人之间的互助互爱，会让世界充满爱的温馨，让生命充满阳光。

案例分享

日常生活中听到截然不同的对待生活也是对待生命的态度。一是在云南的丽江，多少年前，当我们这些外地游客在丽江匆匆忙忙游览时，就会看见不少半坐半躺在冬日阳光里的当地民众，他们好像什么也不做，一问他们，他们就会说，干嘛那么着急呀，不论什么人，人最终都是死。我们听到此语，都会与他们交谈一番，发现当地人不太计较名利，永远是不急不慌、拖拖拉拉的慢节奏，似乎要用他们的缓慢生活态度去拽住时光的飞逝。二是我在日本则听到与此完全相反的态度，在日本人的眼中，生命的价值不在于长与短，而在于有生之日是否会绽放出生命之花，这就像日本人喜欢的樱花，虽然花期只有一周，但在这周里樱花绽放得五彩缤纷、耀人眼目，这或许就暗示了日本人的人生观。

你是如何看待这两种对待生命的态度的？

第二节　生命的终极关怀

一、生命喜欢诗意的精神家园

我们人是一种寻求意义的动物。作为一个文明的人，他要求的不仅仅是肉体上的温饱，他更有精神的需求，他需要精神家园。

（一）美让生命归依

尼采说："对于人生，你若从现实的角度去看，悲惨得无可救药，罪恶丛生。但是从审美的角度看，那又是一场赏心悦目的大戏。"其实从审美的角度来看这场赏心悦目的人生大戏，这跟德国19世纪浪漫派诗人荷尔德林的《人，诗意地栖居》是异曲同工的。后来，《人，诗意地栖居》经海德格尔哲学阐发后，诗意地栖居在大地上就几乎成为我们所有人共同的向往。那么，我们如何才能诗意地栖居在大地上呢？当然途径有很多，在这里讲的就是其中的一个途径：审美这个途径。审美观照可以给我们现实人生呈现一种审美的情感慰藉。人的精神需要关怀，人的情感也需要慰藉，审美是这样的一个路径之一。这种慰藉能够将有限的生活境遇指向无限的生命意义，促使人们对生存意义的感悟，同时有精神境界的追求，在审美中提升生命境界。休谟说："美并不是事物本身里的一种性质。"那美是什么呢？休谟说："它只存在于观赏者的心里。"休谟认为："快感和痛感是形成美与丑的真正本质。"换言之，这个对象让你产生快感还是产生痛感，也就是说让你产生快感，这东西就是美的，而让你产生痛感，这东西就是丑的。其实，如果从伦理学的角度来讲，善就是美，恶就是丑。那么，这里我们说美和善是相通的。所以审美能陶冶我们的精神，给我们精神上的慰藉，也会使我们的人生情趣化。

（二）诗词审美启迪性情

孔子曾经说："兴于诗，立于礼，成于乐。"什么意思？人的修养，开始于学诗，学诗歌；自立于学礼，不学礼无以立；而完成于学乐。后来美学家李泽厚先生在他的《论语今读》里，把它诠释成这样：礼使人获得行为规范，具体培养人性，树立人格；诗启迪性情，启发心智，使人开始走上人性之道；乐则使人得到人性的完成。培根也说诗使人灵秀。为什么诗使人灵秀呢？诗情画意自然给你带来一种灵秀感。"诗启迪性情，启发心智，使人开始走上人性之道。"在这里，他其实就是表述诗意之美在我们整个人格、生命境界提升中的作用。

明朝归有光的《项脊轩记》中描述得非常精彩："借书满架，偃仰啸歌，冥然兀坐，万籁有声；而庭阶寂寂，小鸟时来啄食，人至不去。三五之夜，明月半墙，桂影斑驳，风移影动，珊珊可爱。"虽然他的家境是贫寒的，有些时候吃了上顿没了下顿，但是这并不影响他对美好生活的追求。他可以借来很多的书读，从书中寻找精神的养分，感受人生的快乐。他在《项脊轩记》里就把这种快乐描述了出来。除了"借书满架"，从书中寻找精神食粮。他还会倾听自然界的声音，"万籁有声"。有人说现代社会，现代人们的生活节奏很快，在匆匆的步伐中有多少人能静静地倾听落花声？李商隐说："留得枯荷听雨声。"现在还有没有人倾听过秋雨打在荷叶上的声音。我们广东有"雨打芭蕉"，真希望有人能认真倾听一下。还有，我们也可以常常抬头仰望一下天空上的月亮，在仰望月亮这个过程中，对我们精神也是一种慰藉。我们这一个民族是一个特别欣赏和崇尚月亮的民族，李白的"举杯邀明月"、"举头望明月，低头思故乡"，我们很多时候会对着月亮来抒发我们的情感。"明月半墙"，"桂影斑驳"，有滋有味地感受着生活中的美，一种难得的静雅之美，这就是一种悄然中的"诗意地栖居"。所以"一炷心香洞府开"，诗性的智慧照耀审美人生，那么我们就会在"诗意地栖居"中，使我们生命的本真存在得到淋漓尽致地展现，而我们的人生也会因此感动，这是不言而喻的。

（三）诗意审美使人生情趣化

中国人特别重视人生的情趣化，人生的情趣化也就是我们的审美化。美学家朱光潜先生在《谈美》一书中写道："情趣愈丰富，生活也愈美满，所谓人生的艺术化就是人生的情趣化"。我们在人生追求的时候，要从审美的角度来审视一下，尽可能感受事物的趣味，寻求享受事物的这种趣味。在这个过程里，不但我们的生活有情趣化，甚至我们的学习、做学问都会有情趣化。著名地理学家、气象学家、物候学家竺可桢教授在物候学研究中，曾经引用了一些古诗来作为力证，来介绍长江、黄河这些流域海拔4000米以上四季皆冬。如他引用了李白的《塞下曲》："五月天山雪，无花只有寒。笛中闻折柳，春色未曾看。"本来是春天的，但是由于海拔高的影响，出现了一般我们在春天里没法见到的自然景象，就是描述海拔4000米四季皆冬。他还引用了王之焕的《凉州词》："黄河远上白云间，一片孤城万仞山，羌笛何须怨杨柳，春风不度玉门关"。如果他用一些学术的语言来描述，可能我们不是这个专业的还不一定看得懂，而且也觉得很枯燥，但是他用这样的诗句，很生动很形象地表达了出来，又有美感又有情趣化。另外，宋代的理学家朱熹，他用了这样的一首诗——《观书有感》，来强调读书的重要性。"半亩方塘一鉴开，天光云影共徘徊，问渠那得清如许，为有源头活水来"。读书的重要性，我们一看，马上就领悟了。在这里何止是读书呢，我们的生活，我们的人生，"为有源头活水来"。为什么有些人他的生活总是有滋有味，那是他总在寻求生活中的亮点，生活中的亮色，生活中的正能量。在这个过程中，生活中的美，生活中的善，令他不断地有"源头活水"来，他的生活也就非常丰富了，所以在他心里就会有"天光云影"。在这里说"天光云影"在他心里面，就是说他内心世界是很丰富的，在这里他的生活也是很有滋有味的。

还有人把生活上这样的一些道理，用这样优美的诗句给表达出来。我们很熟悉的苏轼的"欲把西湖比西子，淡妆浓抹总相宜"，在这里说的是一个什么样的道理呢，说的是真正的美，不管你采取什么样的形式，淡妆也好浓抹也好，他终究是美的。还有"竹外桃花三两枝，春江水暖鸭先知"，为什么"春江水暖鸭先知"呢？因为鸭子经常实践，经常在水里面，水是它非常熟悉的环境，所以他能够及时地体会到水环境细微的变化。春天来了，雪融了，水慢慢暖了，所以"春江水暖鸭先知"。还有，"不识庐山真面目，只缘身在此山中"。我们人为什么认识自己那么难，"认识你自己"，一个哲学名言，怎么那么难呢，就是因为你没有跳出自己的这个框框，"只缘身在此山中"，社会心理学家曾经将这个难以正确认识"自我"的心理现象叫作"苏东坡效应"。在这里把一些很深奥、很枯燥的道理，用这么优美的诗句表达出来，这既是一种美，也是一种情趣，所以我们人生的情趣化，从诗意之美开始。所以说，诗意地生活就是用美学的观点来认识我们自己，倾听我们自己，改变我们自己，塑造我们自己，我们要把诗意之美引入生活。这样我们就能在审美中使沉重的学习、生活变得轻松化，我们的生命境界就会提升。天地间就是一个有情有趣的世界，我们要学会在"采菊东篱下，悠然见南山"的意境中获得一种"此中有真意，欲辩已忘言"的感悟。

（四）诗意之美从何处寻

宗白华先生曾经问："诗从何处寻。"我们看一下宗白华先生在《流云》里面是这样说的："啊，诗从何处寻？从细雨下，点碎落花声，从微风中，飘来流水音，从蓝空天末，摇摇欲坠的孤星！"从细雨下，从微风中，从蓝空天末里去寻找诗意之美。在这里，就是从我们经历生活的整个过程中去寻找。我们融入自然界，下雨的时候，"微雨燕双飞"是一种美；"风轻云淡近午天"也是一种美。自然界的一草一木一石一水，其实都是美的，只是看我们懂不懂去赏。诗人特别懂得审美，特别容易从他接触的一切自然中找到美，用很美的诗句表达出来。我们看一下，"梨花院落溶溶月，柳絮池塘淡淡风"；"黄梅时节家家雨，青草池塘处处蛙"；"漠漠水田飞白鹭，阴阴夏木啭黄鹂"；"停车坐爱枫林晚，霜叶红于二月花"；"秋阴不散霜飞晚，留得枯荷听雨声"。荷枯了你不要把这个叶子给摘掉，但是李商隐说，还是留着吧。留着干嘛？"留得枯荷听雨声"，在这个画面里，看起来是很不美的东西，但诗人会从中营造出一种很美的意境，这就是一种境界。

1. 美在深情

叶嘉莹先生认为，人是有感情的动物，人对于宇宙和人生的事物会有关怀和爱心，诗人是因为有了感情才会写出诗来。诗从哪里找，从我们的感情中来找。美从哪里找，从我们的感情中来找，美在深情。也就是如果没有这种情感，你就感受不到这种美，所以美在深情。所以诗意之美来自深情！其实就是一种移情说，把我们的情感投射到我们的欣赏对象上去，移情了，移到这个对象上，所以你感到它美了，产生了情感上的共鸣，发自为诗。"望秋云神飞扬，临春风思浩荡"，一片景语就是一片情语，一片风景就是一片情，我们的情投入其中了。中国人对山水的这个审美情怀，就体现出了中国人所特有的宇宙观和人生观。所以当我们面对"青山遮不住，毕竟东流去"的山水景观时，会发出"长风破浪会有时，直挂云帆济沧海"、"自信人生两百年，会当击水三千里"的豪言，来抒发我们的人生信念。我们跟山水产生了这种共鸣，情感投射在里面了。在中国人看来，天地间就是一个有情有趣的世界，山山水水都不仅仅是一个冷冰冰的物理世界，还是能够寄托我们情感的世界，它是有温度的。程颢说："万物静观皆自得，四时佳兴与人同"。苏轼说："须将幕席为天地，歌前起舞花前睡"，多么的潇洒，与天地融为一体。而辛弃疾说："我见青山多妩媚，料青山见我应如是"。相由心生，我们一看到这个对象美，我们也会心灵感受到，我们也是美的。所以，多看一些美好的东西，对我们心灵的滋润会很有帮助。"料青山见我应如是"，这个"如是"还给一个人借用去了，她直接就把自己的名字改为"如是"，据说"柳如是"的名字就是这样来的。把天地万物看成我们心心相印的朋友，把大自然看成我们温暖多情的家园，一个情字，它展现在我们面前的不仅仅是个审美的境界，也是我们人生的归宿和安顿。

确实，我们人生有很多很多的东西，所放不开的是什么？亲情，友情，爱情，家国之情，还有就是对天地宇宙这样一种大爱之情，最终就是落在一个“情”字上。所以李泽厚说：美在深情。

2. 美在趣味

诗意地生活也在于趣味。美学家朱光潜先生在《谈美》一书中写道：“‘觉得有趣味’就是欣赏。你是否知道生活，就看你对于许多事物能否欣赏”。“在欣赏时人和神仙一样自由，一样有福”。梁启超认为趣味是与情感相联系的。趣味构成了生活的动力源，情感构成了趣味的动力源。没有情感的激发，就没有趣味的萌生；没有趣味的实现，也就没有理想的生活。梁启超甚至说，如果用化学来分割梁启超这件东西，他把自己比作是一件东西，这件东西由什么构成的呢，他认为梁启超这件东西就是由趣味构成的。如果你把趣味抽出，所剩为零。趣味不局限于一朵花、一棵树的具体形象，不局限于对物表象的静观鉴赏与判断，而是一种生活情趣与生存方式。趣味既在人生中创造，又在生活中体现。

人的生命历程需要意志和毅力支撑，我们要有毅力，要有意志，所以我们说“有志者事竟成”。而意志需要情感的力量去驱动，我们的情感力量有积极的，有消极的，积极情感发生的趣味，会推动我们的生命力有正能量的表现，我们就处于一种很自信、很振奋、充满力量这样的一个过程。如果我们人处于这样的状态，我们就什么都不怕了，我们会忘却一切的忧虑和痛苦，不会计较利害得失。在这个过程中，产生的这种持久的正能量，就会最大限度地使我们的生命潜能发挥出来，我们的聪明才智就会淋漓尽致地发挥出来。在这个过程中我们就会自得其乐、乐在其中、乐此不疲、其乐无穷。在这里我要讲一个例子，我们很熟悉的刘禹锡，他写了《陋室铭》，这个《陋室铭》是怎样形成的呢？刘禹锡当时参加永贞革新，受牵连被贬，贬到了安徽的和州，任一个小小的通判。按规定，通判应在县衙里住三间三厢的房子。可和州知县看人下菜碟，见刘禹锡是从上面贬下来的软柿子，就故意刁难。先安排他在城南面江而居，刘禹锡不但无怨言，反而很高兴，还随意写下两句话，贴在门上：“面对大江观白帆，身在和州思争辩”。和州知县知道后很生气，吩咐衙里差役把刘禹锡的住处从县城南门迁到县城北门，面积由原来的三间减少到一间半。新居位于德胜河边，附近垂柳依依，环境也还可心，刘禹锡仍不计较，并见景生情，又在门上写了两句话：“垂柳青青江水边，人在历阳心在京。”那位知县见其仍然悠闲自乐，满不在乎，又再次派人把他调到县城中部，而且只给一间只能容下一床、一桌、一椅的小屋。半年时间，知县强迫刘禹锡搬了三次家，面积一次比一次小，最后仅是斗室。想想这位势利眼的狗官，实在欺人太甚，刘禹锡遂愤然提笔写下这篇超凡脱俗、情趣高雅的《陋室铭》，并请人刻上石碑，立在门前。你看，他不仅仅是用笔写下来，他写下来之后，找人把它刻在碑上，刻在碑上还不行，他把它伫立在门前。“山不在高，有仙则名。水不在深，有龙则灵。斯是陋室，惟吾德馨。苔痕上阶绿，草色入帘青。谈笑有鸿儒，往来无白丁。可以调素琴，阅金经。无丝竹之乱耳，无案牍之劳形。南阳诸葛庐，西蜀子云亭。孔子云：何陋之有？”这篇不足百字的陋室铭，作者托物言志，含而不露地表现了作者安贫乐道、洁身自好的高雅志趣和不与世事沉浮的独立人格。“苔痕上阶绿，草色入帘青”，写出了自然环境的清幽宁静；“谈笑有鸿儒，往来无白丁”，表明了与人交往高雅脱俗；“可以调素琴，阅金经。无丝竹之乱耳，无案牍之劳形”，高雅脱俗情致，怡然自得的神情，这是何等的境界，何等的一种情趣。“苔痕上阶绿，草色入帘青”。碧绿的苔藓长到台阶上，多么淡雅；青葱的草色映入竹帘里，一派生机盎然的鲜活生活状态。“苔痕上阶绿，草色入帘青。”令人赏心悦目的宁静、雅致环境。在此“可以调素琴，阅金经。无丝竹之乱耳，无案牍之劳形。”闲下来在室中可以抚琴弄弦，展卷读经修身养性。其实，在这里面，就是一种情趣，一种高雅的情趣，在什么时候都不忘这个“绿色”，这个“绿”代表着春天。人的心里面装着春天的话，那么他对所有的一切都感觉是美好的。美在趣味，美在情趣。

（五）诗意地生活

诗意地生活，生活中充满着美。王维的《渭川田家》是众多田园诗篇中，一幅很美很美的农家乐。我们看一下，“斜阳照墟落，穷巷牛羊归。野老念牧童，倚杖候荆扉。雉雊麦苗秀，蚕眠桑叶稀。田夫荷锄至，相见语依依。即此羡闲逸，怅然吟式微。”全诗展现了一幅温馨自然的农家晚归图。“野老念牧童，倚杖候荆扉”这一句体现了一种浓浓的情在里面，一种亲情，一种关怀之情。“田夫荷锄至，相见语依依”的“语依依”所描述出来的就是人们那种温情，那样一种友情，那样一种浓浓的乡情。看到这些很富于“情”的诗句，会令人感动。其实在这里就体现出了一种美。人与人之间的关系是多么的和谐，体现出了这样一种美在里面。

诗意地生活，美在生活，最根本的还是要体现在热爱生活上。苏东坡在他六十多年的人生中，经历了太多的波折坎坷，一直被贬到海南岛的儋州，应该说他是受尽挫折的。但是在整个过程中，他非常热爱生活。他曾经说过，人生有六大乐事，“清溪浅水行舟；微雨竹窗夜话；署至临流濯足；雨后登楼看山；柳荫堤畔闲行；花坞樽前微笑”。苏东坡把眼光投入到整个生活的种种细节之中，深深地在感悟着生活中的美，在不经意中感受生活的情趣。苏东坡热爱生活，他把生活中的美也表达在诗句里面。他来过我们广东，他是这样描写我们广东的“罗浮山下四时春，卢橘杨梅次第新，日啖荔枝三百颗，不辞长作岭南人”。反映了生活，夸了我们岭南的佳果荔枝。“日啖荔枝三百颗”这一句，我想这可能跟我们广东的方言有关。广东民间认为吃荔枝容易上火，广东方言说“一粒荔枝三把火”。当时苏东坡在吃荔枝的时候，听到广东的百姓说，要注意啊，“一粒荔枝三把火”。听多了，就进入了他的诗句里“日啖荔枝三百颗”（谐音）。广东方言中牛粪是怎么说呢，“牛屎（矢）”。你看，苏东坡把“牛屎（矢）”写到了他的诗里面，“半醒半醉问诸黎，竹刺藤梢步步迷，但寻牛矢（屎）觅归路，家在牛栏西复西”（牛矢（牛粪）——黎族老乡的口语）。把黎族老乡的口语直接用上了。迷路了，怎么回去呢，就跟着牛粪。因为牛一路走一路拉牛粪，一路寻着牛粪走，就找到回家的路了。苏东坡就是这样，很善于从生活的很多细节中寻找到美，而且也寻找到了他创作的题材，把它写在他的诗篇里面，这就是诗意生活中的美。

二、慢慢走，欣赏啊

美学家朱光潜先生在《谈美》一书中提到：有审美的眼睛才能见到美。这里说的就是审美的态度。审美态度是人对待世界的一种特殊方式，它不同于科学认识的态度，也不同于实用的态度。这种审美的态度是非实用性的，是非科学的，是非功利化的。因此，你看到一个对象的时候，你先不要去管它到底是什么，在“无所为而为”的观赏中你就会不知不觉地进入了审美的境界。如果你带有很强功利性的话，这个美是找不到的。我们会有这样的一种经验，比如说，我很喜欢闻桂花的香味，我经过路旁桂花树，着意闻，有时我就是闻不到桂花的香，这是为什么？花往往是着意闻时不肯香，香在无心处。因为你太刻意去寻那香味了，你的目的性太强了，所以闻不到它的香。有时候走在路上，不经意中会有一股淡淡的桂花香扑鼻而来。

朱光潜先生在《谈美》一书中说到，审美要把实用的态度和科学的态度都丢开，专持美感的态度去看事物。比如我们看看这个荷，有荷叶、荷花，如果你持科学的态度去看它，就得分析它属于什么科什么目，它的生长条件是怎么样的，它什么时候开花，等等。我们要研究它，要认识它，要揭示它的本质规律，这是科学的任务。如果你持实用的态度看，那就这个荷花能给你带来什么利益。如果把它作为一个景观收门票供参观，一张门票大概定多少钱可以得到理想的收益，这也是一种态度。但如果我们都不这样想，只觉得它的碧绿娇艳很美，或者我们讲的俗一点就是养眼，使我们的心情很愉悦。这个时候，我们产生了美的感受。这种美的感受或许就像诗人说的那样“接天莲叶无穷碧，映日荷花别样红”；或许会联想到美人，像王昌龄有一首诗是这样写的：“荷叶罗裙一色裁，芙蓉向脸两边开。乱入池中看不见，闻歌始觉有人来。”大家很熟悉的，现在也很流行的凤凰传奇的歌《荷塘月色》，“我像只鱼儿在你的荷塘，只为和你守候那皎白月光，游过了四季荷花一样香，等你宛在水中央”。所以，我们要有审美的意识，审美的态度，审美的情趣。

美随时存在于我们生活中，我们只要有心，有审美的眼睛，有审美的态度，随时可能见到。朱光潜先生的《文艺心理学》里面有个例子，很能触发我们来思考这个问题。“乘船的人们在海上遇着大雾，是一件最不畅快的事。呼吸不灵便，路程被耽搁，固不用说；听到若远若近的邻船的警钟，水手们手忙脚乱地走动，以及船上的乘客们的喧嚷，时时令人觉得仿佛有大难临头似的，尤其使人心焦气闷。船像不死不活地在驶行，漫无边际的世界中没有一块可以暂时避难的干土，一切都任不可知的命运去摆布，在这种情境中最有修养的人也只能做到镇定的程度。但是换一个观点来看，海雾却是一种绝美的景致。你暂且不去想到它耽误了程期，不去想实际上的不舒畅和危险，你姑且聚精会神地去看它这种现象，看这幅轻烟似的薄纱，笼罩着这平谧如镜的海水，许多远山和飞鸟被它盖上一层面网，都现出梦境的依稀隐约，它把天和海联成一气，你仿佛伸一只手就可握住在天上浮游的仙子。你的四周全是广阔、沉寂、秘奥和雄伟，你见不到人世的鸡犬和烟火，你究竟在人间还是在天上，也有些犹豫不易决定。这不是一种极愉快的经验吗?”

如果我们从另外一个角度来看，并不是人人都有这样机会，在航行的时候遇到大雾，不一定吧。而海上升起大雾是不是自然景观呢，它应该是一个自然的景观，而且它可能是一种可遇不可求的一种绝胜的自然美景。从审美角度来说，确实是，这种自然的美景，这种自然的景观，并不是说每个人都可能遇到的。在大海上航行，碰上了这样的大雾，是可遇不可求的。如果我们碰上了，我们不要那么焦急，不要那么惊慌失措，我们从容一点，淡定一点，我们“闲”下心来，以审美的心境、以审美的眼睛、以审美的态度去面对这种绝胜自然现象，可能我们就会有那样的感觉，“轻烟似的薄纱，笼罩着平静如镜的海水，远山和飞鸟被它盖上一层面纱，依稀隐约如梦境，它把天和海联成一片，你仿佛伸一只手就可握住在天上浮游的仙子”。在这种仙境般的朦朦胧胧、迷迷茫茫、隐隐约约中，好像仙子都下凡了，仿佛你一伸手就可以抓一个仙女，这种有点超离现实绝妙意境是令人难忘的，也是很美的。这就是一种审美的胸怀。这也许就是朱光潜先生在《人生的艺术化》里所说的“无所为而为的玩索”。在这里就是一个“闲”字。

“闲”字在这里是指“心闲”，不是说闲散，也不是游手好闲的“闲”。在这里的“心闲”，是指我们在考虑的功名利禄的同时，能超越功利。超越功利不等于摒弃功利，超越的只是令人烦恼的狭隘的功利，让我们的心有一块地方是“闲”的，能够破除成败之执和得失之计。“心闲”能将功利与得失转化为内在的情感乃至生命需求，达到生活艺术化的境界。我们心里面那块“闲”的地方，那块“闲”的园地，是一种从容不迫的人生境界，也是人生修养大道一个很高的境界。它与天地自然融为一体，它使我们自得、从容，我们的身心随时处于一种审美的快乐中，我们就会感受到生活是丰富的，我们就会领略到人生的斑斓多彩。也就是这个原因，孔子特别欣赏他的弟子曾点的想法。孔子有弟子三千人，贤人七十二人，他经常会跟他的学生谈论一些社会、政治和个人生活情志的问题。在《论语·先进篇》里记录了孔子与学生之间“各言其志”的一次谈话。子路、冉有、公西华先后谈了自己的志趣。孔子问曾点：“曾点，你怎么样?”曾点回答说：“莫春者，春服既成，冠者五六人，童子六七人，浴乎沂，风乎舞雩，咏而归。”意思是：暮春三月，穿上春天的衣服，约上五六个成人，带上六七个童子，在沂水边沐浴，在高坡上吹吹风，一路唱着歌愉快地回家。曾点的志向简单朴实，富有生活情趣。这明显有别于他的师兄师弟。夫子喟然叹曰：“吾与点也!”孔子听后，赞叹一声说：“我赞同曾点的主张呀!”

其实这里面就是一个境界的问题，能够做到这一点就是“心闲”。朱熹根据这件事，就写了《曾点》这首诗，“春服初成丽景迟，步随流水玩晴漪。微吟缓节归来晚，一任轻风拂面吹”。孔子赞同曾点的想法，就是因为看到了曾点高度重视个人的生活情趣和精神生活这一点。这种从审美意义上讲的“曾点境界”，其实就是与天地万物上下同流，进入一种极高的超然自得的人生境界。这也是我们应该追求的。

浸润于美和审美中的人，不仅对苍生有着广博的同情，对人生快乐的体验也是深入肺腑、刻骨铭心的。只要我们以审美的态度去诗意地生活，我们就会把劳作当做一种享受，把艰难的人生当作逍遥游。审美需要是人所独有的生命需要，是一种高级的精神追求。审美能满足人的心灵需要，获得情感体验。朱光潜先生在他《人生的艺术化》里讲到：阿尔卑斯山是一个很有名的风景区，阿尔卑斯山谷中有一条公路，两旁风景优美。天天车水马龙，不断地有车在盘山公路上穿梭，不停地穿梭。在阿尔卑斯山谷的公路上竖了一块标语牌，写着“慢慢走，欣赏啊!”这是在劝告人们去留意阿尔卑斯山公路沿途美丽的风光。因为很多人可能在劳碌中，是无心无暇去顾及他们身边如画的美景。朱光潜先生以“慢慢走，欣赏啊!”作为他的文章《人生的艺术化》的结束语。“流光容易把人抛，红了樱桃，绿了芭蕉。”时光飞逝，生命短暂。劳碌中的人们啊，让我们在紧张的忙碌中，不管是在学习还是工作中，能常常回到诗词的审美世界，“慢慢走，欣赏啊!”

小结

通过对美的观照和体验，丰富人的精神世界，激励人的自觉意识，陶冶人的身心情志，浸润、培养和改善人的心理系统，塑造健康人格。

美具有形态多样化、内容丰富性的特征，通过对不同形态、不同内容美的鉴赏与体验，可以拓展人们的精神空间，丰富人们的精神生活。

现在虽然大学生活很丰富，网络、电视、手机等，但总体而言还是“三点一线”，学生们的生活应该还是规律性强、生活面窄，当然你在虚拟的网络空间生活面宽，但回到现实生活中并不宽。通过文学艺术作品的欣赏，当你看到了描绘河山秀美，描写人民创造财富和幸福生活等的作品后，通过对描绘不同地域、不同场景、不同民族艺术作品的审美，可以使狭窄的视野变得开阔，使你片面的知识变得全面，从而也使你的精神生活得到丰富。实际上，审美还更应该面向大自然，有几种场景，几种美景，是应该亲自去看看的：一个是大海，一个是草原，还有高山沙漠。登山临海，再看看草原、沙漠，它会对你的精神生活，对你的精神世界有极大的丰富，也会使你对生活的理解，对世界的认识有极大的改变。

看山山起舞，看水水欢笑。
我看青山多妩媚，料青山看我应如是。

这就是大自然与人情感的相互交流对话。

第十一章 医学的人文温度

第一节 医学：爱与术的协奏曲

一、医学的美称

一说医学，人们就会想到悬壶济世、杏林、再世华佗，甚至还有歧黄、青囊、苍生大医。这些都是人们对医学的美称，这些美称赞誉着医学的仁心仁术，体现着医学是爱与术的协奏曲。

“悬壶济世”是指医者仁心，以医技普济众生，世人称之为意。其实，在古代的“壶”就是葫芦，它是用来盛酒、水之类的器皿。那它怎么和医生扯上关系的呢？这里面有一个神奇的传说，出自《后汉书·方术列传·费长房传》。

《后汉书·方术列传·费长房传》中记载：“费长房者，汝南（今河南省平舆县射桥镇古城村）人，曾为市掾。市中有老翁卖药，悬一壶于肆头，及市罢，辄跳入壶中，市人莫之见，唯长房于楼上睹之，异焉，因往再拜，奉酒脯。翁知长房之意其神也，谓之曰：子明日可更来，长房旦日复诣翁，翁乃与俱入壶中。唯见玉堂华丽，旨酒甘肴，盈衍其中，共饮毕而出。翁约不可与人言之，后乃就楼上候长房曰：我神仙之人，以过见责，今事毕当去，子宁能相随乎？楼下有少酒，与卿为别……长房遂欲求道，随从入深山，翁抚之曰子可教也，遂可医疗众疾”。

这个传说的故事说的是，东汉时有个叫费长房的人。一日，他在酒楼喝酒解闷，偶见街上有一卖药的老翁，悬挂着一个药葫芦兜售丸散膏丹。卖了一阵，街上行人渐渐散去，老翁就悄悄钻入了葫芦之中。费长房看得真切，断定这位老翁绝非等闲之辈。他买了酒肉，恭恭敬敬地拜见老翁。老翁知他来意，领他一同钻入葫芦中。他睁眼一看，只见朱栏画栋，富丽堂皇，奇花异草，宛若仙山琼阁，别有洞天。后来，费长房随老翁十余日学得方术，临行前老翁送他一根竹杖，骑上如飞。返回故里时家人都以为他死了，原来已过了十余年。从此，费长房能医百病，驱瘟疫，令人起死回生。

关于壶翁的记载，则有“壶公谢元，历阳人，卖药于市。不二价，治病皆愈。语人曰：服此药必吐某物，某日当愈，事无不效。日收钱数万，施市内贫乏饥冻者。”以此观之，壶翁乃身怀医技、乐善好施之隐士医者。因其诊病货药处常悬一壶为医帜，所以人称壶翁。

类似记载，还可见于晋代葛洪（公元261—341年）《神仙传》及一些古史杂说等。大概说的都是汉代的某年夏天，河南一带闹瘟疫，死了许多人，无法医治。有一天，一个神奇的老人来到这里，他在一条巷子里开了一个小小的中药店，门前挂了一个药葫芦，里面盛了药丸，专治这种瘟疫。这位“壶翁”身怀绝技，乐善好施，凡是有人来求医，老人就从药葫芦里摸出一粒药丸，让患者用温开水冲服。就这样，喝了这位“壶翁”药的人，一个一个都好了起来。时有汝南（今河南省平舆县射桥镇古城村）人费长房，见此老翁在人散后便跳入壶中，他觉得非常奇怪，于是就带了酒菜前去拜访，老翁便邀他同入壶中。费长房从此随其学道，壶翁尽授其“悬壶济世”之术。

虽然记载这个传说有些神话传奇色彩，但是他二人的精湛医术令人赞佩，也因为这个故事的流传，所以后人将行医称为悬壶，医生或诊所的贺词无一例外，都是悬壶济世，而悬挂的那个葫芦更成了中医的标志。现在，医生们已经不把“悬壶”作为招牌了，但是那份救人于水火，对病人的那份赤诚之心、仁爱之心却是没有变的，“悬壶”只是形式，治病救人才是实质。“悬壶济世”四个字，也就成了对医生医术精湛、医德高尚的赞美。

杏林：三国时董奉，医术高明，医德高尚，为人治病，不受谢，不受礼，只要求治愈者在他房前栽杏树作为纪念。重症愈者种5株，轻者1株。数年后，蔚然成林，红杏累累。他建一“草仓”，告诉人们，要杏果的，不用付钱，只要拿一器谷子来换一器杏果。这样用杏果换来的谷子堆积满仓，他用这些谷子救济贫民。人们非常感谢他，送他匾额上写“杏林”“医林”“誉满杏林”“杏林春暖”。这些赞誉之词成为医德高尚、医术高明的雅称。

再世华佗：华佗一次在途中，见有人出殡，他看见棺材缝里流出来的血，还像活人的血，于是上前救治，终于救活在棺材里假死的产妇，被人们誉为“神医”。他精通内、外、妇、儿、针灸各科。《三国演义》说他能为曹操开头颅治其头风病。后人用“再世华佗”来赞扬医生的医术高明。

岐黄：公元前26—前22世纪时，黄帝是传说中原各族的共同领袖，姓姬号轩辕氏、有熊氏。岐伯，传说中的医家，黄帝的臣子。现存有我国最早的中医理论专著是《内经》，此书托黄帝与岐伯讨论医学，并以问答的形式而成，又称《黄帝内经》。后世称中医学的“岐黄”“岐黄之术”，即源于此。

青囊：指古代医生盛医书的囊，后借指医术。《后汉书·华佗传》张冀《补注》：“吴押狱者每以酒食供奉，佗感其恩，告日：‘我死非命，有青囊未传，二子不能继业，修书与汝，可往取之’。吴至金城，取又藏之。佗知不免，大饮如醉而殂。吴弃役回家，向妻索书，妻日：‘纵学得神术，终毙于狱中，故我以囊烧毁也’”。因华佗精医术，生前行医各地，声名颇著，所以，“青囊”也成了医术的代称。

苍生大医：一代药王孙思邈，医德高尚，堪称医学界的典范。他在《千金要方》中写道：“若有疾厄（灾难）来求救者，不得问其贵贱贫富，怨亲善友，华夷智愚，普同一等，皆知至亲之想。不得瞻前顾后，虑吉凶，护措身命。深心凄怆，勿避昼夜、寒暑、饥渴、疲劳、一心赴救，无作功夫形迹之心，如此可成苍生大医。”后人对医德高尚的医生尊称为“苍生大医”。

二、医学誓言

医学日内瓦宣言

在我被吸收为医学事业中一员时，我严肃地保证奉献于为人类服务。

我对我的老师给予他们应该受到的尊敬和感恩。

我将用我的良心和尊严来行使我的职业。

我的病人的健康将是我首先考虑的。

我将尊重病人交给我的秘密。

我将极尽所能来保持医学职业的荣誉和可贵的传统。

我的同道均是我的兄弟。

我不允许宗教、国籍、派别或社会地位来干扰我的职责和我与病人间的关系。

我对人的生命，从其孕育开始，就保持最高的尊重，即使在威胁下，我决不将我的医学知识用于违反人道主义规范的事情。

我以内心和以我的荣誉庄严地作此保证！

南丁格尔誓言

余谨以至诚，

于上帝及会众面前宣誓：

终身纯洁，忠贞职守。

勿为有损之事，

勿取服或故用有害之药。

尽力提高护理之标准，

慎守病人家务及秘密。

竭诚协助医生之诊治，

务谋病者之福利。

谨誓！

医学生誓言

健康所系，性命相托。

当我步入神圣医学学府的时刻，谨庄严宣誓：

我志愿献身医学，热爱祖国，忠于人民，恪守医德，尊师守纪，刻苦钻研，孜孜不倦，精益求精，全面发展。

我决心竭尽全力除人类之病痛，助健康之完美，维护医术的圣洁和荣誉，救死扶伤，不辞艰辛，执着追求，为祖国医药卫生事业的发展和人类身心健康奋斗终生。

（上述资料来源：国家教委高教司［1991］106 号 附件四）

2011 年 6 月 26 日，中国医师协会发布《中国医师宣言》，2014 年，发布《中国医师道德准则》，宣言所提倡的六条医学守则和道德准则成为中国医务工作者和执业医师的工作准则和行动指南、信念操守和执业规范，成为医师对自己、对患者、对同行、对社会坚守底线，恪尽职守，创新进取，弘扬职业精神，实现自我人生价值的对照。

健康是幸福之源，生命是万物之本。无论人类，还是宇宙万物，健康生命永远都是首要的选择、追求与守护。这些医学誓言提出的职业自律言行就明确规定了医师高度的道德完美、职业崇高、技术精湛、爱心关怀、自律慎独。以宣誓仪式的方式强化医师执业初心回归，不为良相即为良医。行医是一种使命。作为医生，唯有恪尽职守、医术精湛、视病犹亲，才能无愧于“白衣天使”的称号，才能成为人民满意的好医生。

第二节　医学的人文性

一、医学既是科学的又是人文的

现代，对于大多数医生来说，在忙碌的医疗生活中总是会泥于“术”而疏于“道”，很少有人会认真地去叩问一下这个职业的问题——“医学是什么”？

似乎这个问题不需要去认真地审视和反思，因为在我们的教科书里面就有着现成的答案。医学是什么——医学是人类认识疾病的学科，它是专业防治疾病和健康保健的一门技术。但是，医学不仅仅如此。医学研究的主体是人，研究的对象也是人，服务的对象还是人。疾病是人身心的痛苦，任何医疗的交往都是人与人之间身心救助的故事，而不仅仅是人和机器之间的故事。因此无论技术如何发展，人道原则、人性光辉永远是医学的价值皈依和医家的职业操守。所以我们说，医学是科学的，又是人文的。

英国画家路克·菲尔德斯的《医生》堪称医学人文的经典画作，其创作灵感来源于画家一段悲惨的人生经历。当时，路克的儿子身患重病，请当时的名医穆瑞来诊疗。交往中，穆瑞的医技与道德境界让路克感悟良多。尽管儿子最终因病情恶化而不治身亡，但路克却从中理解到医学的使命不仅是对病况的施救，还有对病人痛苦的细微体察与关怀，是一门“柔性的科学”。画面上穆瑞大夫正用深情的目光抚慰着病儿，与孩子交流情感，同时为思索最佳的治疗方案而陷入沉思。此时，路克本人也出现在暗处，静静地观察着大夫亲善的举止与神情，把他印在脑海里。穆瑞医生的医术和他的品德让这位画家感悟良多，画家理解了医学的使命不仅仅是对病况的施治，还有对病人痛苦的细微体察和关怀。所以十几年后，当年的场景移到了画布上，就是我们所看到的场景，画面上的此情此景，仍然能够让 100 年后的我们感受到其中的温情和力量。

纵览图 11－1 这幅名画，可以看出当年的医师虽然没有更多的医疗器械、没有更高的医疗技能，甚至还没有作为医生标志物的白大褂和听诊器，但是他们在画家的艺术眼光下并非是技术至上的匠人，而是始终透射着人性光辉的仁者。

图 11－1　路克·菲尔德斯的作品《医生》

图片来源：http：//www. sohu. com/a/113839307_464409

在公元前2世纪，希腊雅典一位医生的墓碑上，就写着这样的话，“以前，医生对病人最常用的两种办法是触摸和交谈，这样是很人性化的。”希波克拉底曾经说过：“爱人与爱技术是并行的。”他又说：“医术是一切技术中最美和最高尚的。”这表明了：医学自古以来就被认为是最具有人文传统的一门学科。医学被称为“人学”，医术被称为“仁术”。所以，医生是最富含人情味的职业。医生被人们称誉为“仁爱之士”。而当时医院的兴起无不与仁爱、慈悲、慈善和关怀相关。而当时的医院都以照顾和医治贫困的病人为己任，充满着人道主义，充满着人道主义的关爱之情。所以史蒂芬说：“医学的起源对于人的关怀，为此医学是科学的，也是人文的。”而大医家孙思邈在他的《大医精诚》里面是这样写的：“凡大医治病，必当安神定志，无欲无求，先发大慈恻隐之心，誓愿普救含灵之苦。”佩雷格里诺和大卫·汤姆斯玛在《医疗实践的哲学基础》中写道：“医学既不是纯科学，也不是纯艺术。医学是艺术和科学之间的一门独特的中间科学，但又不同于它们两者。医学是人文科学中最科学的，在科学中是最人道的。”因此，充满着深深人文情怀的医学，在人文精神的照耀之下，它应该是尊重人、尊重生命的，在医疗实践活动中应敬畏生命，爱护生命，尊重每一个生命个体身心健康和幸福的。

作者六六在她的书《心术》的扉页里面是这样写的：“这世界有三样东西对人类是最重要的，信、望、爱。我能看到的对这三个字最好的诠释，就是医院。”复旦大学原副校长王卫平教授说：“这是作者在上海各大医院蹲点半年后对医院和医务人员的高度评价。”王卫平教授接着说：“如果医院中没有了这些对于人类最宝贵的东西，医院将是什么？”他还说：“缺乏同情心的医生就像机器人。”所以医疗服务呼唤人文关怀。

传统的生物医学模式将身体过度工具化、对象化，形成了身心对立的二元思维模式，把病人等同于物，甚至把身体等同于一种邪恶的存在，忽视了对病人身体应有的尊重。生物——社会——心理多元医学模式要求完整地看待人，把身心统一起来。医学是一门关于人的学问，医务工作者不能只当一个手术匠，“见物不见人”。生命文化教育致力于培养医学生敬畏生命的意识，通过强化生命意识，加强医学生的责任感和使命感。

医学人文性就是要确立医学目的、价值、职业精神的完整性，提升现代医学的精神海拔。确立以病人为中心，而不是以疾病为中心的医学。确立以痛苦、苦难拯救为皈依，而不是以抗拒死亡为皈依的医学。

课堂讨论

美国医学人文之父佩里格里诺曾说过：“医学最可贵的品质是对于人类痛苦

不可遏制的敏感。”同学们如何理解这一句话？

二、画布上的医学人文色彩

医学是一门充满了人文精神的科学，除了具有科学技术的一般属性以外，还在于医学是一门直接面对人的科学，既以人为研究客体，又直接服务于人。因此，医学比其他任何科学都更强调人文关怀。严谨的科学态度、精湛的医学技术和温暖的人文关怀，从来就是医疗服务中不可或缺的组成部分。除了英国画家路克·菲尔德斯的医学人文的经典画作《医生》外，历史上众多的画家均把目光投向医学，投向“医者仁心”，创作了许多透射着人性光辉的作品。这一幅幅医学题材的绘画作品中所要表达的“医者仁心”的精神正如同一股清泉，涌入人们心中。

著名插画家诺曼·罗克威尔的插画作品《家庭医生》（见图 11－2），表现了和蔼可亲的医生，为了拉近距离，消除女孩的紧张和隔阂，竟先给女孩的布娃娃听起诊来，画面满是温馨。

图 11－2 诺曼·罗克威尔的插画作品《家庭医生》

图片来源：“http：//www.sohu.com/a/113839307_464409”

弗朗西斯科·戈雅的作品《阿雷塔大夫与我在一起》（见图 11－3），是他晚年的一幅力作，戈雅是一位画家，也是一位病人，画面中 74 岁的他旧病复发，满脸痛苦。阿雷塔大夫从背后支撑着戈雅的病体，右手端着一杯水，正在喂食戈雅，脸上满是关切和怜悯，双方的关系既是医患关系，又情同手足。或许在 19 世纪初，阿雷塔大夫手中没有便捷的诊断工具和特效药物，但与病人身心相依本身就是一种拯救。

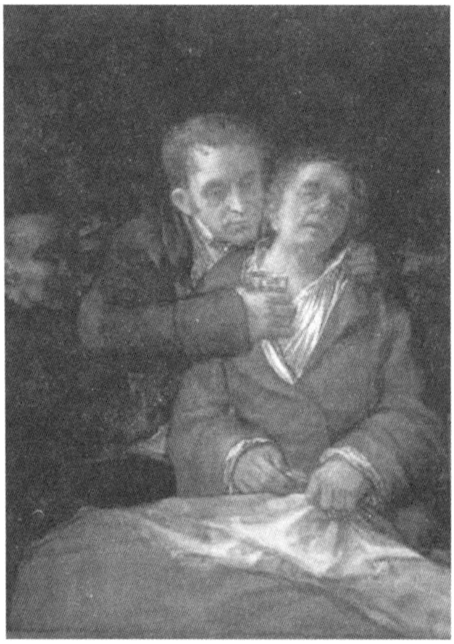

图 11 -3　西班牙画家戈雅作品《阿雷塔大夫与我在一起》

图片来源：http：//www. sohu. com/a/113839307_464409

康斯坦丁·汉森的作品《芬格教授的躬身听诊》（见图 11 -4）。在没有听诊器、白大褂等医学职业道具和标志的时代，医生的职业性是通过行为来彰显的。画面上芬格教授躬身的背影，几乎贴在少妇的胸前，这是一个非婚姻关系的亲密距离。

图 11 -4　康斯坦丁·汉森作品《芬格教授的躬身听诊》

图片来源：http：//www. sohu. com/a/113839307_464409

杨·斯特恩的代表作《生病的夫人》(见图 11－5)，表现了当时医师出诊的画面，病妇无力地斜靠在座椅上，身着黑衣、头戴黑帽的医生刚踏入患者家中就匆匆诊治。其匆忙与急切在画面中表现得淋漓尽致，医生甚至来不及完全脱下外套，已伸出手为病人诊脉，神情认真专注，此时患者一脸释然，感到生命的希望。

图 11－5　杨·斯特恩代表作《生病的夫人》

图片来源：http：//www. sohu. com/a/113839307_464409

纵览这些名画，可见当年医师虽无更多医疗器械、更高医疗技能，甚至还没有作为医生标志物的白大褂、听诊器，但他们在画家的艺术眼光下并非技术至上的匠人，而是始终透射着人性光辉的仁者。

第三节　医疗需救助与关爱并行

医生要感同身受地体验、理解病人的痛苦，以尽最大的努力来解除病人的痛苦。因此同情心是医生应该具备的情感基础，要为病人设身处地地换位考虑。有了同情心，医生才能时时刻刻地站在患者的角度去考虑问题，保护患者的情感和隐私，为患者选择最合适的、最高效的医疗方案，尽最大的努力帮助病人摆脱病痛。这种同情心，充满了温情。医生应该是一个人道主义者。

万婴之母林巧稚曾经说过："医学不是修理机器，而是面对着活生生的人。"林巧稚对待病人，就是用对待亲人的方式来对待病人，她直接地用耳朵贴在病人的肚子上听胎心，为病人擦汗，为病人捂好被子，拉着病人的手温暖病人。林巧稚曾经说过这样的话："关爱，是医生给病人的第一张处方。"对病人的关爱，必须是切身处地的那种关爱，真诚的那种关爱，发自肺腑的那种关爱。她还说："生平最爱听的声音，就是婴儿出生后的第一声啼哭。"她对病人的这样一种关爱之情，使她时时刻刻都为病人着想，甚至是在弥留之际，还叫着"快拿来，产钳，产钳……"。她以行动诠释了医德高尚的医家是什么样的。

著名的外科专家、中国科学院院士裘法祖教授，他曾经讲过："做一名好医生，一定要有仁爱之心，医学要有人的温度，要温暖病人。"裘法祖教授用他65年的外科生涯感悟到："做一个医生不难，做一个好医生很难，永远做一个好医生更难!"所以，医学不仅是科学，更是人学，医生必须有一颗仁爱慈悲的心。

1948年WHO对健康的定义是："健康不仅是没有疾病和病痛，而且是个体在身体上、精神上、社会上完满的状态"。1978年9月在《阿拉木图宣言》中提出："健康不仅是疾病与体弱的匿迹，而且是身心健康、社会幸福的完好状态"。1990年WHO在相关文件中论述健康时又提出："包括躯体健康、心理健康、社会适应良好、道德健康。"这种对健康的理解远远超出了生物医学的范围，把人体的健康与生物、心理、社会因素相联系。许多疾病并不是细菌、病毒和各种理化因素引起的，而是根源于有害的心理、社会因素。因此，在临床工作中要求全面了解疾病产生的原因，对病人的心态和社会特征进行系统评价，充分依据病人的生物、心理和社会特征进行诊断和治疗。另外，还应考虑到，病人是一个有丰富思想和感情的人，他是否承认自己有病，接受治疗。是否愿意与医务人员合作，承担治疗的责任，这一系列的心理活动对他的疾病发展以及健康的恢复都起到相当大的作用。

正如古希腊名医希波克拉底所强调的："知道患有某些病的人是什么人比知道某人所患的是什么样的疾病更重要。"强调人格特征、生活环境与人体健康和疾病的联系，同时也强调人的健康包括身心诸方面。因此，治疗的目标不能仅强调临床症状的改善，更应强调要提高病人的生命质量，达到身心的综合健康。在这里，情感交流、心理调控、意志力调动等具有十分积极的意义，这也是促使医疗效果显著的关键性环节。

所以医生与病人及其家属的充分沟通是非常重要的。在世界医学教育联合会的著名《福冈宣言》里面有这样的一句话："缺乏同情应该看作与技术不够一样，是无能的表现。"《福冈宣言》中还提到：所有医生必须学会交流和处理人际关系的技能。医生只有好好地学会沟通，才能充分地维护和促进病人的健康。因为在医疗工作中，医生无时无刻地与人沟通，与患者及其家属的良好沟通对于疾病的诊断和治疗有着莫大的帮助。如果没有充分的这种沟通，可能会漏掉一些信息，就不能够最好地去诊断和治疗。有效的沟通和良好的人际交往能力也有利于提高医疗效率和质量。可以看出，这样的一种良好的沟通能力，对医生来说是至关重要的。没有良好的沟通，也体现不出人文关怀。只有良好的沟通，才能体现出深深的关爱。

第四节 仁者仁医：裘法祖

裘法祖是中国外科学的奠基人。作为外科医生，他以刀法精准闻名于外科学界，被誉为“裘派刀法”。他做手术一定要亲自清点每一件手术器械，每一块纱布。一直以来，他的手术台都被认为是最安全的。从他的身上印证了一句古语：德不近佛者不可以为医，才不近仙者不可以为医。

下面所有内容都是裘法祖六十五年外科生涯的感悟：

- 要知道，一个病人愿意在全身麻醉失去知觉的状态下，让医生在他的肉体上动刀，这是对医生寄予多么大的信任呀！病人对医生的高度信任，理应赢得医生以亲人的态度相待！
- 医生的态度，即使只是一言一语，都会严重影响病人的情绪和生活。记得 20 多年前，一位银行女职员哭着来找我，说她患了不治之症“甲状腺癌”。这是某医院门诊一位外科医生草率作出的诊断，当天，她全家四口人相抱大哭通宵达旦。我仔细询问她的病史，又检查了她的颈部，认为她患的是一种病毒感染所致的“亚急性甲状腺炎”。经过药物治疗，3 周后甲状腺肿消退了，症状也消失了。病人全家自然庆幸不已。这件事说明：如果医生不假思索地、轻率地下了一个“误诊”，会引起病人和他全家人的悲痛。医生的一言一语应该何等谨慎呀！
- 医生要做到“急病人之所急”已经很不容易，再要做到“想病人之所想”则更困难。记得在“文化大革命”期间，我被安排到门诊工作。有一次，一位老妇人来门诊就诊，说她肚子不适好久了。我询问了病史，再让她躺下，又仔细按摩检查她的腹部。检查后她紧紧握住我的手，久久不放，说：“你真是一个好医生。我去了六七家医院，从来没有一个医生按摩检查过我的肚子。你是第一个为我做检查的医生。”这几句话给我的印象极深。我想，像这样一项每个医生都应该做的简单的常规检查，竟会对病人产生这样有力的安慰。这说明我们很多医生没有去想：病人在想什么？
- 有一次，一位儿科老医生患了十二指肠溃疡来找我会诊。我看到 X 线片上十二指肠球部有一龛影，诊断已经很明确，就不再给他做腹部检查。这位老医生回去后说："我很失望，裘医生虽然说了治疗意见，但没有摸一下我的肚子。"这又使我想到，一个医生生了病会有这种想法，那么，一个普通病人有这种想法就更能理解了。

• 我国古代医家历来重视仁术，即仁爱医术。为此才有资格当医生。隋唐时代的孙思邈说过："若有疾厄来求救者，不得问其贵贱贫富，长幼妍媸，怨亲善友，华夷愚智，普同一等，皆如至亲之想。"明代外科医家陈实功，对贫苦患者尤为关心，他说："再遇贫难者，当量力微赠，方为仁术；不然有药而无伙食者，命亦难保也"。我想，我国古代名医这种治病不分贵贱、不别亲疏、不计报酬的美德，几千年相传至今，足以引发我们时常深深自省。

• 60 多年前，我的导师曾对我说过这样一句话："一个医生的真正幸福是用他自己的才智辛劳换来了病人康复！"我已耄耋之年，拿起手术刀为病人解除病痛的机会已没有了，然而我们周围还有不少风华正茂的医生、青年学生，他们除了积累相关的理论知识和临床经验之外，我愿意奉献给他们一句话："经常思考、深刻体会是一个医生的真正幸福"。

以上便是裘法祖六十五年外科生涯的感悟及一生自评。在中国做医生的没有不知道裘法祖的名字，他被认为是外科全才。他不但开创了很多被称作"裘派"的新手术方法，而且是脑死亡立法与器官移植学科的奠基者。他不仅具有高超的医学技术，还拥有高尚的医德。但是问到他一生中最大成绩的时候，他却丝毫没有提到这些。

2001 年裘法祖荣获中国医学基金会颁发的全国第二届医德风范终身奖，这个奖项旨在表彰医德医风堪称全国楷模的老专家，目前全国只有寥寥数人获此殊荣。

在 2005 年 05 月 01 日，央视《大家》特别播出了五一特别节目《仁者仁医——裘法祖》，是对裘法祖的专访录。裘法祖说，在他的从医生涯中，有一件事最让自己难忘。1940 年，他正式进入外科生涯，在施瓦本医院担任外科医师，但一年以后，他的导师才允许他做第一个阑尾炎切除手术。在做第三个阑尾切除手术时，发生了一件影响裘法祖一生的事情。病人是一位中年妇女，术后第五天，这位病人突然死去。尽管尸体解剖没有发现手术方面有什么问题，但导师的一句话让裘法祖记了一辈子。他说："裘，这是一位 4 个小孩的妈妈。"即使到现在，当时的情形仍然清晰地印在他的脑海里，永远无法抹去。这给裘法祖的一生以很大的影响。在 20 多分钟的访谈录里，我们见识了裘法祖先生的风采，见识了他"做人要知足，做事要知不足，做学问要不知足""德不近佛者不可以为医，才不近仙者不可以为医"等医学大师的风范。他是践行医学人文精神的医学大师，他让医学有了人文温度。

具体的访谈内容实录见：2005 年 5 月 01 日 12：01 央视《大家》。

（上述资料来源：CCTV. com – 科技频道 –《大家》http：//news. sina. com. cn/c/2005 – 05 – 01/12016544735. shtml）